新时代劳动教育实验教材



# 劳动教育理论与实践教程

主　编　周万才　周丽妲　王潇伟

副主编　张　静　李贵河　王永刚　李亚玲

上海交通大學出版社
SHANGHAI JIAO TONG UNIVERSITY PRESS

**内容提要**

本书是新时代劳动教育教材，包含劳动精神、劳模精神、工匠精神、创新精神、职业道德、劳动安全等内容。本书的编写重在遵循教育规律，使学生能够理解和形成马克思主义劳动观，牢固树立劳动最光荣、劳动最崇高、劳动最伟大、劳动最美丽的观念；体会劳动创造美好生活，体认劳动不分贵贱，热爱劳动，尊重普通劳动者，培养勤俭、奋斗、创新、奉献的劳动精神。

本书理论讲解与案例相结合，突出劳动观念的树立和劳动品质的培养，可作为劳动教育的教材，也可作为相关教育工作者的参考用书。

**图书在版编目(CIP)数据**

劳动教育理论与实践教程/周万才，周丽妲，王潇伟主编. —上海：上海交通大学出版社，2020(2021 重印)
ISBN 978-7-313-23556-5

Ⅰ. ①劳… Ⅱ. ①周… ②周… ③王… Ⅲ. ①劳动教育—教材 Ⅳ. ①G40-015

中国版本图书馆 CIP 数据核字(2020)第 131732 号

**劳动教育理论与实践教程**
LAODONG JIAOYU LILUN YU SHIJIAN JIAOCHENG

主　　编：周万才　周丽妲　王潇伟
出版发行：上海交通大学出版社　　地　　址：上海市番禺路 951 号
邮政编码：200030　　电　　话：021-64071208
印　　制：大厂回族自治县聚鑫印刷有限责任公司　　经　　销：全国新华书店
开　　本：787 mm×1 092 mm　1/16　　印　　张：12
字　　数：236 千字
版　　次：2020 年 7 月第 1 版　　印　　次：2021 年 6 月第 3 次印刷
书　　号：ISBN 978-7-313-23556-5
定　　价：45.00 元

# PREFACE 前言

劳动是物质财富和精神财富的创造活动，对个人、社会、国家的发展都具有重要意义。近年来，“劳动教育”一词热度再升。2018 年 9 月 10 日，习近平总书记在全国教育大会上发表讲话，提出了“培养德智体美劳全面发展的社会主义建设者和接班人”的总要求，将劳动教育从以往作为促进青少年全面发展的途径提升为整个国民教育体系中与德育、智育、体育、美育并举的重要组成部分，同时也对各级各类学校提出了切实加强劳动教育、科学构建劳动教育体系的新要求。

2020 年 3 月，《中共中央 国务院关于全面加强新时代大中小学劳动教育的意见》指出，要以习近平新时代中国特色社会主义思想为指导，全面贯彻党的教育方针，落实全国教育大会精神，坚持立德树人，坚持培育和践行社会主义核心价值观，把劳动教育纳入人才培养全过程，贯通大中小学各学段，贯穿家庭、学校和社会各方面。

本书顺应新时代劳动教育的要求，从新时代教育形势出发，结合当代学生心理和生理等方面的独有特征，全面而系统地阐述劳动教育及其相关理论，从其现状、时代价值和实践路径等多个方面对新时代劳动教育做了理论根源与发展实施的研究。

考虑到近年出现的有关劳动的热点话题，本书以“劳动精神”“劳模精神”及“工匠精神”为主体，在紧紧把握好“劳动”内核的同时，赋予“劳动”新的含义，使其在当代仍具有价值活力，引导学生建立起正确的新时代劳动实践观和发展观。可以说，本书体现了编者对新时代全面加强劳动教育深刻而全面的思考，也为新时代学校全面落实立德树人的根本任务提供了重要的参考方向。

本书强调“创新精神”的重要性。新中国从一穷二白起步，在砥砺奋进中开拓，今天，中国大地上到处呈现科技创新的勃勃生机。时代需要创新，劳动亦需要创新，唯有与时俱进的劳动才能经得起时代的考验，其本质精神才能传给后人。

此外，本书还阐释了“职业道德”的相关理论。从职业道德的概念出发，还阐述职业道德的意义、原则和特征等，提出新时代职业道德基本理论和原则规范，并给出职业道德培养的办法，号召人们在新形势下不断提高职业道德水平，坚守职业道德，追求职业理想，以职业贡献为荣，做有职业道德的建设者。

本书的编写遵循教育规律，注重手脑并用；结合大量案例，生动明了地介绍相关概念，强化实践体验，让学生亲历劳动过程，提升育人实效性。通过劳动教育，学生能够理解和形成马克思主义劳动观，牢固树立劳动最光荣、劳动最崇高、劳动最伟大、劳动最美丽的观念，体会劳动创造美好生活，体认劳动不分贵贱，热爱劳动，尊重普通劳动者，培养勤俭、奋斗、创新、奉献的劳动精神；具备满足生存发展需要的基本劳动能力，形成良好的劳动习惯。本书进一步丰富了学生劳动教育的内容和实践形式，有助于引起学校、家庭对于学生劳动教育的重视，对于当代学生树立正确的劳动价值观，弘扬我国优秀传统和民族精神，践行社会主义核心价值观有着重要作用。

本书由周万才、周丽妲和王潇伟任主编，张静、李贵河、王永刚和李亚玲任副主编。

由于编者水平有限，书中难免存在一些不足之处，敬请广大读者批评指正。

编　者

# CONTENTS 目录

## 模块五



## 模块六

# 模块一
# 劳动精神

## 案例导入

### 案例一

#### 荒漠中的治沙人

治理沙漠 25 万亩（1 亩≈666.7 平方米），狼窝沙、十里沙等一些带“沙”字的村庄如今满是由郁郁葱葱的乔木、灌木等围成的良田。

这是一位年过七旬的普通农民留下的不普通业绩。

石光银，陕西省定边县海子梁乡农民，全国治沙英雄、全国劳动模范、全国绿化先进工作者、全国绿化十大杰出人物……

石光银用了 30 多年，带领乡亲们实现了荒漠变绿洲、绿洲变富洲。

定边县在毛乌素沙漠南缘。石光银出生的海子梁乡是定边县最穷的乡之一。因为沙进人退，童年的石光银随父兄 9 次搬家，看够了黄沙，吃尽了苦头。石光银渴望苦尽甘来。1984 年年初，国家鼓励个人承包治沙的政策出台后，石光银和乡政府签订了承包治沙 3 000 亩的合同，成为榆林市个人承包治沙造林的第一人。为筹集买树苗的钱，他不顾妻子的阻拦，卖掉 84 只羊和 1 头骡子，在 3 000 亩荒沙地上栽了树苗，成活率达 87%，从此四大壕村出现了第一片绿洲。

1985 年，他又承包了 5.8 万亩荒沙，开始对 6 000 亩狼窝沙的治理。最终，石光银带领群众在 6 000 亩沙地上搭设了长达 800 千米的沙障。到 1990 年，5.8 万亩荒沙全部得到治理。30 多年间，石光银带领群众，治理荒沙、碱滩近 30 万亩，累计植树 4 000 多万株（丛），营造了百余里（1 里 =500 米）长、几十里宽的生态屏障。

石光银不普通。他成立了全国第一个联合农户治沙的农民治沙公司，要让农户在治沙中得到实利。他先后办起了新兴林牧场、秀美林场、千头良种奶牛示范牧场、纯净水厂、林业技术培训中心、千亩樟子松育苗基地、脱毒马铃薯组培中心、光银希望小学、月牙湖、西湖等 20 多个经济实体和绿色旅游景点。治沙公司栽种的林木现在总价值达 1.8 亿元，年收入 500 多万元。党的十八大以来，石光银又带领公司员工二次植树造林和改造低产林共 1.5 万亩，栽种了以樟子松为主的树木 100 多万株，价值 2 000 多万元。

和石光银一起承包治沙的最早联户及后来的 127 户，当时 60% 是特困户，现在都过上了富裕日子。原地处风沙口的四大壕村现人均粮食达 600 多千克，人均纯收入达 2 000 多元，被定边县命名为小康村。海子梁乡盛产各种蔬菜，远销全国各地，成了定边县有名的农副产品主产区，被榆林市命名为小康乡。

石光银还将定边白于山区最贫困的 50 户、272 人迁到定边镇十里沙村，给他们划了水田，盖了房子，添置了生产用具和生活用品，让他们一起治沙造林，种菜种粮，发展养殖业。2016 年，这些贫困户人均收入超过 2 万元。他还出资办了两所学校，并垫资 500 多万元，和县政府共同修建了 35 千米长的定海公路。

在石光银的感召下，一代代治沙人前赴后继，在昔日贫瘠的风沙盐碱地上建起了现代农业示范基地，带动了全县农、畜产业发展。在县城周围建起了一条城郊防护林带，实现了城在林中、林在城中。目前，定边县森林覆盖率已由 1980 年的 3.8% 提高到 33.5%，实现了由“沙进人退”向“人进沙退”的转变。过去的沙滩变成了良田，贫瘠的土地变成了致富的“金钵”。

资料来源：https://m.sohu.com/a/169052982_688670，有改动。

**案例二**

### 坚守在航天领域的数控“巾帼英雄”

苗俭是上海市 2012 年技能大师工作室中唯一的一位女性。作为铣工和加工中心操作工双工种高级技师，经苗俭亲手生产制造出的运载火箭、战术武器和载人飞船等关键零部件达上千件。苗俭在航天世界中不断超越自我，成为航天领域里一道亮丽的风景线。

苗俭多年来从事的工作是卫星、火箭、导弹、飞船和航天飞行器等产品零部件的加工，产品精度要求高、任务急、难度大。而航天技术在全世界属于战略级保密技术，没有国外成熟技术和经验可以引进。从铣工到数控机床，再到工艺编程，上海女孩苗俭在这个许多男性都不能想象的钢铁制造世界里深深潜修了 17 年。她的高超技艺代表着不断更新换代的最先进的航天加工技术，她和很多男工人一样亲手操作笨重到几百千克的超大零件，亲自搬重达几十千克的机床压板、垫块、工装夹具等，她练就极强的站功以应对每天长达近 10 小时的站立式工作。车间环境非常恶劣，天冷的时候，摸着设备是冰冷的；天热时穿着短袖，被飞出来带着热量的铁屑一烫一个泡。

这一切即使对于男技师来说都是对体能、毅力、技能莫大的挑战，更何况是女技师。但苗俭是一个认准目标就会“咬”住不放的人，她凭着对机械加工的极致执着和不懈坚持，凭着极致的刻苦、耐劳的精神、刻苦钻研的毅力及超强的学习能力，练就复杂数控机床的操作能力和精湛技艺，担当重任，开创性地攻克了多个技术难题。

2005年，苗俭的身体出现了异常状况，严重的腰椎间盘突出和骨质增生让她几乎站不起来，领导和家人都很担心，但她还是拒绝了从一线退下来的要求，凭着这种不放弃和坚持到底的精神又挺过来了。

中国航天技术的高速发展对她的技能不断提出高标准、高要求，让她坚持不懈地进行一次又一次自我突破和全面提升，更给她提供了施展才华和超越自己的航天大舞台。对此，苗俭一直心怀一份深深的感恩，而她的耐心细致、平和坚持使她在机加工中有着独特的优势。

在国家航天重点工程某型号重要部件的设计工装中，苗俭让高精度、复合变曲面不锈钢翼板的五点动平衡质量误差从2克减小到1克，产品合格率从10%提高到100%。她多年来克服了女性对于软件的弱项，学习软件编程操作，掌握CAD、CAM等多种软件，开发运用多款软件系统，解决了国家航天高新工程中大型件的高精度加工，完成了导弹翼板、频率综合器盒体等复杂产品的机械加工，其中难度较大的大型件有百余项。

苗俭的工作室以先进数控加工专业为主要方向，麾下会集高技能、高工艺的14名航天技术型男性能手，承担着我国航天星、箭、弹、船、器控制系统的精密机械加工任务，进行着航天领域的各种技术攻关、竞赛比武和带徒传技。

在她的带领下，工作室开展了卫星铸件支架多位旋转式装夹等工艺攻关项目，并把STUDER数控磨床非圆磨削软件应用、侧压夹具的研究与制造、复合加工后残余应力对精密零件尺寸影响的探讨等攻关项目撰写成论文，积极起到技术积累和推广的作用。另外，工作室按计划紧锣密鼓地开展星环式多孔位膨胀夹紧装置研磨工装、薄壁复杂结构件精密加工技术研究等7项攻关项目的研发任务。

资料来源：www.xzbu.com/8/view-4443467.htm，有改动。

# 第一节 劳动概述

对于“劳动”这一概念，人类的认识历史其实已经相当长了，在很早以前古人便揣摩到了“劳动”的真谛，如“日出而作，日落而息”中的“作”便是对劳动的一种解释，其有“从事某种活动”之意。“春种一粒粟，秋收万颗子”就是“农作”的直观解释。“劳动”是隐藏于民间口口相传的农作行为，也是现代国家法律里涉及的有明确界定的“劳动”行为。

## 一、劳动的概念

劳动是人们改变劳动对象，使之适合自己需要的有目的的活动，即劳动力的支出。劳动是人类社会生存和发展的基础。

马克思将劳动定义为“劳动首先是人和自然之间的过程，是人以自身的活动来引起、调整和控制人和自然之间的物质交换的过程”。国内外哲学、政治经济学、法学等诸多领域的学者都对“劳动”这一概念进行过阐述。《现代高级英汉双解词典》中对它的解释为“劳动是心或身之劳作”。劳动是指人们使用一定的劳动工具作用于一定的劳动对象，创造某种使用价值或效用以满足人类自身需要的有目的的活动。

有的学者阐释，“劳动是人们为了满足物质、精神文化的需要，以及实现自身全面发展所进行的有目的的活动，是人能动地、创造性地利用自然资源、社会资源和人类自身潜能与客观世界进行物质交换并创造精神文化产品的过程”。

总而言之，劳动是人们为了创造使用价值以满足物质和精神需要而对体力与脑力的耗费。

## 二、劳动的内涵和外延

每个概念都有一定的内涵和外延，劳动也不例外。劳动的内涵就是它所含的本质属性的总和，而其外延是适合“劳动”的某些对象的范围及性质。理解劳动的内涵和外延，有助于进一步了解“劳动”这一概念。

**话题讨论**

全国劳动模范廖仲宾讲述了自己的一段经历：1990 年，廖仲宾从常州铁路机械学校铸造专业毕业来到眉山公司，和怀揣着青春梦想的每个热血青年一样，想着能干出一番事业。但上班第一天的经历却给他一个不小的打击。当时，师傅让他往炉内加些石灰，他二话没说操起铁铲就往炉内不停地送，却被师傅一阵严厉的呵斥声给制止住了。师傅告诉他，炼钢不是卖力气，往炉内加什么原料、什么时候加、加多少原料都是有科学要求的。他在羞愧中完成了他的第一次操作，从那一刻起，廖仲宾就暗下决心，努力刻苦地钻研钢铁冶炼技艺，做一名出色的炼钢工人。他认真观察师傅们的操作，遇到不明白的地方就大胆地问，不知道的就查阅资料，而每个月工资的结余也大多花在买书上，他的床头和工具箱里除了学校的专业书外，《铸造合金及其熔炼》《炼钢500问》《冶炼工艺学》成了他经常翻看的书籍。不到两年，他就升为炉前一助。

看了廖仲宾的事迹之后，请大家思考一下劳动的含义是什么。

### （一）劳动的内涵

我国宪法明文规定："中华人民共和国公民有劳动的权利和义务。"这就要求每个有劳动能力的人，都要将劳动看成自己的光荣职责和神圣使命，必须以主人翁的态度对待劳动。

一般而言，劳动可分为脑力劳动和体力劳动两大类。劳动的成果是创造的物质财富和精神财富，所以，体力劳动与脑力劳动统一在人的生产实践过程中，两者相互渗透，并没有完全的分割界限。

劳动精神作为一种意识活动，会反作用于劳动实践过程中。一方面，劳动精神会激发人们投身劳动的热情；另一方面，在劳动精神的作用下，人们将克服劳动中的困难，培养不怕辛苦、敢为人先的毅力和品质。

随着时代的变迁，我们要牢牢把握劳动的内涵，因为劳动的外延是随着时代的发展而发展的。我们对"劳动"的认识也应该发展，也应跟上时代的要求。"劳动"这一概念应该是与时俱进的，随时代变化而具有不同的时代特征。因此，我们要在当今时代背景下把握"劳动"这一概念。

### （二）劳动的外延

劳动的外延是人类实践活动的一种特殊形式，多指创造物质财富和精神财富的活动。"实践"一词亦可指"劳动"。实践是指人能动地改造客观世界的物质活动，是人所特有的对象性活动。人的实践活动具有自主性，人通过实践不但能够认识客观规律，而且能够利用客观规律，使客观规律为人所用。在《中国大百科全书（哲学卷）》中，劳动被定义为"人类特有的基本的社会实践活动，也是人类通过有目的的活动改造自然对象并在这一活动中改造人自身的过程"。

《左传·宣公十二年》中有"民生在勤，勤则不匮"的说法。睿智的古人很早就理解了"不匮"与"勤"的因果关系。人的辛勤劳动能产生无穷的社会财富，是社会安定幸福的前提。改革开放以来，中国人民通过辛勤劳动创造了巨大的财富。随着时代的变化，劳动的内涵和外延经历了巨大的改变，劳动的形式更加多样。今天，劳动不再局限于农业劳动，办公室劳动、车间劳动、实验室研究劳动、图书馆写作都可称为劳动。在某种程度上，学生在学校努力学习也是一种劳动。劳动不仅仅指一项意义重大的工作，日常清洁是劳动，制造工具也是劳动。

当今的知识经济时代与马克思所处的时代相比，劳动无论在内容还是结构形式上都发生了重大变化，劳动的各个对象的性质也产生了相应的改变。

1. 劳动形式的单一性和多样性

劳动不是固定不变的，而是一个充满丰富内容的可变活动，它随着社会生活实践的发展而不断丰富。随着科学技术水平的发展，物质产品不再能完全满足社会需求，必须通过有形或无形的精神产品及其服务来满足。

2. 劳动范围的区域性和全球性

随着经济全球化的发展，劳动已超出传统意义上一个企业、行业甚至一个国家、社会的范围，而具有了世界意义。无论是劳动的创造还是劳动价值的实现，都因时代发展而具有了全球性。生产一件商品的劳动是否为社会所需要、是否能创造并实现其价值，不再仅仅由一国市场决定，而是越来越多地由世界市场决定。

3. 劳动要素的整体性和分离性

劳动是一种现实性的活动，只有各种要素在劳动过程中统一起来，才会有整体的劳动过程。

在知识经济条件下，劳动不再等同于一般劳动，知识劳动成为重要的劳动形式并影响整个劳动活动过程。它更多地表现为掌握了现代科技和劳动技能的劳动者，利用现代化的设备和技术体系，与劳动对象发生作用。在知识经济条件下，劳动的主体和客体及工具出现了一定程度的分离，使创造财富的劳动过程变得有序而简化。但是需要注意，分离没有也不可能否定劳动的整体性，而是更加突出劳动的整体性，是劳动要素整体性与分离性的统一。把握劳动要素整体性与分离性相统一，为认识和把握劳动与劳动结果的科学内涵奠定理论基础。

4. 劳动本质的稳定性和发展性

劳动是改造客观世界、引起物质变换的对象性活动，任何劳动都会产生一定的劳动结果；劳动是人类的本质活动，离开劳动，人类就不能生存与发展；劳动创造世界，劳动创造人本身。对劳动的这些基本认识表明，劳动的本质具有稳定性，但在不同的经济时代和资源条件下，人类劳动的内涵和外延都随之发生重大变化。在知识经济条件下，人类认识自然、改造自然的能力不断提高，科学技术发展迅速，赋予了劳动本质以新的内涵：劳动的内容将会更加丰富多彩，形式也越来越富于变化，劳动者的流动性将会增强，体力支出将会减少，智力支出则会越来越多，劳动的世界性将把人类联结为一体，生产效率也会越来越高，高效率人才的重要性会越来越突出，对人才的争夺也会愈演愈烈。当然，劳动仍然是人们谋生的重要手段，但其乐生性将渐渐发展成为重要内容。

案例链接

## 梦桃精神穿越时空

岁月峥嵘，总有一种精神熠熠生辉；时光荏苒，总有一种信念生生不息。

党的好女儿赵梦桃离开我们已经57年了，咸阳纺织业也经历了翻天覆地的变化，而“高标准、严要求、行动快、工作实、抢困难、送方便”的梦桃精神却激励着无数一线工作者砥砺前行。

赵梦桃是原西北国棉一厂细纱车间的一名普通工人，在进厂的11年里，她曾42次被评为劳动模范、红旗手，连续7年月月全面完成生产计划，并帮助13名工人成长为工厂和车间的先进生产者。她创造的一套先进的“巡回清洁检查操作法”在陕西省全面推广。

时代变迁，赵梦桃小组的精神接力依然不辍。这背后是一代代组员长期的付出。

“进赵梦桃小组之前，总觉得能进小组很光荣；进入小组之后才知道，赵梦桃小组不光意味着荣耀，更意味着要比别人吃更多的苦、受更多的累。”赵梦桃小组第11任组长刘小萍深有体会地说。2003年，为了满足市场需求，企业技改频繁，一批高、密、细、薄织物成为主要生产品种。赵梦桃小组试纺135支高支纱时，现有的摇车方法落纱时造成的断头率达90%以上，白花增多，产量下降，小组的生产管理和生产计划受到很大影响。而用同样的摇车方法落45支纱时，断头率仅有5%。经过反复试验、分析、总结，赵梦桃小组创新性地推出了“高支纱落纱方法”，使60支以上的高难品种落纱断头率由50%下降到10%。新操作法在60支以上的高难品种上推广后大大提高了质量和效率，提高了产品市场竞争力。

赵梦桃小组第9任组长徐保凤至今难忘她刚进厂时的情景。当时，她对练技术很不适应，便觉得委屈、辛苦。面对周围35摄氏度左右的潮湿热气、不绝于耳的机器轰鸣声，还有直钻耳鼻的飞絮，感受可想而知。她的手也被纱线划破了，钻心地疼。种种困难让徐保凤常常半夜躲在被窝里哭。她曾经想过放弃，但小组“大家庭”般的温暖让她最终留了下来。时光飞逝，光阴如梭。赵梦桃小组自命名以来，已经走过了57个春秋，先后经历了13任新老组员的不懈征战。

2019年11月，习近平总书记对赵梦桃小组人员亲切勉励：“希望大家继续以赵梦桃同志为榜样，在工作上勇于创新、甘于奉献、精益求精，争做新时代的最美奋斗者，把‘梦桃精神’一代一代传下去。”

“总书记给我们的亲切勉励让我们感到格外振奋。这是对梦桃小组每个组员最大的精神鼓舞。作为新时代的纺织青年、‘梦桃精神’的传人，我们一定不负众望，将‘梦桃精神’继续传承好、发扬好，在平凡的岗位上做出不平凡的业绩。”赵梦桃小组现任组长何菲坚定地表示。

这是一条让人赞叹的光荣之路，从20世纪60年代初延续至今。串串足迹传颂着英雄劳模们接力奋进的动人故事，书写着梦桃传人们敬业奉献的精彩华章。

这是一座令人仰望的精神高地。57年间，组长换了一任又一任。高、严、快、实的优良传统和作风丝毫没有丢。

在喧嚣嘈杂的织机轰鸣声中，在无穷无尽的纱海布浪里，吴桂贤、王西京、翟福兰、王广玲、张亚莉、韩玉梅、刘育玲、徐保凤、周惠芝、刘小萍、王晓荣、何菲，一代代梦桃传人始终把提高产品质量和挖掘生产潜力作为奋斗的方向，做表率、当先锋，带领小组成员一棒接着一棒跑，用热血和汗水谱写了感天动地的奋斗者之歌。

资料来源：http://news.cnwest.com/bwyc/a/2020/03/26/18598192.html，有改动。

## 三、劳动的重要意义

马克思认为，人与动物最大的区别就是人类劳动具有自觉性，“有意识的活动把人同动物的生命活动直接区别开来”。

1958年，中共中央、国务院关于教育工作的指示中明确地表示要将教育与生产劳动结合确定为党的教育工作方针。20世纪90年代，“教育必须与生产劳动相结合”的提法被写进了《中华人民共和国教育法》，并在2015年的修订稿中予以保留。事实上，我国各地区、各方面还存在劳动教育不同程度地被弱化、软化及淡化的社会现象。我国在第十三届全国人民代表大会常务委员会第七次会议上通过了对《中华人民共和国劳动法》等七部法律的修改决定，由此可见，国家对劳动及其保护颇为重视。劳动无论是对个人还是对社会，乃至对国家都有极其重要的意义。

**话题讨论**

挽起裤管在污水处理厂登高爬梯，撸起袖子徒手抓捏脏臭的污泥，夜以继日地在实验室里研发污水深度净化技术……这就是全国“五一”劳动奖章获得者、北京碧水源膜科技有限公司研发中心研究室主任李天玉的工作常态。北京是一个严重缺水的大都市，即使是马桶排出的生活污水也是非常宝贵的资源。李天玉的目标就是让生活污水最大限度地资源化，让水资源能够更高效地再生循环。

为了验证优化后的膜丝对污水处理有效，李天玉经常观察膜丝的状态。膜丝必须接触污泥才能进行实验，虽然配备了防护手套，但李天玉经常不戴手套直接上手，“用手直接捏，才能感觉到膜丝表面的黏滑和污染状况，戴上手套触觉就不灵敏了”。别看李天玉是个身材娇小的女子，跟脏臭的污泥打交道一点儿都不含糊。经过两年多坚持不懈地实验论证，李天玉和她的研发团队为小孔找到了最合适的“姿势”。用原来的膜生物反应器技术处理污水，需要耗电 0.2 千瓦时，采用她们开发的节能型膜组件系统，耗电量降低到原来的一半，按照全国每天 2 000 万立方米的处理规模，每年可以节省电费 3.65 亿元，降低了能源的消耗。

从故事中我们能体会到，只要热爱本职工作，即使在平凡的岗位上也能做出不平凡的业绩。李天玉对待工作的态度值得我们敬佩，请结合上述故事，思考劳动对于个人乃至整个社会有什么意义。

### 1. 劳动是个体创造美好生活、实现人生价值的基本途径

习近平总书记多次强调，“幸福不会从天降，美好生活靠劳动创造”，“幸福都是奋斗出来的”，“永远把人民对美好生活的向往作为奋斗目标”。劳动是个人实现人生价值，享受美好生活的基本途径。恩格斯也在《劳动在从猿到人转变过程中的作用》中指出，其实劳动和自然界一起才是一切财富的源泉，自然界为劳动提供材料，劳动把材料变为财富。但是劳动还远不止如此。它是整个人类生活的第一个基本条件，而且达到这样的程度，以致我们在某种意义上不得不说：劳动创造了人本身。每个人都离不开劳动，美好的生活需要通过劳动创造，这是新时代劳动教育的新的内涵。充分调动起人们作为劳动主体的积极性，使之为了实现美好目标而奋斗，可以说这是新时期对人们提出的新要求。

人的本质是通过劳动得以确定和形成的。劳动是人类最基本的生产活动，也是为了生存和发展而采取的最迫切的活动，劳动在人的幸福生活创造中发挥着巨大作用，正是通过劳动，人才具有了追求美好生活的基本条件和途径。与此同时，人在劳动的基础上形成各种观念上的思想。从哲学上讲，人类区别于动物的最重要的指标就是人能够制造和使用工具，劳动不仅造就了人类的标志特性，使之有能力、有可能追求美好生活，并且在劳动实践的基础上，人的本质力量不断地增强，各种生活需求也更为丰富且广泛。当前，我国社会的主要矛盾已经转化为人们日益增长的美好生活需要和不平衡不充分的发展之间的矛盾。人们不再满足于丰衣足食，而是要从中获取更多的满足感和幸福感，而这些需要通过加倍的劳动获得。从这方面来说，劳动促进了人的自身发展，使人追求美好生活成为一种必然。美好生活，作为一种生活目标，是人们在实践中形成、有可能实现的一种未来理想生活状态。正如马克思所说，劳动已经不仅仅是谋生的手段，而且本身成了生活的第一需要。这就要求我们把握好“美好生活靠劳动创造”这一基本价值指向，正确认识劳动在人的生存和发展中的重要地位，同时相信通过劳动肯定能实现人的美好向往，实现人生价值。

案例链接

## 张能瑜大山深处守护光明

肩挎帆布包、脚蹬防蛇靴、手拿砍刀和“打狗棒”，国家电网重庆长寿供电公司“能瑜党员隐患排查队”队长张能瑜就是靠着这身装扮在武陵山区巡查线路、排除隐患，一干就是15年。

2001年，重庆长寿供电公司的220千伏武隆、彭水变电站投入使用。27岁的张能瑜毛遂自荐，成为武隆巡线站站长。虽是巡线站，却没有“站点”，迎接他的只有荒无人烟的崇山峻岭。十几年来，张能瑜带领巡线队队员踏遍了武陵山区，巡查线路1 300多千米，看护杆塔1 200余座，守护着大山深处的光明。

记者好奇：张能瑜个子不高、态度温和，这些年“野外生存”般的日子是怎么度过的呢？

深山无路，张能瑜身负四五十斤（1斤=500克）的工具包，以砍刀开路，用木棒防身，一路披荆斩棘、翻山越岭。山路难走，对于长达20多千米的山路，张能瑜要走一天一夜，披星戴月、饥寒交迫是常态。面对艰苦，军人出身的张能瑜拿出不服输的干劲：“红军长征二万五千里，吃这点苦算什么？”

“我们是‘线路医生’，线路哪里有毛病治哪里，小问题也忽视不得。”张能瑜从不放过任何细小问题，对人对事十分严格。2011年，张能瑜验收一段110千伏高压线路时发现存在安全隐患，不予过关。为此，施工队不得不返工一年多。“很多施工队都恨我，怕遇到张某人验收。”张能瑜很无奈，“不是我故意找碴儿，一旦线路出问题，高速公路和铁路系统、居民、企业用电都受影响，损失就大了。”在张能瑜的严格把关下，他经手的许多项目被评为优质工程。

作为“巡线能手”，张能瑜不忘做好传帮带。在渝东南的10多年里，张能瑜带了60多个年轻人。谢毅便是其中一位，跟着张能瑜巡线10年的他对师父又敬又怕。敬的是他的谆谆教导，张能瑜曾带着恐高的谢毅一步一步地爬铁塔；怕的是他的严厉，“犯错都要受到严厉批评”。然而，严师出高徒，张能瑜带出来的年轻人个个都是巡线好手。

巡线10余载，“徒弟”走了一拨又一拨，张能瑜却一直坚守在大山深处。2012年，为发扬张能瑜的榜样作用，“能瑜党员隐患排查队”在渝成立。张能瑜担任队长，统筹生产、营销、农电等领域各个环节的隐患排查和治理工作。“能瑜党员隐患排查队”成立至今，共排查各类隐患1 000余起，隐患消除率达98%。

任务重了，责任大了，张能瑜做得更出色了。在他的带领下，100余人的队伍既巡线排查，也搞科研创新。在短短数年间，“能瑜党员隐患排查队”研发了“防坠落登高升级板”“跨越式平衡杆”等8项国家专利，主持承担“输电线路杆塔绝缘子闪络显示装置的研制”等3项科技项目，发表专业学术论文9篇，发布QC创新成果

6 项。近年来，张能瑜先后被评为“全国劳动模范”“国家电网公司十大杰出青年”……

成了“大名人”，张能瑜仍初心不改：“事比以前多了，但基础要打扎实，我还是想继续巡线。”张能瑜带队巡线 3 600 千米，再用脚步丈量一次武陵山。

资料来源：http://www.71.cn/2016/0310/871075.shtml，有改动。

### 2. 劳动是推动人类社会进步的根本力量

营造劳动光荣风尚是新时代劳动观教育的突出要求。随着社会的变迁和发展，劳动光荣的意识在不同的时期有着不同的意义。在中华人民共和国成立之前，劳动光荣多强调的是在道德上的认可和执行。而我们都知道，劳动可作为衡量一个人道德的标尺，在某种程度上可以说人的劳动过程就是一个道德的打磨过程。是否劳动、劳动的态度及最终的结果可以反映一个人品德的高度。但是，这种道德化的解释存在一种弊端，即人们的道德观念会伴随着利益关系而发生变化。中华人民共和国成立以后，劳动光荣的观点开始突出表现为劳动人民在政治上的被尊崇，劳动发展成为思想政治教育中重要的环节，故此，劳动光荣开始成为社会主义社会的一个主旋律。劳动是光荣而神圣的存在，劳动的主体——人也有了一个光环。无产阶级是为广大劳动人民服务的，所以，那时的劳动和劳动人民的社会地位也有了很大的变化。

改革开放以后，随着人们对物质财富要求的提高，劳动光荣的重心逐渐偏移到对物质的获得感和满足感上。这一转变表明了人们越来越重视劳动的具体性和实用性，从而形成为满足生产力快速发展而产生的劳动的发展。

新时代到来，劳动光荣着重强调劳动人民在精神上的重塑，产生了劳模精神、工匠精神、创新精神等新型词汇。它们是对我国广大劳动人民的劳动和生产实践活动所做出的高度凝练与本质概括，是全体劳动人民在为实现中华民族伟大复兴中国梦的路上写下的浓墨重彩的一笔。至此，劳动光荣被赋予了更多的活力和更新的价值意义。营造劳动光荣的社会风尚是一个长期且复杂的过程，离不开劳动人民的道德认可、政治遵从、物质满足和精神塑形。在社会主义现代化建设的发展和变化中实现劳动光荣，更是一个艰巨但意义深刻的任务，可以说，劳动是推动人类社会进步的根本力量。在现在科技发展、精神文明建设颇具活力的新时代，要想传递富有新含义的“劳动光荣”理念，必须把它作为新时代劳动教育的出发点和最终归宿。

### 3. 劳动是富国强民的重要举措，是国家发展的前提和力量

马克思曾说，任何一个民族如果停止劳动，不用说一年，就是几个星期，也要灭亡，这是每一个小孩都知道的。一个国家的发展无疑是靠劳动支撑起的各行各业的有序进行，从一个人依靠劳动自力更生到千百万人依靠劳动丰衣足食，支撑起来的是整个国家的安定和发展。

我们都知道，当中国还处于封建社会的时候，西方国家已经出现了新的生产方式。中

国没有跟上世界历史转变的潮流，在西方坚船利炮的冲击下陷入了内忧外患的境地。在这种背景下，仁人志士高举挽救民族危亡和国家振兴的旗帜，不再局限于封建的农耕劳作和手工作坊，开始学习先进的科学技术和机器生产，同时带动了教育的现代化。经过了新民主主义革命和社会主义革命，虽然建立了中华人民共和国和社会主义制度，但经济基础远远落后于世界先进水平，这就决定了我们必须解放和发展生产力，工人阶级作为先进生产力的代表冲在前面。自改革开放以来，我们提出建设富强民主文明和谐的现代化国家，确定了全面建成小康社会的奋斗目标，强化人民的劳动主体地位，强调劳动的客观价值和意义。可以说，没有全国所有劳动人民对待劳动的热情，以及积极进取的决心和力量，社会主义事业的进程不会达到目前的阶段，蓬勃发展的势头更要后延。

习近平总书记曾强调，“弘扬劳模精神，弘扬劳动精神，弘扬我国工人阶级和广大劳动群众的伟大品格，在实现‘两个一百年’奋斗目标的伟大征程上再创新的业绩，以劳动托起梦想”。劳动托起中国梦是新时代劳动观教育的重要方向，是实现中华民族伟大复兴的强大动力。实现中华民族的伟大复兴是中华民族近代以来最伟大的梦想。这种伟大梦想是与中华民族劳动人民的劳动和实践紧密联系在一起的。

一切为我国社会主义现代化建设和为中国梦的实现助力的劳动都是光荣的，都值得敬佩，参与这伟大进程的所有劳动人民都应该得到尊重，因为这一切归根结底都是为了实现国家富强、民族振兴和人民幸福的目标。“中国梦”是每个劳动者的“中国梦”，“劳动者”是一同实现“中国梦”的劳动主体，实现中华民族伟大复兴的“中国梦”是广大劳动人民伟大劳动、不懈奋斗的价值指向。

案例链接

### 铁路女青年的青春之歌

中华人民共和国成立后，国家决定在蜀道修建一条电气化铁路——宝成铁路。这一消息令全国人民为之振奋，更激励了聚集在秦岭的铁路大军的昂扬斗志。

1954 年年初，刚从唐山铁道学院铁道建筑工程系毕业的白淑萱被分配到铁道部工程总局第六工程局第二工程段。她是中华人民共和国培养的第一批女大学毕业生，认为能为祖国修建铁路是一项无比光荣的事业。面对巍峨的秦岭，白淑萱立志：从这里开始，把青春献给祖国的铁道事业。

在参加宝成铁路宝鸡至凤州段铁路施工的日子里，白淑萱不畏山高路险，勇敢地带领测工在险峻的秦岭山区测量，几次与死神擦肩而过。在技术岗位上，白淑萱以“谁说女子不如男”的气概勤奋工作，毅然承担了宝成线管段内隧道的施工技术工作。当时，隧道施工设备落后，工人用手风钻开挖隧道，施工时洞内飞扬着灰色粉尘，空气污浊，令人喘不过气。黑发姑娘进洞工作后，出洞时就成了“灰毛女”。尽管工作环境如此艰苦，但白淑萱想到宝成铁路建成后人们将乘坐火车在他们修建的隧道中穿行时，便感觉任何辛苦都是值得的。于是，她不分白天黑夜坚持到洞中测量，按设计要求严格施工。

白淑萱还非常关心工人施工安全。一天，她同领工员、测工进洞检查安全时发现险情，立即飞奔到工区报告。工区主任赶到现场，立即采取防范措施。当夜，山坡塌方，将隧道洞门掩埋，幸亏他们提前将洞内工人撤离，才防止发生一次重大伤亡事故。

白淑萱凭着她在学校学到的铁道建筑工程专业的知识、技能和体育锻炼得来的强健体魄（她曾任学校女篮队队长），同工友一起打隧道、建桥梁，展现了新一代女青年的精神风貌。在云横秦岭的宝成铁路施工战线上，白淑萱谱写了一支铁路女青年的青春之歌。

中华人民共和国第一条电气化铁路——宝成铁路建成通车已经60多年了，在回望中华人民共和国铁路发展的光辉成就时，人们不会忘记那些崎岖蜀道上的铁路建设者。白淑萱在参加宝成线宝鸡至凤州段施工时，获得陕西省劳动模范及全国劳动模范荣誉。之后几十年，她一直保持劳模品格，为陕西铁路辛勤工作。

资料来源：http://www.tielu.cn/wenyi/2019-01-17/179658.html，有改动。

# 第二节　马克思主义劳动观

劳动在马克思主义理论体系中具有重要地位，劳动发展史是理解人类社会历史奥秘的钥匙，也是理解社会历史创造过程和历史创造者的关键。在新时代的历史起点上，劳动在推进伟大事业、实现伟大梦想的历史伟业中的基础性作用、决定性作用和关键性作用更加日益凸显。党的十八大以来，习近平总书记发表了一系列关于劳动的重要讲话，从马克思主义的立场出发，深入阐述了劳动的重要地位。习近平总书记关于劳动的重要论述，对新时代的人才培养提出了新要求。

## 一、马克思主义劳动观的内涵

人的产生伴随着劳动的出现和发展，两者相伴发展，并且延续至今。劳动作为一种实践活动，在人类社会中处于最基本的地位，可以说是人类产生和发展的重要标志之一。一部丰富的劳动发展史可以映射出一部人类发展史。

### 1. 劳动与人类的关系

马克思在《1844年经济学哲学手稿》中指出，正是在改造对象世界中，人才真正地证明自己是类存在物。这种生产是人的能动的类生活。通过这种生产，自然界才表现为他的作品和他的现实。因此，劳动的对象是人的类生活的对象化：人不仅像在意识中那样理智地复现自己，而且能动地、现实地复现自己，从而在他所创造的世界中直观自身。正是劳动彻底将人与猿区别开。所以，劳动是人类赖以生存和发展的决定力量。在劳动的直接推动下，人类经历了从猿到人的发展过程。劳动促使人类的脑量不断增大并不断优化，使人类体态特征越来越区别于猿而越来越近似于现代人。随着劳动工具的日益改进和多样化，人类智力也得到进化，物质生活逐渐丰富起来。

### 2. 劳动与社会发展的关系

马克思在《德意志意识形态》一书中指出，首先应当确定一切人类生存的第一个前提，也就是一切历史的第一个前提，这个前提就是：人们为了能够“创造历史”，必须能够生活。但是为了生活，首先就需要衣、食、住以及其他东西。因此第一个历史活动就是生产满足这些需要的资料，即生产物质生活本身，而且这是这样的历史活动，一切历史的一种基本条件，人们单是为了能够生活就必须每日每时去完成它，现在和几千年前都是这样。在马克思看来，劳动是“一切历史的一种基本条件”，有了人类的劳动，有了满足人类生存的必需的前提，才产生了生活和历史。马克思从唯物主义立场出发，充分肯定了劳动对整个人类和人类历史的重要意义。

### 3. 劳动与人类发展的关系

图文

劳动格言

人类社会的发展是前进性和曲折性的统一。实践是人能动地改造客观世界的物质活动，是人所特有的对象性活动。人的实践活动具有自主性，人通过实践不但能够认识客观规律，使客观规律为人所用。同时，实践还具有创造性，创造出按照自然规律本身无法产生的事物。

马克思从哲学和经济学角度比较全面地解释了劳动的含义。从哲学角度，他强调劳动是人的本质，是人的自我实现，是人类特有的基本的社会实践活动，是人类凭借工具改造自然物，使之适合自己需要，同时改造人自身的有目的的活动，是人和人类社会存在与发展的基础。从经济学角度，他强调劳动是人与自然之间的物质变换过程，是人类改造自然的物质活动，是满足人的需要、创造物质价值的活动。劳动不是一个固定的概念，而是一个不断变化发展的过程。

案例链接

**其美多吉：邮运是我一生的路**

其美多吉长着一张典型的康巴面孔，棱角分明，肤色黝黑，目光坚毅，后脑勺扎一条马尾，举手投足间透着潇洒。他的右脸上有一道明显的刀疤——那是2012年7月留下的永恒印记。当天，他驾驶邮车途经国道318线一陡坡处，在车速减慢的时候，路边突然冒出12个歹徒，他们手里挥舞着砍刀、铁棒，将邮车团团围住。

“不许动车上的东西！”说完这话，其美多吉被劫匪围住……被送到医院时，医生发现他身中17刀，肋骨被打断4根，头盖骨被掀掉一块，左脚和左手的静脉被砍断……

在进行8小时的手术后，他捡回了一条命。

从甘孜县城向西行进1小时后，载重14吨的邮车便开始翻越海拔6 168米、有着“川藏第一险”之称的雀儿山。

在这条雪线邮路海拔最高、路况最复杂的甘孜县至德格县之间，一年中大部分时间被冰雪覆盖，夏天经常发生塌方、泥石流，冬天最低气温达零下三四十摄氏度，路上的积雪有半米多深，如果车子陷进雪里，就很难出来。在这样一条邮路上，29年来，其美多吉6 000多次往返于甘孜县与德格县，行程140多万千米，每个月往返不少于20次，他驾驶的邮车从未发生一次责任事故。

为什么要做这样一件单调又艰苦的事情？其美多吉说，小时候，高原上的车很少，家乡的第一份报纸是邮车送进来的，他的中专生的录取通知书是邮递员送来的。“当时就想，如果有一天我能当上邮车司机就好了。”

1989年，当这个儿时的梦想实现时，迎接他的却是一条危险的旅途。209千米的路程即使没有意外也要开车8小时，中途的雀儿山更是许多司机的噩梦，交通事故频发。你我眼中浪漫的飞雪对其美多吉来说可能就是一个致命的“杀手”。

在雪线邮路上，在司机们的心目中，其美多吉的邮车就是航标。特别是“风搅雪”来临，漫天的风雪让人无法分清天空和大地时，其美多吉的邮车总是在漫漫雪山上碾出第一道辙。

但航标都是孤独的。近30年来，他没有在运邮途中吃过一顿正餐，只在家里过过5个除夕。两个孩子出生时，他都在运邮路上。

这条邮路上的每个邮车驾驶员都曾被大雪围困过。2000年2月，其美多吉和同事邓珠在山上遭遇雪崩，在进退无路的情况下，两人用加水桶、铁铲等工具一点一点铲雪，不到1 000米的距离，整整走了两天两夜。

但这些自然条件都无法阻挡他，直到遭遇劫匪，已是甘孜县邮政分公司邮运驾驶组组长的他才被迫中止了邮运之路。

其实，在这条道路上，邮运员只是其美多吉的多重身份之一。多年来，他带在邮车里的氧气罐、红景天等物资，在风雪阻路、进退无路的危难关头挽救过上百位陌生人的生命。哪里发生了交通事故，他就成了义务交通员；哪里有了争执摩擦，他就成了人民调解员。他与这抹流动的绿，在雪线邮路上架起了一座桥。

资料来源：https://mp.weixin.qq.com/s/4YYfxl49VK_hOfbjKJcpAw，有改动。

## 二、马克思主义劳动观的基础与核心

马克思主义劳动观的形成并不是一蹴而就的，而是不断随着时代变迁得以完善与发展的。了解马克思主义劳动观的基础与核心，有利于全面把握劳动的丰富内涵和本质，以及它在人类社会发展中举足轻重的地位和作用。

### （一）马克思劳动观的基础：劳动价值论

马克思的劳动价值论是马克思主义劳动观形成的成熟阶段。它在吸收和丰富发展了前人的成熟劳动理论基础上形成，在马克思主义劳动观中占有极其重要的地位。劳动价值论是在唯物史观的基础上所形成的关于揭示劳动的定义及本质、劳动的基本结构和劳动形式的理论，丰富了唯物史观的科学原理，更是从物质资料的生产出发，从商品入手，剖析生产劳动的两重性——具体劳动和抽象劳动的关系，从而揭示了劳动与价值之间的关系及剩余价值的来源，为分析人类社会的劳动和劳动关系提供了科学的理论基础。

马克思的劳动价值论从资本主义现实出发，揭示了资本主义社会产生、发展和最终灭亡的一般规律，又从人类社会发展的总体角度出发，探索人类劳动的本质，以及劳动在人类历史发展过程中的地位和作用，为马克思主义劳动观的形成和完善奠定了基础。

马克思的劳动价值论的主要内容有：商品具有二因素，即价值与使用价值，它们一起共同构成商品的实体；劳动的二重性（具体劳动和抽象劳动）决定商品的二因素，价值是凝结在商品中的人类劳动，一般是抽象劳动的产物，是一种经济关系与社会关系；商品价值量取决于生产商品的社会必要劳动时间；价格是价值的表现形式；劳动力创造价值和剩余价值，剩余价值理论是在劳动价值论基础上创立的。

马克思的劳动价值论的最大贡献是证明了“劳动的二重性”；在劳动二重性的基础上，马克思创立了剩余价值学说；在剩余价值学说的基础上，马克思揭示了资本主义生产的实质及资本主义生产方式的内在矛盾，并由此得出了资本主义必然灭亡、社会主义必然胜利的结论。

马克思的劳动价值论是揭示资本主义从产生到灭亡的历史规律的基础理论，是科学社会主义的一个理论基石，是具有鲜明的阶级立场、为工人阶级争取经济和政治主体地位的学说。马克思从“劳动是唯一的价值源泉”入手，无情地批判了资本主义制度下劳动的异化和资本家榨取剩余价值的罪恶，并由此得出了资本主义必然灭亡、社会主义必然胜利的历史结论。

马克思的劳动价值论是马克思在批判继承古典经济学劳动价值论的基础上创立的，是一个完整的、科学的理论体系。我们之所以要坚持劳动价值论，是因为它强调了劳动是人类社会存在和发展的决定性因素。任何人对社会的真正贡献是劳动。首先，它要求我们在经济发展过程中应当突出的是劳动、劳动者。“劳动是生产的真正灵魂。”其次，使用价值是社会的使用价值，因此在社会主义市场经济条件下，企业必须以市场为导向、以满足消费者的需求为目的进行生产；否则，盲目生产导致的产品供过于求的部分价值将不能够得到实现。再次，复杂劳动是多倍的或自乘的简单劳动，而劳动的复杂性又是与劳动中的科技含量成正比的。因此，劳动价值论要求我们重视科技劳动在价值创造中的作用，不断提高劳动的创造性和增强劳动的智能化程度，从而不断提高经济增长中的科技贡献率，提高劳动生产率。最后，价值是由社会必要劳动时间决定的，个别劳动与社会劳动之间存在矛盾。因此，商品生产者的劳动要想得到社会的承认，就必须提高劳动生产力，从而使单个商品的价值量不高于社会必要劳动时间决定的价值量，从而从根本上提高企业和整个经济的竞争力。

劳动价值论要求我们必须尊重价值规律，完善社会主义市场经济体制。价值规律是通过市场竞争实现的，竞争又包括价格竞争和非价格竞争。因此，要遵循价值规律的作用，必须保证市场的规范性。

### （二）马克思主义劳动观的核心：异化劳动理论

异化劳动理论是马克思吸收前人异化理论，结合实践经验，对资本主义异化劳动进行全面剖析所创造出的新理论。异化劳动理论首次被提及是在《1844年经济学哲学手稿》中，也是《1844年经济学哲学手稿》的核心内容，这部著作对于马克思主义劳动观的创立意义非凡。因此，异化劳动理论也是马克思主义劳动观整个思想架构的核心。

异化劳动理论可以看成马克思异化劳动理论的集中阐述，对于理解个人与社会的关系具有不可或缺的作用。马克思是从四个方面阐述异化劳动的表现的。

#### 1. 劳动者与自己的劳动产品相异化

马克思认为劳动是人们的一种需求，劳动者生产的劳动产品是劳动者本身所需要的，但是在异化劳动中，劳动者享受不到劳动产品。工人生产的财富越多，他的产品的力量和数量越大，他就越贫穷。工人创造的商品越多，他就越变成廉价的商品。物的世界的增值同人的世界的贬值成正比。

#### 2. 劳动者与自己的劳动活动异化

马克思认为，异化不仅表现在结果上，而且表现在生产行为中，表现在生产活动本身。劳动是一个愉悦的过程，但是异化劳动中，劳动不再是自觉自愿的活动，而变成了被迫的、强迫的、奴役式的劳动。劳动者在自己的劳动中不是肯定自己，而是否定自己；不是感到幸福，而是感到不幸；不是自由地发挥自己的体力和智力，而是使自己的肉体受折磨、精神遭摧残。因此，工人只有在劳动之外才感到自在，而在劳动中则感到不自在；他在不劳动时感到舒畅，而在劳动时感到不舒畅。劳动的外在性表现在：这种劳动不是他自己的，而是别人的，劳动不属于他；他在劳动中也不属于他自己，而是属于别人。

#### 3. 劳动者与自己的类本质的异化

马克思认为，劳动作为自由自觉的活动是人的类本质，但在私有制条件下却发生了异化。异化劳动使人自己的身体，同样使在他之外的自然界，使他的精神本质，他的人的本质同人相异化。无论是自然界，还是人的精神的类能力——变成对人来说是异己的本质，变成维持他的个人生存的手段。

4. 人同人相异化

人同自己的劳动产品、自己的劳动活动、自己的类本质相异化的直接结果就是人同人相异化。就是说，劳动者生产的劳动产品没有被劳动者自己得到，而是被另一部分人（生产资料占有者）拿走了。即劳动者和资本家之间的矛盾，从起源看，私有财产是异化劳动的必然后果，异化劳动的实质是资产阶级对工人阶级的剥削。

马克思在《1844 年经济学哲学手稿》中通过剖析异化劳动，揭示了异化劳动的最终根源——资本私有制以及资本主义社会的不和谐因素——无产阶级和资产阶级的对立，并在批判资本主义制度和扬弃异化劳动的基础上提出他心目中的和谐社会——共产主义社会，共产主义是私有财产即人的自我异化的积极的扬弃，因而是通过人并且为了人而对人的本质的真正占有；因此，它是人向自身、向社会的即合乎人性的人的复归，这种复归是完全的、自觉的而且是保存了以往发展的全部财富的。认识和理解马克思的异化劳动理论，为我们在市场经济条件下建设和谐社会无疑具有重大的理论与现实意义。

## 三、马克思主义劳动观的中国化——新时代劳动思想

党的十八大以来，以习近平同志为核心的党中央站在历史的高度，立足中国国情和发展实际，在继承和发展马克思主义劳动哲学的基础上，逐步形成了新时代劳动思想体系，为实现“两个一百年”奋斗目标和中华民族伟大复兴的中国梦提供了强大的理论支撑。

图文

“五一”国际劳动节

在 2013—2016 年的“五一”国际劳动节，习近平总书记连续四年发表系列重要讲话，就劳动、中国梦、劳动者、劳模精神等内容进行了深刻阐述。党的十九大报告中也提出了一系列与劳动息息相关的重要论断。习近平新时代中国特色社会主义思想在充分继承马克思主义思想的基础上，进一步发展了马克思主义劳动观，开创了新时代中国特色社会主义思想的新境界。新时代劳动思想包含了劳动实践观、劳动发展观、劳动价值观和劳动教育观等丰富内涵，成为推动党和国家事业发展的强大思想武器与具体行动指南。

**话题讨论**

王旭东，江汉油田江汉采油厂采油7队队长。参加工作8年来，他始终满怀着“学石油，爱石油”的工作热情，坚持扎根一线，敬业奉献，从一名初出茅庐的青涩学子成长为中石化“六连冠”金牌队的“领头羊”，先后荣获湖北省“五一”劳动奖章、

局双文明模范个人、油田十大杰出青年岗位能手等殊荣。

面对采油7队设备老化、地层能量不足、管理难度大等重重困难，如何保住“金牌”成色，确保172口油水井稳产稳效？3年来，王旭东坚持“向管理要油，用技术创效”的工作思路，制定并推行了“油井分类管理法”“井筒管理周分析”等13项管理制度，带领技术员共提出并实施热洗、清蜡、扫线等措施241井次，实现年产7.6万吨的硬稳定，年节约作业费用170万元；他坚持当天事情当天做，锤炼出了雷厉风行、攻坚啃硬的工作作风。2012年3月正值全厂原油生产“开门红”的冲刺阶段，因综合含水上升、产量下滑严重，王旭东在队里“安”了家，带领技术员加强油藏动态研究分析。为调动每口油井的潜能，王旭东白天跑现场，晚上和技术人员一起研究、探讨、制定每口油井的增产措施，最终使采油7队实现季度超产75吨、综合含水下降4个百分点的目标。作为“金牌队长”，王旭东坚持在工作中率先垂范，干在前，做在先，跟工人打成一片。一年365天，他脱下工衣的日子屈指可数。面对夏季艰巨的清罐任务，他冒着40摄氏度的高温第一个钻进3 000立方米容量的油罐；为了保证“问题井”及时开抽，他带领职工先后23次深夜奔赴井场，彻夜鏖战。面对井场突击任务，他率领员工有效处理穿孔、收油、抢险等突发性事故50余起，义务奉献达400多个工时，成为员工心中响当当的“领头羊”。

读完这个案例，请大家思考：新时代劳动思想包含哪些方面？

### （一）新时代的劳动实践观

习近平总书记指出，“人类是劳动创造的，社会是劳动创造的”。从马克思的“劳动创造了人本身”到习近平总书记强调的“劳动是人类的本质活动”，既是对唯物史观劳动思想的继承与发展，也是在新时代中国特色社会主义伟大事业中的生动诠释。从这个意义来说，新时代劳动哲学的继承和发展，是马克思主义中国化的最新成果，也是新时代中国特色社会主义理论体系的重要组成部分。

“社会主义是干出来的”，也充分体现了马克思主义的实践观思想。新时代劳动思想夯实了全民族“实干兴邦”的劳动实践观，鼓励劳动人民以辛勤劳动、诚实劳动和创造性劳动成就中华民族的伟大梦想。

案例链接

**焊花飞溅写青春**

“一点都不能差，差一点都不行”，这是中国十九冶职教中心教师、中冶集团首席技师周树春在他焊接世界里践行的工作准则。

全国“五一”劳动奖章、全国冶金建设行业技术能手、全国冶金建设高级技能专家、全国青年岗位能手、全国技术能手……多年来，周树春不断获得各种荣誉。不仅如此，作为焊接项目中国代表队主教练，周树春带领参赛选手连续参加最近三届世界技能大赛，取得了该项赛事中国首枚银牌、首枚金牌。

从入行时的茫然无措到现在的“焊接之星”，20 多年来，周树春用焊花书写着青春之歌。1974 年出生的周树春在 18 岁时作为一名轮换工走进了父亲曾经工作的企业。上班第一天，面对自己从未见过的机械构件，周树春感到茫然无措。但性格质朴的他却不肯服输，暗下决心：无论多苦、多难、多累都不能退缩，一定要成为一名优秀的焊工。从此，焊枪成了他形影不离的“伴侣”，从来没有接受过专业学习的他勤勉努力，虚心求教，白天忙干活，晚上学理论，他发誓要做一名技术过硬、理论扎实的现代工人。多年来，他自学了《管道焊接技术》《焊接热过程与熔池形态》等几十本专业书籍，读书笔记达数十万字。

功夫不负有心人，辛勤的耕耘终获丰厚的回报。周树春先后掌握了 12 种国内外前沿焊接技术，提炼总结出 13 种焊接操作方法。他不但成长为公司的技术精英，而且在专业学术领域收获颇丰。

熟悉周树春的人对他评价最多的就是“这是一个踏实勤奋、善于钻研、肯动脑筋的年轻人”。在许多施工项目中，都有他凭借精湛技艺攻坚克难的故事。

昆钢高炉焊接，作业面狭窄，焊口隐蔽，管道内空气流动性大。周树春主动请缨，大胆采用在管道中充氩气置换、隐蔽部位用镜子反射焊口的巧妙办法，一举攻克难关。300 多道焊口检测合格率达 98%，展示了他独树一帜的精湛技艺。

邯郸高炉炉体风口大套焊接，坡口及工艺措施不当，使接头产生严重层状撕裂。他仔细分析接头产生层状撕裂的原因，运用“Z 因子”控制原理，编制了炉皮与风口大套现场焊接工艺，严格按施工工艺操作，成功地解决了焊接裂纹问题，挽回经济损失上千万元。

巴布亚新几内亚瑞木镍钴矿浆管道铺设，地形复杂，高温多雨，且第一次焊接全球最大口径长输矿浆管道 X60 管线钢。周树春结合现场地质、气候条件，通过数百次的试验，精确计算出焊接电流电压、焊接速度、送丝速度、焊丝伸出长度等参数，成功创造出纤维素型焊条和药芯焊丝自保护焊下向焊的 X60 管线钢焊接新工艺，将矿浆管道每道焊口的焊接时间由 3 小时缩短至 40 分钟，为顺利施工提供了坚强有力的技术支撑。

由周树春研发的 X60 管线钢焊接工艺填补了国内该类工程焊接技术的空白。经此工艺焊接的 6 000 多道焊口，经 X 射线探伤检测，合格率达 98.7%；经 12.3 MPA 水压检测，合格率达 100%。在巴布亚新几内亚国土上蜿蜒的长 66.9 千米的“银色巨龙”——镍钴矿浆管道，既是周树春焊接青春的光辉写照，也是中国焊工创造奇迹的见证。

"中国焊工，焊接世界"的口号响彻神州！

作为一名普普通通的中国共产党党员，周树春在平凡的岗位上，用勤勉敬业的态度、敢为人先的冲劲、大公无私的奉献演绎出了新时代工人党员的本色。

资料来源：http://scnews.newssc.org/system/20170514/000778848_4.html，有改动。

### （二）新时代的劳动发展观

习近平总书记指出，"劳动是推动人类进步的根本力量"，进一步强调了劳动创造的历史价值和重要意义，丰富和完善了马克思主义劳动观。从马克思认为的"劳动是任何一个民族存在和发展的基础"到习近平总书记的"劳动开创未来"，揭示了劳动与社会发展的本质联系。实现中华民族伟大复兴是中国未来的发展方向，劳动则是实现社会发展走向民族复兴的根本路径。劳动是通向未来的必经之路，只有脚踏实地地劳动，才能描绘出更加绚丽的美好未来。

### （三）新时代的劳动价值观

习近平总书记在多次讲话中阐述了劳动态度、劳动模范和劳模精神等在中国特色社会主义事业中的重要作用，他号召全社会应始终弘扬劳模精神、劳动精神和工匠精神，为党和国家事业发展汇聚强大的动力，为实现中国梦提供了"崇尚劳动"的价值引领。从国家维度，要始终弘扬劳动精神，为实现中华民族伟大复兴的中国梦注入强大的精神动力。从社会维度，弘扬劳动精神有利于在全社会营造崇尚劳动的浓厚氛围和敬业风气，为中国特色社会主义事业汇聚起精神能量。从个人维度，榜样的力量是无穷的，劳动精神可以感染并引领广大劳动者勤奋做事、勤勉做人、勤劳致富，培育和践行社会主义核心价值观。

**案例链接**

#### 黄土地上的育种人

在陕西省长武县流传着"要吃粮，找老梁"的口头禅，说的是长武县农业技术推广中心退休研究员梁增基。82岁的梁增基是广东人，大学毕业后一头扎进大西北黄土高原的山坳里，潜心于小麦育种的难题攻关，一待就是半个多世纪。由他培育出的7个小麦新品种先后通过国家和省级的审定，被大面积推广，推广后累计增产小麦25亿千克以上，增加经济效益40亿元以上。如今，已到耄耋之年的梁增基还整天"泡"在地里，和他的种子打交道，延续着他的"育种传奇"。

梁增基操着一口夹杂着广东口音的陕西话，乍一听不太好懂，但对于长武当地的农民来说，却特别熟悉、特别亲切。这几天，梁增基正在地里忙着指导农民整理试验田。风很大，老梁的旧皮鞋上早已沾满了细细的黄土末，花白的头发梢上、粗糙的黑脸庞上也蒙着薄薄一层土，但他顾不上掸一下，眼睛紧盯着锄头，怕碰伤了田里的麦苗。

秋收的季节刚过不久，冬小麦也冒出了头，82 岁的梁增基却还是闲不住，整天拎着挎包和水杯往田里跑，一待就是一整天。女儿梁瑞芳笑着说，爸爸 20 多年前就退休了，但他们愣是没感觉到，因为老人从参加工作到现在从没有放下过工作，也没有节假日，应该是退而不休，在家里坐不住，谁都挡不住他。

这样的工作状态已经延续了 50 多年。1961 年，从西北农学院毕业的广东青年梁增基被分配到西北腹地的长武县搞小麦种子培育工作。刚到长武县，他就被眼前的景象震住了，漫山遍野的沟壑，光秃秃的山坡，水土流失这么严重，哪里能长出麦子呢?

土生土长的长武县农民王连和回忆说，小时候，家里餐桌上只有榆树叶、红薯秧、窝窝头，就这还少得可怜，人们饿得发慌，上学的时候总是饿着肚子。

梁增基发现，在长武县，农民们种的大多数是小麦，吃的大多数却是高粱糜子。小麦产量太低，亩产 50 千克就算好收成。究其原因，是这里的小麦抗冻性和抗病性太差，一场条锈病就能让产量损失 70%。“抗冻”和“抗锈”成了梁增基的两块“心病”。

周而复始，年复一年，梁增基在地里整地划区，拉行开沟，将各式各样的小麦品种撒进试验田，锄草、施肥，在小麦扬花抽穗时一株一株选、一棵一棵做记号，通过无数次品种杂交、摸索规律，梁增基终于取得了成功。在农民王连和的回忆里，从 1971 年往后，大家伙儿终于可以撒开欢儿吃白面馍馍了。“一亩地能打八九百斤粮食，老百姓能吃饱而且有余粮，一家种一亩多地现在还有余粮呢。梁老师给长武人办了实事。”

农业专家评价说，“梁增基不光让农民吃饱了饭，他更大的贡献是把小麦条锈病挡在了地处陕西最西边的长武，阻断了条锈病向东传播的通道。长武县形成了条锈病隔离带，守护着陕西的西大门，关中这几年粮食增产的效益是无法估量的”。

从一个吃着稻米长大的“岭南人”，到习惯了蒸馍、面条的“西北人”，梁增基在旱塬上的一个县级农技站扎根 50 多年，取得了多项重大科研成果，创造了黄土地里的育种奇迹。也曾有大城市的大单位要“挖”他，甚至专程派人到长武来，把新房钥匙送到他家中，但梁增基拒绝了。他说，黄土地里的人生让他感到畅快，能看着麦苗蹭蹭长大，他打心眼里高兴。

资料来源：http://news.cnr.cn/native/city/20151014/t20151014_520143008.shtml，有改动。

## 四、马克思主义劳动观的实践价值

“劳模精神”这一新兴词语也在崇尚“劳动光荣”的今天变得家喻户晓，让我们一起探索马克思主义劳动观在当今社会的重要性及实践价值。

话题讨论

"我是劳模，关键时刻我要带头，我能第一时间到岗！"在接到电话的时候，西安市劳动模范、西安工匠、中国西电集团所属西开有限金工车间数控操作工焦刚没有丝毫迟疑，立即回到一线坚守岗位。面对2020年新冠肺炎疫情复工后产品交货期紧张的状况，他主动放弃了午休时间，加班加点保证进度。他号召在岗的组员们多承担一些任务量，主动指导他们在较短的时间里掌握了各种设备的操作，及时保证了几种急需零件的加工和交付。身为班组长，他多次主动落实组员们的身体状况，一遍遍地在微信群里转发国家及企业疫情防控相关知识，一趟趟去现场点检设备的状态，熟悉企业防疫方案。在他的带领和感召下，金工车间全体职工都以最饱满的热情投入生产，用他们的双手和力量诠释央企的责任，诠释西电的担当。

焦刚面对疫情坚守使命职责，以超常决心信心和超常力度，坚决夺取疫情防控和生产经营"双胜利"，为完成全年目标任务苦干实干，更为决胜全面建成小康社会做出积极的贡献。他所诠释的，是"劳动精神"的坚守，是我们应该予以思考的马克思主义劳动观带来的社会意义和价值。

请同学们讨论：在重大灾难，如传染病蔓延、地震、海啸等面前，我们应该如何做？

### （一）有利于对"工匠精神"的重视与传承，以及"劳动模范"榜样力量的发挥

我国是人民当家做主的国家，依靠全体劳动人民的劳动得以发展。我国作为一个社会主义国家，更能理解马克思主义劳动理论对于我国的重要性。2015年，一部央视系列教育片《大国工匠》的播出，引起了社会的热议，"工匠精神"被口口称颂。2016年3月，李克强总理在政府工作报告中首次提出"工匠精神"。将"工匠精神"写入政府工作报告，使"工匠精神"一词更加蹿红，成为年度高频词，入选了2016年度十大流行语。值此向实现中国梦迈进之际，"工匠精神"成为标志时代的热词，更是对辛勤付出、执着追求品质、勇于探索创新的全体劳动人民的褒奖。

如今，我国提出向制造强国进军的伟大目标，这不仅需要强大的科技后盾，还需要强大的思想支持。而"工匠精神"无疑是这种思想支持的核心。将"匠"字拆开来看，由一个"匚（fāng）"和一个"斤"组成，前者指盛放工具的筐，后者自然是指斧头等劳动工具，故可称为"匠"者无一不是在某方面技艺高深者。推衍至今，我们所说的"工匠精神"是指钟爱并钻研于某种职业，执着追求，不断创新以求发展，对工艺精益求精、不断完善，从而达到提升自我目的的一种精神。"工匠精神"在今天的含义不像过去那么狭隘，它不只是制造业的代名词，而且适用于各行各业。凡是在各自领域对待工作一丝不苟、坚韧不拔、敢于创新，并且专注一生的，都是值得我们尊敬、推崇并弘扬的"工匠精神"。

马克思始终把解放劳动，实现自由自觉的劳动，最终实现人的自由全面发展作为其一生追求的目标。劳动和人的自我全面发展与“工匠精神”完美契合：只有实现了自由自觉的劳动，由衷热爱并坚持自己所从事的劳动活动，作为工作、劳动的最终目标，才能真正实现人的劳动解放，实现自我的人生价值。从另一方面来看，其实马克思也是“工匠精神”的代表人物，他为追求人类社会发展的理想境界——共产主义而倾其一生，这更是高境界的精神所在。

如今，伴随着经济的迅速发展，很多人将获取个人利益作为自己劳动的唯一目的，还有一些传统的尊卑等级观念直接导致人们在思想上对一些体力劳动和技能性劳动轻视与不屑，严重扭曲了正确的就业观与职业观。多种因素重重作用，最终致使我国“工匠精神”不断消磨，这也在一些方面解释了制造强国目标还未完全实现的重要原因。为此，我们应该大力宣扬“工匠精神”，正视“工匠精神”带给我们的正能量，使其在新时代蔚然成风，成为每代人都要牢记的价值观。

我们应始终坚持以马克思主义劳动观为指导思想，摈弃职业偏见的错误观念，践行社会主义核心价值观中的“爱岗敬业”，尊重并热爱劳动，不忘初心，努力实现自我人生价值。

### （二）有利于合理分配社会财富，实现社会公平

我国经济在改革开放后飞速发展，一跃成为世界第二大经济体，社会财富这块“蛋糕”越来越大，但社会上却出现一种奇怪现象：财富的“蛋糕”越大，人们的收入差距也越来越大，至此，贫富悬殊问题成为社会关注的又一焦点问题。造成贫富不均的主要原因，是资本与劳动的回报率不同，现在社会中资本的回报率远远高于劳动的回报率，通俗一点来讲，就是“人赚钱难，钱赚钱易”。如此一来，劳动与资本的报酬比重逐渐失衡，导致社会财富分配日益不均，贫富差距渐渐扩大，轻视甚至蔑视劳动的现象日益严重，从而涌现出大量想通过投机取巧来追求利益的人。马克思曾把劳动称为“社会为之旋转的太阳”，一分耕耘，一分收获，没有劳动不可能有长久的收获，这是永远不能被颠覆的真理。

社会财富的来源无非是大自然给予我们的馈赠，如阳光、水、土地等，还有一类社会财富是通过劳动获得的，两者相比较，自然是前者更容易获得。但我们要知道，人类的劳动必须建立在自然的基础上，但也可以通过智慧对自然进行改造，从而改善自然财富的属性或提高劳动效率。所以说，劳动是社会财富的唯一源泉。针对当前我国劳动与资本的回报率失衡，以及居民贫富两极分化的状况，实现社会财富公平且合理分配势在必行。

目前，针对我国出现的上述问题，必须继续坚持马克思劳动论，提高劳动者自身素质，进而提高社会劳动生产率，提高劳动报酬在社会财富分配中所占的比例，降低资本报酬在社会财富分配中的比例，形成社会财富公平合理分配的良性循环。

### （三）有利于明确新时代劳动者素质培养目标，为加强和改进劳动教育指明了正确方向

新时代劳动观极大丰富了马克思劳动学说中关于“劳动者”的部分。应在教育体系中加强劳动教育，坚持培养学生正确劳动观，并在德智体美劳构成的完善的教育体系中强调劳动教育的重要性。虽然德育、智育、体育和美育都可以为促进劳动教育发挥各自的作用，但它们并不能替代劳动教育的独特作用和重要地位。因此，要充分认识习近平总书记在全国教育大会上强调的，关于培养劳动精神，以及努力构建德智体美劳全面培养的教育体系的紧迫性和针对性，切实加强劳动教育。新时代给我们提出了更为严苛的要求，要使劳动教育实现课程化，实现大规模课程覆盖，应按照学校性质分类落实学校劳动教育目标及要求，建立师资力量和考核制度、设施设备和学生质量评价等体系作为保障，加强劳动教育的教研与科研力量。

要坚持把新时代马克思主义劳动观作为劳动教育的重要内容，不断探索劳动教育的科学路径，培养综合素质过硬、劳动本领强的高素质劳动大军。新时代劳动观是习近平新时代中国特色社会主义思想的一个重要组成部分，也是劳动教育的一个重要方面，为指导劳动教育体系建设提供了坚实的理论基础。一方面，德育、智育、体育、美育的体系建设应当科学对接提高劳动者综合素质所要求的品德和文化知识等培养目标；另一方面，应根据学生发展的不同特点，有针对性地建设劳动教育内在的内容体系。首先，要加强劳动思想观念教育，指导学生认识和认同马克思主义劳动观，积极学习新时代劳动观，以各行各业杰出劳动代表为榜样，认识到诚实、辛勤劳动及创造性劳动为国家、社会带来的积极影响；其次，要加强劳动法律教育，指导学生学习《宪法》中关于劳动的权利和义务的规定；再次，要加强劳动伦理道德教育，教育引导学生树立劳动最光荣、最美丽、最崇高的意识；最后，要科学安排见习实习劳动和公益劳动等，适度安排符合现代劳动特点的各个活动，并与家庭教育相结合，正确引导学生进行适当的家务劳动等，综合性培养学生正确的劳动思想观念、伦理道德及法制意识，形成正确的劳动认知，培养高尚的劳动情感。

**案例链接**

**城市美容师 挥舞扫帚写人生**

天气预报预报有浮尘，天空看起来有点灰蒙蒙的。在钟鼓楼广场，杨丽红拿出随身携带的工具包，只见她将几个细长的木条在人行道上拼成一个一平方米的四方框，然后从工具包里掏出一把刷子、一个小簸箕和一只小电子秤，接着用小刷子在四方框里刷扫起来。她刷扫得特别仔细，齐齐刷扫了一遍后，堆出极小的一撮垃圾。她拿过小簸箕收起这小撮垃圾，放到小电子秤上。“你看，减去小簸箕的重量，灰土的重量是0.4克。”杨丽红说，钟鼓楼广场执行的是每平方米不超过5克灰土的保洁标准，0.4克显然很低了。

但是她转过身又对身边的保洁员说："这片地方是大理石地面，灰尘少是正常的。你看旁边道沿，灰尘最多达到了 9 克，这可是超标准了。钟鼓楼广场是咱大西安的脸面，要让这脸面保持干净可要靠你哩，你一定要加强保洁呀。"

杨丽红是西大街道路保洁所副所长，在当上副所长之前，她扫了整整 27 年地。

1988 年，17 岁的杨丽红正值花季，她甘愿进入西安市道路保洁处做一名清扫工。在世俗的眼光下，即便现在仍然有很多人看不起保洁员。当时，她的朋友、同学也纷纷说："干什么不好，偏偏去扫马路。"但杨丽红坚持自己的选择，踏踏实实、兢兢业业。这一扫，她就扫过了 1/4 个世纪。

当年的南大街，那可是全西安市的潮流风向所在地，是年轻姑娘们逛街购物的首选地。与她们的靓丽相反，杨丽红穿着灰灰的工作服，握紧手中的扫帚，有时候不小心扫到别人的脚面上，不仅要遭白眼，还有骂脏话的。不到 20 岁的杨丽红硬是忍了下来，一心只想着做好自己的本职工作。

两年后，杨丽红调到了西大街。西大街是西安市的"全国著名商业街"，平日里，车水马龙，人群密集，扬尘大、垃圾多。可是细心的人会发现，无论什么时候走在这条街道上，都找不到乱扔的垃圾，看不到乱贴的小广告，在护栏下、拐角处甚至马路道沿下这些最容易藏污纳垢的地方都没有积尘，就连马路上的黄白线都被擦得亮亮的。毫无疑问，这得益于杨丽红和工友们的努力。

每天 4 时 50 分，当整座古城还沉浸在睡梦中时，杨丽红已经骑车来到西门盘道。在仔细查看整个区域的路面后，她回到西门外的道班房小院，参加完简单的班前会，便开始一天的清扫工作。20 多年来，杨丽红一直是这样。

三百六十行，行行出状元。杨丽红认为，保洁工作要摒弃过去"只要活干好，地扫净"的保守模式，及时发现存在的问题和不足，提出改进的新办法、新思路。她在不断总结经验的基础上，大胆对劳动工具进行改革，自制绑毛毛的小笤帚。这种小笤帚不仅克服了大扫把的多种弊端，还大大减少了扬尘，成为环卫工人们"宠爱"的工具。同时，她还不断挑战清扫保洁中的"热点""难点"问题。对于那些很难铲除的小广告，她采取擦刷结合的方法，直到将其彻底清除，不留痕迹。

为了治理"三灰带"，杨丽红还和工友们一起自行设计、改装了人力高压冲水车。改装过的高压冲水车不仅成本低廉，还大大提高了冲洗路面的效果。这一发明创造得到了主管部门的大力支持，得以进行"批量"生产，并在全市推广。

正是由于杨丽红对工作敬业和对岗位坚守，2013 年，她获得了"全国优秀环卫工人"称号。2015 年，杨丽红被任命为西大街道路保洁所副所长，从清扫一线走上管理岗位。杨丽红深感责任重大，"原来就是把自己的一块地方扫干净，现在从西门盘道到钟楼盘道 15.5 万平方米的街面哪一处不干净都是我的责任"。杨丽红更忙了，指导保洁员工作，检查路面卫生……一刻不闲。

资料来源：http://xa.wenming.cn/daodemofan/201705/t20170505_3507147.html，有改动。

# 第三节 新时代的劳动教育

很多人都有这样一段经历：开学第一天，学校就会组织全校学生进行拔草、卫生大扫除等活动，其实这些就是学校中“劳动”的典型例子。大多数学生对此认真对待，但是也有少数学生对劳动产生怠慢甚至抵触的心理。一些学生或家长对此提出异议，表示学校是学习的地方，进行这样的劳动会浪费学生很多学习时间和精力，甚至有人认为这是学校在用学生进行免费的卫生清洁，是不该有的现象。

其实，有这种想法的人是没能理解“劳动”对于学生和学校的意义，错误地认为学生“只能攻学习”，也将学校教育做了片面化解读。

## 一、劳动教育的现状

图文

大中小学劳动教育指导纲要（试行）

在国家、社会和学校的共同关注下，当前，学校劳动教育得到了一定程度的发展并取得了一定的成效，但学生劳动教育仍然相对滞后，仍然是学校教育的薄弱环节，存在的问题不容忽视。当前我国学校劳动教育存在的问题主要表现在以下几个方面。

### （一）劳动教育的观念相对淡泊

学校教育以学生科学文化知识的学习为主，注重学生专业知识的传授，而忽略了学生劳动价值的引导、劳动精神的培养、劳动习惯的养成及劳动实践锻炼等方面的教育。首先，在理论教学中主要以学生专业文化知识的掌握为教学目标和考核内容，关于学生劳动价值观和劳动精神的教育则内容甚少，而且教育效果与教师自身的劳动价值观和劳动素养有很大关系，劳动教育无专门的课程设置。其次，在劳动实践方面，各学校的专业实习时间相对较短，专业实习时间也安排得较晚，难以与专业理论学习紧密衔接。另外，学校对学生日常劳动习惯养成关注较少，学生劳动习惯培养尤其是体力劳动的锻炼在很多学校相当缺乏且没有被重视。

### （二）劳动教育缺乏科学系统的管理

劳动教育取得良好的效果离不开科学设计和有效管理，而当前我国多数学校对劳动教育缺乏科学系统的管理，主要表现为以下两个方面。

#### 1. 劳动教育的物质投入和保障不到位

图文

在劳动中淬炼成长

学生劳动教育的开展需要人力资源、教学设备、劳动工具、劳动场所等的投入。而目前多数学校对劳动教育的资金支持和物质保障都很有限，因此学生劳动教育的顺利开展受到很大的限制，劳动教育的积极性很难得到充分的发挥。

#### 2. 劳动教育的制度保障不充分

劳动教育受到多种因素的制约，缺乏科学系统的管理制度是目前导致学生劳动教育存在诸多问题的关键所在。没有专门的组织机构和有效的管理机制，缺乏专门的部门来落实，缺乏专门的人员来统一规划和管理，最终导致劳动教育缺乏时间保障、缺乏组织管理及氛围缺失。

### （三）劳动教育的内容和形式缺乏时代性

随着时代发展，当今学生主体的个性特征不断变化，而目前学校劳动教育的内容和形式长期一成不变，缺乏时代性，难以吸引学生，难以适应新时代的教学要求。因此，在日新月异的时代，学生劳动教育的内容和形式需要不断与时俱进，不断发展和创新。在新的时代背景下，劳动教育应结合实际问题，增加劳动教育对学生的吸引力，使其更具实效性，真正起到提高学生劳动素养、促进学生全面发展的作用。

### （四）劳动教育的普及程度不高

由于学校对学生劳动教育的重视程度不够，相当一部分学生在劳动价值观方面出现了偏差，缺乏必要的劳动精神和劳动品质，劳动习惯较差。学校在推进劳动教育的过程中存在诸多问题，没能及时有效地解决学生存在的问题。比如，学校提供的劳动岗位数量有限，只有一小部分学生获得锻炼机会。在学校组织的公益劳动、志愿服务等劳动实践活动中，学生主动参与劳动实践的自觉性较差，活动容纳的人数有限，使学校劳动教育的受众面小。而校外的勤工助学、社会实践等也由于信息渠道不畅、信息的可靠性和安全性等问题，极大地限制了学生参加劳动实践的机会。

## 二、劳动教育的时代价值

习近平总书记 2015 年在庆祝“五一”国际劳动节暨表彰全国劳动模范和先进工作者大会上的讲话中曾经强调：在前进道路上，我们要始终弘扬劳模精神、劳动精神，为中国经济社会发展汇聚强大正能量；要始终坚持人民主体地位，充分调动工人阶级和广大劳动群众的积极性、主动性、创造性；要始终实现好、维护好、发展好最广大人民根本利益，让改革发展成果更多更公平惠及人民；要始终高度重视提高劳动者素质，培养宏大的高素质劳动者大军。“劳动”一直是一个时代话题，热度经久不灭，在当代仍显示出极大的时代价值。

**话题讨论**

青年时期是人生观、价值观和世界观形成的重要时期。在这个阶段，习近平在农村度过了七年的知青岁月，看到了劳动对物质创造的重要作用，并进一步带头发展了农村劳动生产实践，提高劳动效率。初到梁家河大队的习近平，年仅 15 岁，对农村的劳动一无所知，更谈不上劳动技巧。那个时候，农村的劳动强度是相当大的，有时候仅上山劳动的路程就要耗费人的大半体力，但是习近平没有退缩，他克服困难和挫折，积极融入农村劳动生产中。他虽然在劳动技巧上和当地农民有差距，但他干活一点儿都不惜力。

王宪平回忆说："因为没有手套，习近平直接用手抓住夯石的绳子，再用全身力气往下砸黄土，一天的工夫，他的手掌上磨的全是水泡，第二天再干活，水泡被磨破了，开始流血。但是不管多累多苦，近平能一直拼命干，从来不'撇尖儿'（延川方言，本意是'耍奸儿'，即偷奸耍滑、偷懒）。"经过基建队的农业劳动技能培训，习近平逐渐掌握了劳动技能，工分从六涨到了十，不仅过了"劳动关"，还成为农村健壮的劳动力。当汗水洒落在地上与黄土相融合时，习近平在劳动中深感农民劳动的艰辛。习近平深入田间地里，通过劳动与农民实现了不分彼此，形成了热爱劳动的观念。

请思考一下，学校开展劳动教育的意义是什么。

### （一）有助于完善德智体美劳全面发展的教育体系，助力全能人才的培养

学校教育的主要任务是为祖国培养德智体美劳全面发展的社会主义建设者和接班人，培养具有正确世界观、人生观、价值观、劳动观及事业观等的人才；学校肩负着"为人民服务、为中国共产党治国理政服务、为巩固和发展中国特色社会主义制度服务、为改革开放和社会主义现代化建设服务"的神圣使命。为完成伟大的使命，国家大力推展德智体美劳全面发展的教育方针。新时代加强劳动教育，是学校立德树人的重要组成部分，是对新时代教育方针的丰富和贯彻落实，是形成高质量人才培养体系的必然要求。

根据新时代马克思主义劳动观以及新时代劳动者素质培养目标，劳动教育要正确处理各种劳动范畴的关系，正确处理学习与其他劳动的关系，让受教育者明确认识到学习科学文化、参与科研也是脑力劳动的一种，是受教育者的主要劳动形式和内容。投身科研就是参加脑力劳动，热爱学习、热爱科研也是热爱劳动的一个重要表现。在知识不断更新的时代，在个人职业不得不发生转换的现代社会经济发展中，学会自主学习以及正确的脑力劳动方法和技能，培养热爱劳动的习惯有利于培养高素质劳动力，维持和提高劳动力的价值，更有利于提高受教育者的职业适应度，减少职业转换率及时间，进而提高整个社会的经济效益。就此而言，学会学习就是学会脑力劳动，无论是对社会还是对个人，都具有更为重要的意义和价值。正是由于受教育者在学校所从事的主要是脑力劳动，这才使适当的见习实习劳动、公益劳动及家务劳动等成为其必要的补充。

劳动教育是新时代党的教育方针的重要组成部分。劳动教育既与德育、智育、体育、美育相互联系，又有独特的价值与功能。劳动教育有利于树立优良的品德，培养劳动精神是高校进行德育的重要部分，是培养学生正确的世界观、人生观、价值观的必要途径；劳动教育有利于促进智力的发展，"实践是检验真理的唯一标准"，学科实习、各学科的实验等科学技能的培养都是通过劳动来实现的，因此劳动教育是高校增强智育的重要途径；劳动教育有利于增强体魄，有利于提高学生对事物的审美。劳动最根本的价值在于立德树人。加强劳动教育有独特的功能，有利于培养全社会形成重视劳动、热爱劳动、劳动最光

荣、劳动最伟大的价值观念，促进形成爱岗敬业、脚踏实地、一丝不苟、精益求精的劳动精神；促进学生对劳动过程的理解，遵循劳动流程和规则，构建专业的、严密的劳动知识技能框架，熟练掌握劳动工具的操作，培养高端人才。

随着高等教育和社会经济的发展，大学的职能在不断扩展，承载着人才培养、科学研究、社会服务、文化传承等使命，然而无论大学如何发展，社会经济环境如何变迁，以“立德树人”为标准的人才培养工作始终是大学的根本任务。发展经验和实践证明，劳动教育是培养、造就全面发展人才的必要条件，也是基本途径和有效途径。学校应该紧随这一目标要求，增强学生热爱劳动的文化意识，培养学生在日常生活中热爱劳动的习惯，强化学生劳动作为中华民族优秀文化应被传承的意识，重视劳动教育对学生身心发展的重要性，促进学生德智体美劳全面发展。

### （二）有助于建设高素质劳动者大军，实现中国梦

图文
空谈误国
实干兴邦

习近平总书记曾指出：“人世间的美好梦想，只有通过诚实劳动才能实现；发展中的各种难题，只有通过诚实劳动才能破解；生命里的一切辉煌，只有通过诚实劳动才能铸就。”劳动教育是实现中国梦的强大助推力量。“以劳动托起中国梦”，最根本的要依靠劳动者的诚实劳动、辛勤劳动和创造性劳动。2020 年，我国即将实现全面建成小康社会。在新时代，我国经济发展的主要特征是由高速增长阶段转向高质量发展阶段。《中国制造 2025》行动纲领指出，力争通过“三步走”实现制造强国的战略目标，做强实体经济，建设知识型、技能型、创新型劳动者大军。在这种充满生机的背景下，高度重视增强劳动教育是实现所有伟大目标的必经之路，有着更为迫切的现实意义和历史意义。改革开放以来，我国经济发展迅速，这得益于开放包容的政策、改革红利、自然资源红利、人口红利、国际贸易投资环境红利等。当前，我国经济发展存在许多主要问题，如体制结构仍不尽合理，长期形成的结构性矛盾和粗放型增长方式尚未根本改变；城乡、区域、经济社会发展仍不平衡；农业基础薄弱，农民收入偏低，农村发展滞后的局面尚未改变；通货膨胀的压力依然存在；等等。为了解决一系列的问题，势必要转变经济发展方式，优化经济结构，促进产生新的经济增长动力。因此，必须打造一支优秀的、热爱劳动、精通劳动的大军，这就需要制定新时代的教育方针，将增强劳动教育作为其重要的一部分。加强劳动教育，有利于培养高素质的劳动者大军，激发人们争做优秀的“能工巧匠”和无私奉献的“大国工匠”，为我国由“中国制造”向“中国创造”进化源源不断地提供人力资源、智力源泉和创新的灵魂。

高校加强劳动教育，一方面可以促进当代学生认真学习科学文化知识，形成深厚的知识文化功底，构建清晰、有条理的学术框架；另一方面，有利于学生树立和坚定理想信念、塑造高尚的人格、培养热爱劳动的光荣情怀，树立崇高的、科学的社会理想，自觉地将个人理想与社会理想有机结合，把倡导对国家、集体的责任感和奉献精神与满足个人的利益

愿望、实现个人的价值统一起来，在实现个人理想的同时，主动为建设中国特色社会主义现代化强国贡献自己的一份力量。

改革开放以来，全国高校坚定不移地遵循有中国特色的社会主义章程来教学，持续推进教育体制改革，不断地创新教学方式，重视素质教育，着重培养德智体美劳全面发展的人才，增强学生对社会的认知和学习，促进学生增强为人民服务的责任感和使命感，激发学生勇于探索的兴趣，增强学生善于发现和解决问题的能力。但是，在现实生活中存在劳动教育被虚化、弱化、软化、边缘化的现象。一段时间以来，由于受到我国传统文化中不合时宜思想，如“劳心者治人，劳力者治于人”“万般皆下品，唯有读书高”等落后观念的不良影响，以及拜金主义、投机主义和享乐主义等的冲击，出现了一些不求上进的“啃老族”，部分学生“四体不勤，五谷不分”等现象。在一项对某学校 400 名本科学生的调查中发现，大部分学生能正确认识劳动，热爱劳动，具有正确的劳动态度和劳动价值观，但是学生缺乏参与实践劳动的积极性。究其原因，当个人愿望得不到满足或遇到挫折和失败时，一些人容易产生消极、否定情绪，导致他们产生抱怨、退缩、放弃等心理，自然降低了他们的劳动积极性。

为解决上述问题，国家应加强对学生的劳动教育，重视劳动教育对国家和社会发展的重要影响。全国高校加强劳动教育，有利于学生更好地掌握科学知识，增强动手实践能力和自学能力，从而促进课堂教学质量，促进优秀人才的培养；有利于学生体会到劳动的乐趣，培养学生参加劳动的兴趣，促使其发自内心地接受并热爱劳动；有利于学生认识到劳动的艰辛，切身体会“谁知盘中餐，粒粒皆辛苦”的劳苦，学会尊重劳动者，珍惜劳动成果；有利于学生在挥洒汗水、多次尝试中塑造强大的心理素质，在艰苦奋斗、顽强拼搏中磨炼自己的意志，使自己变得更加强大；有利于学生形成正确的就业观，促进学生提高创新创业能力。

### （三）有利于强化青年学生思想政治教育，拓宽思想政治教育的路径

劳动教育有利于强化思想政治教育的实践性。劳动教育是实现立德树人目标的基本途径，也是将学生培养成为国家和社会服务贡献的重要向导。习近平总书记说：“青年一代有理想、有本领、有担当，国家就有前途，民族就有希望。”劳动教育有利于学生树立坚定的理想信念，有利于学生增强各项本领，有利于培养学生成为有责任、有担当的社会主义建设的接班人。

劳动教育有利于提升思想政治教育的针对性。在实际生活中，一些学校在实施对学生思想政治教育的过程中忽略了对学生的劳动教育。这使学生可能长期与劳动实践相脱离，不能正确认识劳动，缺乏劳动观念，养成严重的依赖性，独立生活能力差，动手实践能力低下，缺乏团结协作的积极性，容易形成以自我为中心的狭隘思想，缺乏服务贡献国家和社会的意

视频
这就是中国青年

识。而要解决这些问题，学校必须将加强劳动教育重视起来，从小培养学生的劳动意识和能力，增强学生的劳动意识并激发劳动情感，锤炼学生的劳动意志并培养劳动能力，强化学生的劳动锻炼并落实劳动行为。

### （四）有助于增强中华民族热爱劳动的文化意识，传承优秀文化

中华民族优秀传统文化中蕴含着勤劳勇敢、自强不息的思想精华，热爱劳动是我们站稳脚跟的根基，也是我们推进新时代的起点。在历史上，人们通过劳动把自然界变成活动的对象，自身的价值也得到体现和升华。凡是在劳动中有突出贡献的人自然而然成为人们倾情歌颂的对象，成为万民敬仰的英雄。对劳动的肯定和推崇以及对劳动人民的认可和褒扬，可以在神话故事、名人典故、诗词歌赋、书法绘画中找到相应的“基因”。劳动观因中华民族优秀传统文化而更加具有历史厚重感，反映民族特色，彰显民族优秀品格。

尊重劳动，尊重劳动者，是事关社会根基的大命题。但在现实生活中，尤其是青年一代，对劳动的意义缺乏基本认识，对劳动者缺乏基本尊重，因此，加强劳动教育具有十分重大的现实意义。用劳动精神培育新时代青年不仅是青年人才综合素质培养的要求，而且是民族复兴的时代要求。2018 年 9 月，习近平总书记在全国教育大会上强调：“要在学生中弘扬劳动精神，教育引导学生崇尚劳动、尊重劳动，懂得劳动最光荣、劳动最崇高、劳动最伟大、劳动最美丽的道理，长大后能够辛勤劳动、诚实劳动、创造性劳动。”这一重要论述明确提出了用劳动精神来培育新时代青年的要求，并为当前社会中存在的青年劳动精神缺失与弱化的问题，以及要传承中华民族热爱劳动的文化指出了目标和解决方向。

**案例链接**

**播撒希望种子的奉献者**

2017 年 9 月 25 日，复旦大学教授钟扬在去内蒙古城川民族干部学院出差讲课的途中遭遇车祸，而此前他已订好 9 月 28 日去拉萨的机票，因为他要赶去和西藏大学的同事商讨一流学科建设问题。53 载人生虽然短暂，钟扬却用了 16 年常年奔赴野外盘点青藏高原植物种子资源，为人类“种子方舟”收集了 4 000 万粒种子，填补了世界种子资源库没有西藏种子的空白，并带领西藏大学的生态学科进入一流学科建设名单；他用 10 年在上海种下一片红树林，为后人留下美丽景观和生态屏障；他用心血培育一大批优秀学子，其中不少少数民族学生已遍布西藏、新疆、青海、甘肃、宁夏等西部省份。

他的同事、中国科学院院士、复旦大学副校长金力说：“钟扬是一个与众不同的人，他是一个追梦者。”曾与他短暂共事的中国科学院院士、中国科技大学校长包信和说：“钟扬是一个特别纯洁和高尚的人，没有私心杂念，他一心扑在教育事业上，始终坚守他的初心。”他复旦大学研究生院的同事说：“过去我们加班再晚，离开办公室时，都能看到钟老师办公室的灯亮着。现在，他办公室的灯不再亮了，但是他点亮了我们每个人心中的灯，让我们每个人思考人生的价值。”

资料来源：http://dangxiao.fudan.edu.cn/e7/ea/c8873a124906/page.htm，有改动。

## 三、劳动教育的实践路径

劳动观念的普及从来都不是短期可实现的，它需要一个循序渐进的过程，劳动教育的实践路径大体可分为明确目的与意义、丰富内容与形式、构建体制和机制三个阶段。

**话题讨论**

“长大后我就成了你。”1984 年，18 岁的尹岳平从父亲手中接过铁铲，把人生的圆心锁定在了灰尘四扬的农村公路上。30 年来，他与风雨冰雪做斗争，与骄阳高温为伴，用一双手、一把扫帚、一把铁锹、一个推车和他饱满的热情，唱响着一曲奋斗之歌，保障群众出行的安全顺畅。

尹岳平在县公路建设和养护中心荣鹿工班工作，负责养护 10 千米荣鹿公路。荣鹿公路每天交通流量大，尤其货运车辆多，易抛撒砂石、泥土等物品，这对于只有 2 名养路工人的工班来说确实“压力山大”。每天早上 7 时 30 分，备上推车、扫帚、铲子、除草机等养路工具，尹岳平就开始了一天的工作，扫路面、清边沟、补坑槽，一年四季，从早到晚，风雨无阻。

“秀于春日，不与百花争宠；绿于寒冬，不与枯木夸荣；平凡的岗位上建业立功，感人的事迹层出不穷……”《养路工人赞歌》高亢嘹亮，道出了尹岳平的心声。因为有了这份淡然心境和责任担当，所以他会每天重复着同样的工作，仍觉得乐在其中。

请大家思考一下，尹岳平有着什么样的劳动情怀？学生应如何加强劳动教育？

### （一）明确劳动教育的目的与意义

学生是劳动教育的主体，充分发挥主体的主观能动性是有效开展学生劳动教育的核心和关键。学生应积极主动地参与劳动教育，提高对劳动教育必要性和重要性的认识。

#### 1. 树立正确的人生观和价值观

学生应自觉树立崇高的人生价值观，认识自身担负的使命和责任，理解个人价值的实现不在于个人享受，而在于对国家、社会和他人的贡献。狭隘的个人价值观将极大地限制个人的发展。只有树立正确的人生价值观，才能意识到自身担负的责任与使命，进而形成提高自身品行的自觉。

#### 2. 清楚地认识自身存在的问题

学生在树立崇高人生价值观的同时，应清楚地认识到自身存在的问题和差距。当代学生成长条件普遍优越，由于家长呵护及学校劳动教育的缺失而出现心态浮躁、眼高手低、逃避困难、害怕挫折等一系列问题。学生要清楚认识到自身问题，找到原因并积极寻求改变，才能提高投身社会承受挫折的能力。

3. 正确认识劳动教育的必要性

学生应通过劳动教育获得正确的劳动价值观，通过劳动实践获得生活的独立，增强面对挫折的心理素质，提升自身品格与能力。正确认识劳动教育的必要性是充分调动学生参与劳动教育热情，激发学生通过劳动实践提高自身综合素质自觉性的前提，只有在此基础上，劳动教育才能取得良好的效果。

**（二）丰富劳动教育的内容与形式**

学生劳动教育的开展应结合当代青年学生的思想、行为特点和实际需求，结合新时期教学特点，不断丰富劳动教育的形式和内容，使之更具吸引力和时效性。

1. 课堂教学

学校开设专门的劳动教育课程，通过思政课程及其他专业课教育进行理论渗透，将劳动教育融入课程建设中，在各学科的课程中渗透劳动价值观的正确引导和教育，增强“崇尚劳动”的劳动价值观引领。

2. 专业实习

学生通过专业实习锻炼将理论知识运用到实践中，加深对知识的理解，切实提高自身劳动能力和专业知识运用能力。同时，学校将专业实习与就业指导相结合，注重实效性，避免形式化和空洞性，努力探索通过劳动教育培养学生劳动素质与服务学生就业相结合的途径，拓宽劳动教育平台。

图文

大学生参加实习实训的意义

3. 勤工助学

勤工助学是学生劳动实践的有效形式，是培养和造就全面发展的人的具体实现形式，是我国学校劳动教育的重要途径和方式。随着时代发展，勤工助学的内涵也发生变化，并得到充实和完善。学校在为贫困生提供资助的同时，发挥培养其劳动能力、完善其劳动知识、提高其劳动技能的重要作用。

4. 校园活动

学生校园日常生活及活动有效促进了学生劳动意识的提高和劳动习惯的养成。如宿舍卫生检查有效督促学生增强劳动意识，培养基本的劳动习惯。校园内、教室内的卫生打扫增加了学生的劳动机会，培养了学生的劳动情感和集体意识。又如，宿舍文化艺术节等丰富了学生课余生活的同时，有效激发学生的劳动热情和创造热情；丰富的社团活动也能有效锻炼学生的能力，提升学生的综合劳动素养。

5. 社会实践

学校组织的公益活动、支教、科技服务、志愿者服务等社会实践活动是培养学生高尚的思想情操、奉献社会的劳动价值观的有效途径。社会实践活动是学生劳动教育的重要补充形式，在培养学生奉献社会、服务人民的劳动价值观，勤劳质朴和脚踏实地的劳动精神，以及提升学生综合素质方面有着不可替代的作用。

### （三）构建劳动教育的体制和机制

为确保国家关于劳动教育的政策落到实处，学生劳动教育取得实质性的成效，学校应着重加强对劳动教育的领导和管理，使劳动教育工作制度化和常态化。

#### 1. 健全劳动教育管理机制，强化劳动教育科学管理

劳动教育的贯彻落实需要一套系统完善的运行管理机制来确保其顺畅运行。健全学校劳动教育管理机制，设立专门的管理机构，投入必要充足的物资保障，选拔一批高素质的专业化师资队伍进行系统的管理，确定劳动教育的目的，制定劳动教育具体实施方案，只有实现各要素的有效配合，才能推动学校劳动教育有序进行，提高劳动教育的效果。

#### 2. 健全劳动教育考核机制，提升劳动教育效果

在当前劳动教育体制、机制普遍不健全的情况下，劳动教育的考核机制也存在普遍欠缺和不完善的问题。当前学校的教育考核机制重视对学生文化课的考核，劳动教育没有专门的考核机制和考核标准。加强劳动教育建设，有必要建立健全劳动教育考核机制。将劳动教育的结果纳入学生考核评价体系，有助于调动学生参与劳动教育的积极性，也有助于教师更全面地了解学生、掌握学生情况，并通过考核不断发现问题、进行反思、总结教训，从而及时调整劳动教育的内容、方式等，不断增强劳动教育效果。

图文

“鲁班工坊”，共享中国职教改革成就

#### 3. 建立学校与家庭、社会的密切协作

尽管学校是劳动教育的主要场所，但与学生关系密切的家庭以及社会大环境对学生劳动教育也产生不可忽视的影响。学校应与家庭、社会密切协作，使三者有机统一。

学校应与家庭密切合作，实现与学生家长的联系和沟通，使家庭转变劳动教育认知，积极配合学校劳动教育，在家庭生活中不断提高学生的劳动能力，通过积极引导使其树立正确的劳动态度和价值观，培养劳动热情和劳动情感，通过劳动增强责任意识，养成良好的劳动习惯，提高劳动实践能力。

每个个体都是社会人，尤其在这个快速发展的时代，价值多元化对学生的影响越来越大，学校应充分利用社会环境对学生教育有益的方面克服社会环境的不利影响。一方面，有效利用大众媒体的引导作用，充分利用新媒体平台传播正能量，报道优秀典型和好方法，健全劳动教育网络平台。另一方面，充分发挥主管部门的职能，确保劳动教育政策的落实。保持学校与社会的有效沟通，为学生参加劳动实践和教学实习争取更多的机会，真正实现劳动教育的日常化和生活化，增强学生劳动教育的实效。

**案例链接**

## 张玉滚点燃深山里孩子的希望

这节课是科学课，这节课是数学课，这节课是英语课，这节课是体育课。您发现没有，不同的孩子上不同的课，但老师却始终是同一个人。他叫张玉滚，是河南省镇平县黑虎庙小学的校长，已经在大山深处的黑虎庙村当了17年的教师。

张玉滚毕业于南阳第二师范学校。他之所以变成一位全科教师，完全是出于无奈。对于这一点，黑虎庙小学已经退休的老校长吴龙奇最能说清其中的原因："这是深山区，教师调不来。海拔为1 300米，冬天大雪封山了不能走人，夏天暴风骤雨不能走人。从平原调来的教师留不住，也调不来，调教师来这里教学，有的哭都不来。"黑虎庙小学所在的镇平县是国家级贫困县，而黑虎庙村又在伏牛山的深处，想进入这所学校必须经过上山8里、下山8里的崎岖山路。这里的人到最近的一个镇上需要将近两小时，而且这里到现在还没通公共汽车，所以很多人不愿意来这里任教，但是张玉滚却来到了这里。

张玉滚说："自己本身是从山里出去的，当时山里走出的中专生、高中生很少，所以我就决心回到学校（任教）。"张玉滚于2001年开始任教，由于没有教师编制，只能做一名代课教师，工资只有二三十元钱，当时家人都不同意他回来。直到2010年，他依然是个代课教师，工资也只有80元钱。在这期间，有朋友叫他出去打工，为此他也产生过动摇。

当初和张玉滚一起代课的几名教师，都因为待遇低、条件差陆陆续续地离开了这里。张玉滚说："吴老师上门做了很多次的工作，另外我也到学校里看，确确实实当时是6名教师4名面临着退休，学校有100多名学生。他说你得去，不去咱们这所学校就开不了台。留住了教师就留住了学校，留住了教师就留住了血脉，假如说这里没有教师，好多学生面临着辍学。"为了老校长的心愿，张玉滚留了下来。不仅他自己留下了，他的妻子也留下了。当时，学校有四五十名寄宿生，没人做饭。请炊事员，学校没有钱，所以张玉滚就把妻子动员过来了。

当时张玉滚的妻子张会云在外打工每个月能挣一千多元，留在学校则一分钱都没有，两个人只能靠张玉滚每个月当代课教师挣的几十元勉强度日。张会云左手劈柴，左手切菜，但是她并不是一个天生就用左手的人，而是几年前她给学生做饭时，右手的三根手指被轧面机轧碎了，不得已才用左手。由于这里三分之一的学生是留守儿童，还有将近一半的学生是建档立卡贫困户的孩子，因此一半以上的学生会选择住校。

张玉滚在黑虎庙小学的17年里，除了寒暑假和周末学生不在校的时候会回家，其余时间都和妻子住在学校照顾学生。看到张玉滚这张脸，你猜他年龄有多大？张玉滚说："我是1980年生的。说到这就有个笑话，我到县城，他们都问我退休了吗？"

2012 年，镇平县为了解决山区教育问题，特批了几名教师编制，不过老校长吴龙奇并没有把名额给也是代课教师的女儿，而是给了张玉滚。他对张玉滚说："我退了，因为你干（校长）我放心。只有你干，山区的孩子才能有学上。你当校长，你把这所学校坚守下来，坚持下去。只有这样，山区的群众才有希望，孩子有出路，我自己一生也就是这样做的。"

张玉滚没有辜负老校长的心愿，没有让一个学生因贫困而辍学。他就像他给孩子们上科学课里讲的滴水穿石一样，不断地提升这所小学的教学质量，让学生成绩在全镇考试排名中名次靠前。学校的光荣榜上有很多张玉滚的学生。他们从这里起步，有的考上了兰州大学，有的考上了四川大学。在张玉滚的感召下，同样是"80 后"的张磊于 2014 年放弃了深圳的工作，带着妻子回到了黑虎庙小学。张磊说："张老师教过我，他这种敬业奉献的精神确实对我的影响很大。我（觉得）应该像他一样扎根深山。"

现在，张玉滚已经由一名代课教师变成一名在编教师，工资也涨到 3 000 多元，还获得了很多荣誉。张玉滚继承了老校长的心愿，他也希望有人继承他的心愿："我的心愿就是希望更多的教师走入山里，为咱山区孩子传授知识。"

资料来源：https://baijiahao.baidu.com/s?id=1610653949571742079&wfr=spider&for=pc，有改动。

## 温故知新

**1. 马克思主义劳动观的基础与核心是什么？**

**2. 新时代劳动思想包含哪些内容？**

**3. 试举例阐述劳动精神的具体体现。**

**4. 请结合本模块内容，谈谈对"劳动光荣"的理解。**

## 励志影院

### 《港珠澳大桥》

纪录片《港珠澳大桥》以港珠澳大桥建设最后一节沉管 E30 号沉放安装过程为叙述主线，表现了中国桥梁建设者们自力更生、"敢为天下先"的创新精神和艰苦卓绝的奋斗历程，展示了大桥项目涉及水文、地质、白海豚、防台风和满足通航、海事、航空限高等复杂的建设难题，并将大桥主体工程桥、岛、隧三大部分的设计理念和世界领先的关键技术如万花筒般地呈现出来。影片利用多样的拍摄手段、巧妙的剪辑手法，讲述了港珠澳大桥建造期间生动的故事。在刻画了一个个鲜活人物的同时，影片借助文献的力量收集了大量珍贵的纪录片视频资料，通过对中国桥梁史的分析，使影片内容更具科学性，影片精神更具传承性。

**推荐阅读**

1. 中央党校采访实录编辑室．习近平的七年知青岁月 [M]．北京：中共中央党校出版社，2017.
2. 刘向兵．新时代高校劳动教育论纲 [M]．北京：社会科学文献出版社，2019.
3. 邱杨，丘濂，艾江涛．匠人匠心：用一生，做好一件事 [M]．北京：中信出版社，2016.
4. 中华全国总工会．争做新时代的奋斗者 [M]．北京：中国工人出版社，2018.
5. 逯改，淦爱品．匠心筑梦：大学生眼中的劳模 [M]．上海：上海交通大学出版社，2020.

# 模块二

# 劳模精神

## 案例导入

### 案例一

**高铁铺路人**

哐当——哐当——

曾经，火车车轮与铁轨之间这一富有节奏的撞击声承载了无数中国人的记忆；如今，高铁不仅可以让人们千里京沪一日还，更成为一张闪亮的“中国名片”。其背后起关键支撑作用的技术变革就是无缝钢轨。

“与传统铁轨专门保留缝隙以应对热胀冷缩不同，高铁铺设的是无缝轨道。”北京交通大学土木建筑工程学院教授、长江学者高亮介绍，这是因为车轮运行时会对钢轨产生冲击，在高速行驶情况下若遇轨缝会有脱轨危险。“哪怕是几毫米的缝隙，对高铁来说都是非常可怕的。”

中国高铁建设过程并不是一帆风顺的。“中国高铁建设面临的是世界级难题。”高亮说，“从最冷到最热，从岩石、沙漠到冻土，从隧道到桥梁……如何保证几百甚至几千千米无缝线路的强度、稳定性、平顺性，是中国高铁要独自面对的挑战。”

实际上，对高亮来说，挑战早在20世纪90年代就开始了。

1990年，正在攻读铁道工程方向硕士研究生的高亮跟随导师开展无缝线路研究。1999年，从北方交通大学（北京交通大学前身）博士后流动站出站后，他在该校土木建筑工程学院轨道结构室留任，继续从事相关研究，并组建了自己的团队。2003年，他的团队从秦沈客运专线开始从事高铁轨道结构相关的研究工作。

“别人以为大学教授是坐在实验室计算机前、站在三尺讲台上，其实，我们的研究不仅需要想象、演算，还需要大量的现场实验。”高亮说。

无法计量的是，高亮团队到底有多少人、多少次在零时后出现在北京地铁站台，知道的人都称他们为“京城地铁‘守夜人’”；无法计量的还有，高亮团队用脚步丈量过多少里程的祖国大地，他们甘愿当“高铁铺路人”。

高亮带领团队荣获了2017年度国家科技进步奖一等奖，同时还培养了一大批轨道交通专业人才，他们成了各自单位的主力军。学生们印象最深的就是高老师身上的两种精神：一种是脚踏实地，来不得半点疏忽的精神；另一种是知难而上，有勇气去挑大梁的精神。

如今，高亮又投入一项新的研究——有砟道床劣化问题。

“道床劣化是引起轨道不平顺的关键因素，会显著降低列车运行安全性与平稳性，增加养护维修工作量，影响有砟轨道的正常运营。”高亮要做的，就是如何在明确散体道床劣化机理的基础上，对散体道床开展更为科学的设计、运营及养护维修工作，从而在保障列车安全、平稳运行的前提下延长道床使用寿命，“这是我国有砟轨道技术进一步发展亟待解决的问题”。

“我们是搞工程的，就应该不断去创新。”高亮说，“要秉持劳模精神，就像人生走过的每步都要算数一样，一段段钢轨焊接而成的无缝线路必须毫厘不差。只有这样，才能保证中国高铁无缝前行。”

资料来源：靳晓燕，袁芳．秉持工匠精神的“高铁铺路人”[N]．光明日报，2019-12-11（4），有改动。

**案例二**

### 用生命制造大火箭

崔蕴，1961年出生，1982年参加工作，航天科技集团一院211厂总装事业部总体装配工、特级技师。30多年来，他一直从事长征系列运载火箭和部分重点型号产品的装配工作，先后4次荣立个人三等功，1995年被院授予型号研制一等奖，1997年被评为院十佳优秀工人，2013年被评为一院首席技能专家，还曾荣获“一院技术能手”“航天技术能手”“全国技术能手”等荣誉称号。2014年，以他名字命名成立了国家级技能大师工作室。

1980年，崔蕴考取了当时的211厂技校。实习结束后，表现出色的他顺利进入火箭总装车间装配二组工作。当他第一次走进总装车间，看到魂牵梦萦的火箭时，巨大的喜悦充满了内心。崔蕴每次完成自己的工作后都要到其他的组去看同事工作，遇到不明白的总要问个明白。因为这个习惯，崔蕴没少被车间领导叫去谈话。可一见了火箭，他又把什么都忘了。

就这样，崔蕴很快成长起来，技能操作水平迅速提升，年仅42岁就成长为一名特级技师。他对火箭的感情也从最初的单纯喜爱向着更浓厚的热爱升华。

1990年7月13日，我国首枚“长二捆”火箭准备在西昌发射。就在千钧一发之际，火箭 4 个助推器的氧化剂输送管路上的密封圈忽然出现泄漏，需要紧急排除故障。此时，火箭助推器里已经充满了四氧化二氮，这种燃料会烧伤皮肤，吸入肺里会破坏肺泡，使人窒息而亡。29 岁的崔蕴是当时抢险队员里最年轻的一名员工，他和另一名同事是第一梯队的成员，他们戴上滤毒罐，简单地在身上洒了些防护用的碱水，就冲了上去。

很快，熟悉火箭结构的崔蕴找到了“惹祸”的密封圈，按照既定方案，用扳手拧紧传感器本体，想压紧密封圈。没想到，密封圈竟然已经被腐蚀透了，稍微一拧，里面的四氧化二氮竟像水柱一样喷出来。刹那间，液态的四氧化二氮气化为橘红色的烟雾，舱内的有毒气体浓度急剧上升，瞬间达到了滤毒罐可过滤浓度的 100 倍，死亡的魔爪迅速扼住了他们的生命通道。

为了多解决些问题，崔蕴一边强忍着痛苦，一边坚持在舱内操作，与死神赛跑。时间一分一分过去……忽然，崔蕴感到眼前一黑，他还想在晕倒前抓紧做点什么，可终究因体力不支而晕倒。

崔蕴被连夜送进医院抢救。此时，他肺部 75% 的面积已经被四氧化二氮侵蚀，只剩下一小部分肺在艰难地工作，生命危在旦夕。医生一边紧张地把解毒药注入崔蕴的身体，一边感叹：“再晚 1 小时就肯定没命了！”他吸入的有毒气体太多，医书上记载的解毒药正常剂量对他根本无济于事。医生不得不冒险加大用药，最后竟一直加到正常人能承受极限值的 10 倍，才把他从死亡的边缘拉回来。

既然选择了远方，便只顾风雨兼程。与死神的交锋，与病魔的斗争，改变不了他一生的梦想。崔蕴用执着守护心中的信仰，用生命热爱祖国的航天。

资料来源：http://news.cctv.com/special/zgmsjz/201607/143/index.shtml，有改动。

# 第一节 劳模和劳模精神

## 一、劳模

劳动是人类的本质活动，是指有劳动能力和劳动经验的人在生产过程中有目的地支出劳动力的活动，是人类创造物质财富或者精神财富的活动；是能够对外输出劳动量或劳动价值的人类活动，是人类征服客观自然世界的直接的、唯一的手段，也是人类生存和发展的最基本条件；是发生在人与自然界之间的活动，其实质是通过人的有意识的、有一定目的的自身活动来调整和控制自然界，使之发生物质变换，即改变自然物的形态或性质，为人类的生活和需要服务。

劳动在现实生活中表现为各种不同的形式，如体力劳动和脑力劳动、简单劳动和复杂劳动等。不同的劳动形式在社会发展的不同阶段具有不同的地位和作用，其中创造性劳动的价值更高。但无论何种形式的劳动，都具有一定的价值，都是财富的初始源泉和人类历史发展不可缺少的推动力量。在放手让一切生产要素的活力竞相迸发的同时，更要鼓励劳动，造就劳动光荣的观念，培养劳动神圣的信念。因为劳动是第一生产要素，是社会运行的基础条件，是人全面发展的根本尺度。

劳模是劳动模范的简称。“劳”表示劳动，这是劳模的基本前提。“模”体现了一种“示范”和“楷模”的价值导向，一种可近、可亲、可信、可学的榜样作用。“劳模”意味着“先进符号”，是人民授予生产建设中先进人物的一种崇高称号，以表彰劳动中有显著成绩或重大贡献可以作为榜样的人。

劳模是在社会主义建设事业中成绩卓著的劳动者，经职工民主评选、有关部门审核和政府审批后被授予的荣誉称号。劳动模范分为全国劳动模范与省、部委级劳动模范，有些市、县和大企业也开展劳动模范评选。中国的第一次劳模表彰大会开始于1943年与1944年在陕甘宁边区召开的劳动英雄和模范生产者表彰大会。中华人民共和国成立后，继续沿用这种方式来调动群众的生产热情，因此劳模表彰活动继续开展并形成了一套评选、表彰机制。到目前为止，中华人民共和国共进行了15次全国劳模表彰活动，有3.1万多人次荣获“全国劳动模范”或“先进工作者”称号。

图文
铁人精神

劳模是劳动的模范和榜样，是在群众性学赶先进的劳动竞赛活动中涌现出来的杰出人物，是社会遴选出的最好的、鼓励人们仿效的劳动者。在国家建设发展中，劳模是各行各业的杰出代表，他们身上体现着社会对某一类劳动方式和劳动精神的最高评价。劳模是适应国家和时代的发展而产生的，是劳动群众的杰出代表，是最美的劳动者，是民族的精英、国家的栋梁、社会的中坚、人民的楷模，是党和国家的宝贵财富，是永远的时代领跑者。

1945年1月10日，毛泽东在陕甘宁边区劳动英雄和模范工作者大会上提出，劳动模范有三种作用，即带头作用、骨干作用和桥梁作用。1950年9月25日，毛泽东代表中共中央在全国战斗英雄代表会议和全国工农兵劳动模范代表会议上，高度评价全国战斗英雄和工农兵劳动模范“是全中华民族的模范人物，是推动各方面人民事业胜利前进的骨干，是人民政府的可靠支柱和人民政府联系广大群众的桥梁”。

1978年10月11日，邓小平在中国工会第九次全国代表大会上充分肯定劳动模范“至今还是我们学习的榜样和团结的核心”，提出“要尊重劳动，鼓励先进”“任何人对四个现代化贡献得越多，国家和社会给他的荣誉和奖励就越多，这是理所当然的”。

2000年4月29日，江泽民在全国劳动模范和先进工作者表彰大会上指出：“全国劳动模范和先进工作者，是亿万劳动群众的杰出代表。他们对祖国和人民无限忠诚，爱岗敬业，勇于创新，无私奉献，严于律己，弘扬正气，在平凡的岗位上做出了不平凡的业绩，是建设社会主义物质文明和精神文明的先锋。”

2010 年 4 月 27 日，胡锦涛在全国劳动模范和先进工作者表彰大会上指出：“我们一定要在全社会大力弘扬劳模精神，用劳模的先进事迹感召人民群众，用劳模的优秀品质引领社会风尚，充分发挥劳模的骨干和带头作用，在全社会进一步形成崇尚劳模、学习劳模、争当劳模、关爱劳模的良好氛围。”

2016 年 4 月 26 日，习近平总书记在知识分子、劳动模范、青年代表座谈会上指出：“劳动模范身上体现的‘爱岗敬业、争创一流，艰苦奋斗、勇于创新，淡泊名利、甘于奉献’的劳模精神，是伟大时代精神的生动体现。我们要在全社会大力宣传劳动模范的先进事迹，号召全社会向他们学习、向他们致敬。要为劳动模范更好施展才华、展现精神品格提供全方位支持，使他们的劳动技能、创新方法、管理经验能广泛传播，充分发挥示范带动作用。劳动模范要珍惜荣誉、谦虚谨慎、再接再厉，不断在新的起点上为党和人民创造更大业绩。”

劳模身上都有一个共同点，那就是他们都是体现时代精神的平凡人，相信并为“美好的未来”而奋斗，他们让民族精神有所依托，让民族历史有了厚重感；他们以自己的聪明才智和无私奉献的优秀品质、时代精神激励着人们不断拼搏奋进，在日积月累的平凡生活中向人们昭示着伟大之处。

**案例链接**

### 共和国的脊梁

邓稼先是我国核武器理论研究工作的奠基者。为了发展国防科研事业，他甘当无名英雄，默默无闻地奋斗了几十年，将个人事业与民族兴亡紧密相连，他就是被誉为“两弹”元勋的邓稼先。

邓稼先是中国核武器研制工作的开拓者和奠基者，为中国核武器、原子武器的研发做出了重要贡献，他先后研制出中国第一颗原子弹和中国第一颗氢弹。谈起邓稼先的一生，邓稼先夫人许鹿希回忆：“那是 1958 年的 8 月，那天晚上他回来得比较晚，他说他要调动工作了，我问他调哪儿去，他说不能说；做什么工作，他说也不能说；你给我一个信箱地址我们通信，他说可能也不太行。”

从这天起，邓稼先的身影从众多好友的视野里隐去，邓稼先的名字从所有学术刊物上消失了。结婚五年的一对夫妇开始了他们聚少离多的人生。

邓稼先担任了中国原子弹研制工作的理论设计负责人，当时的科研条件和生活条件都极其艰苦。邓稼先选定中子物理、流体力学和高温高压下的物理性质三方面作为主攻方向，这是他对我国原子弹研究的最大贡献。

经过几年的艰苦科研，邓稼先的科研团队终于取得了突破性成功。1964 年 10 月 16 日，中国第一颗原子弹试验成功。1967 年 6 月 17 日，中国第一颗氢弹在罗布泊上空爆响。从爆炸第一颗原子弹到爆炸第一颗氢弹，美国用了7年，法国用了8年，苏联用了4年，中国仅仅用了两年零八个月。

从1964年到1986年，邓稼先带领他的科研团队一共进行了32次核试验。邓稼先的名字消失了28年后，1986年6月24日，随着一篇题为"'两弹'元勋邓稼先"的通讯稿的发布，邓稼先的名字重回人们的视野。

1996年7月29日晚，中国在成功地进行了最后一次地下核试验之后，向全世界宣告：中国将暂停核试验。这天正是邓稼先逝世10周年纪念日。和平是对这位"两弹"元勋最好的纪念。

资料来源：http://www.xinhuanet.com/2017-06/14/c_136365430.htm，有改动。

## 二、劳模精神

劳模精神是劳动群体先进性的集中体现和高度浓缩，是植根于中国大地、反映中国劳动者意愿、适应中国和时代发展要求的精神品格。劳模精神是引领中华民族时代发展的先进的、科学的、文明的思想道德和价值取向。劳模精神是一种人文精神，代表的是一个时代的价值观、道德观，展示的是中华民族顽强拼搏、自强不息的崇高品格，体现的是中华民族与时俱进、开拓创新的精神风貌。

党的十八大以来，习近平总书记多次就劳模精神发表重要讲话，系统阐明新时代劳模精神的历史源流、嬗变轨迹和生成逻辑，构建了新时代劳模精神的理论基石、历史逻辑、时代内蕴和实践价值，继承并丰富了马克思主义的劳动观，深化并发展了劳模精神的中国属性、科学内涵、时代品格、实践价值和弘扬路径，为弘扬新时代劳模精神提供了有利思想武器，具有重要的理论价值和实践意义。

### 1. 劳模精神是工人阶级先进性的集中体现

在中国革命、建设、改革的各个历史时期，我国的工人阶级都具有走在前列、勇挑重担的光荣传统，我国的工人运动都同党的中心任务紧密联系在一起。劳动模范作为工人阶级的优秀代表，是时代的引领者，在工作与生活中发挥了先锋和排头兵作用，他们以辛勤劳动、诚实劳动和创造性劳动持续推动着社会进步、国家发展与民族复兴。劳模精神作为劳动模范的思想内核、行动指南和精神灯塔，成为推动时代前进的强大精神动力，充分体现了工人阶级先进性的主体地位，彰显了工人阶级的伟大品格，推动了工人阶级的成长进步。

### 2. 劳模精神是工人阶级主人翁意识的集中凸显

主人翁意识是劳模精神的内在本质，是正确认识和理解劳模精神的关键词。正是因为有自觉的、强烈的主人翁意识，劳模才以车间为家、以厂为家、以企为家、以国为家，才具有积极主动的岗位意识、职业意识、进取精神和创新精神。

### 3. 劳模精神是社会主义核心价值观和时代精神的生动诠释

劳模精神的重要元素和构成因子，如岗位意识、职业精神、进取精神、拼搏精神、创新精神、家国情怀和奉献精神等，是对社会主义核心价值观的生动诠释和现实呈现。同时，劳模精神也引领时代新风的精神高地，生动体现了时代精神的精神实质、主要特征和重要内容。

**话题讨论**

全国劳动模范张秉贵从1955年11月到百货大楼站柜台，30多年的时间里接待顾客近400万人次，没有跟顾客红过一次脸、拌过一次嘴，没有怠慢过任何一个人；他在平凡的岗位上练就了令人称奇的“一抓准”“一口清”技艺和“一团火”的服务精神，是中华人民共和国商业战线上的一面旗帜；他将售货当作事业，将售货化为艺术，他的“一团火”精神光耀神州，深刻诠释了劳模精神的内涵。

当前，有些人对劳动模范的印象还停留在“出大力、流大汗”，认为在信息时代、智能革命的背景下不需要劳模精神。

请结合所学知识，谈一谈你的看法。

### 4. 劳模精神是培育时代新人的重要途径

劳模精神作为社会主义核心价值观的生动体现，更便于人们理解、接受和模仿，对培育时代新人起到重要推动作用，能够激发广大劳动者干事创业的积极性、主动性和创造性。劳模精神继承并发展了中华民族传统优秀的劳动观念，树立并彰显了一种辛勤劳动、诚实劳动、创造性劳动的新理念，营造并弘扬了一种劳动光荣、技能宝贵、创造伟大的时代风尚，生成并传播了一种劳动者至上、劳动者平等、劳动者可敬、劳动最光荣、劳动最崇高、劳动最伟大、劳动最美丽的劳动观。

### 5. 劳模精神是文化自信的重要支撑

劳模精神是中国特色社会主义文化的重要组成部分，始终贯穿于建设中国特色社会主义文化的全过程。劳模精神植根于中华民族劳动过程，特别是中国特色社会主义伟大实践中，充分继承并发展了中华优秀传统文化和社会主义先进文化。弘扬和践行劳模精神，有助于坚定文化自信、推动社会主义文化繁荣兴盛，有助于牢牢把握意识形态工作领导权，有助于培育和践行社会主义核心价值观，有助于加强思想道德建设，有助于促进中国特色社会主义文化繁荣发展。

### 6. 劳模精神是实现中华民族伟大复兴中国梦的重要力量

劳模精神是实现中华民族伟大复兴中国梦的宝贵精神财富和强大精神力量。实现中华民族伟大复兴中国梦，实现从制造大国向制造强国的华丽转身，建设知识型、技能型、创新型劳动者大军，要大力弘扬和践行劳模精神。

案例链接

### “倔强”的柴油机医生

提起鹿新弟，一汽解放大连柴油机有限公司的人都知道他身上有个鲜明的特征——倔。

鹿新弟是该公司高级技师，参加工作32年来，正是凭借着这股“倔”劲儿，从一名普通工人成长为我国内燃机行业柴油机装调与试验知名专家型技能人才，被誉为“柴油机调试大王”，并先后荣获“全国劳动模范”“全国技术能手”“辽宁省功勋高技能人才”等荣誉称号。

发动机是汽车的“心脏”，而这“心脏”的核心是燃油系统。在一次试验中，他遇到一个“加垫还是减垫”的技术细节问题，为了彻底掌握这项技术，他硬是自己琢磨了一年。凭着这股“倔强”劲，鹿新弟逐渐成了一名能真正摸透柴油机“脾气”的人。

“遇到问题不能放弃，要做就做第一。”1987年，鹿新弟带着成为“柴油机医生”的梦想，从技工学校毕业来到大连柴油机厂。30多年来，鹿新弟总是把这句话放在心里。慢慢地，鹿新弟自创了一套“看、听、摸、闻、问”快速排除柴油机故障的五步维修法，只需用“五步法”就能判断出哪台柴油机运转不正常。他因此被工友称为柴油机故障的“克星”。

多年前，公司引进世界一流产品——道依茨柴油机，鹿新弟凭借过硬的柴油机调试技术被率先调入新组建的生产车间。面对全新的设备和复杂的技术，他一头扎进资料堆里，仅记录的笔记就有几十万字。

3年里，他忍受着柴油机发出的100多分贝隆隆噪声完成上千次试验，整理出上万组试验数据。最终他率先在内燃机行业建立道依茨柴油机试验方法，使我国拥有了自主知识产权的柴油机调试技术，填补了国内空白。

一次，一家在国内经营的外商独资企业打来电话，投诉机器冒白烟、排放不达标，要求退货，公司派鹿新弟赶往现场查看。在了解对方的工作过程后，鹿新弟怀疑是油品出现了问题，但对方不承认，一口咬定是公司产品质量问题，鹿新弟坚定地说：“实践是检验真理的唯一标准，把油换了做个试验就知道我说的对不对了，如果不对再退货也不迟。”换油后，问题果然得到解决，对方终于承认不是产品出现了质量问题。

近年来，鹿新弟负责为车间的两条柴油机装配线和两条柴油机试验线提供技术服务，他给自己制定了“三个必须”：一旦接到车间电话，10分钟内必须赶到现场；车间提出的技术问题，必须立即解决；必须持续跟踪未解决的问题，直到解决为止。

所有工作严格按照这“三个必须”开展后，他从未接到一次投诉电话。

步入新时代，踏上新征程，鹿新弟也给自己制订了未来几年的计划：在2025年之前，带领工作室成员完成25项工作任务；带领3个工作室完成技术创新项目500项，完成专利50项；回报社会，资助生活困难的学生……

资料来源：http://www.xinhuanet.com/2019-08/26/c_1124919881.htm，有改动。

# 第二节　劳模精神的时代特色

一个时代有一个时代的劳动模范，每个时代的劳动模范都以自己的模范行为激励着一代又一代劳动者为祖国的繁荣富强而拼搏。劳模精神作为时代精神，在不同的时代有不同的内涵，但劳模精神的主旋律始终不变。

## 一、革命战争年代劳模精神的时代特色

中国劳模群体的出现不是偶然的，它是在中国共产党建立了红色革命政权以后，在中华苏维埃共和国临时中央政府诞生于瑞金后，在边区财政经济困难的情况下，在毛泽东同志的领导下，为了团结群众、发动群众，中央苏区经济建设需要的历史产物。

革命战争年代的劳模群体呈现出“为革命生产劳动、为革命拼命献身、为革命苦干巧干”的“革命型”特征，劳模精神开始萌芽。革命战争年代的劳模精神为解放区劳动人民提供了强大的精神动力，极大地推动了根据地的物质生产，加快了党领导下的新民主主义革命胜利和中华人民共和国建立的进程。

关于这一时期的劳模精神内涵，从1944年延安劳模表彰大会会场两侧横悬的标语中可见一斑——“劳动英雄们：劳动好、学习好、又能公私兼顾、不自高、不夸大、永不脱离群众；模范工作者们：忠于革命、精于业务、勤于学习、善于创造、团结干部、联系群众”。可以从以下四个方面阐释革命战争年代劳模精神的时代特色。

### 1. 爱党拥军和革命英雄主义是革命战争年代劳模精神的鲜明底色

在革命战争年代，劳模作为中共政策的拥护者，积极响应号召。无论是苏区的劳模还是边区的劳模，都是党和国家的英雄，是拥护党的领导和革命政权的先锋。工人特等劳动英雄刘清荣表达了对共产党八路军的感激之情，劳动英雄温象栓通过送锦旗表达对党和人民领袖的爱戴，劳动英雄吴满有说“枪声一响，我全家所有的粮食，所有的人，都可以献给公家，即使战争需要我投身到火线上去，我也一定不会迟疑的”。工人劳模赵占魁常说，我们不但要完成更要突破生产计划，打仗和做工都是为了革命。陕甘宁边区号召“劳动英雄和每个职工不仅要在技术上、生产上学习赵占魁，而且要在政治上、思想上学习赵占魁

同志革命的品质。否则就不算一个好的劳动英雄”。

### 2. 热爱劳动和主人翁责任感是革命战争时代劳模精神的崭新面貌

劳动英雄用劳动创造了财富，创造了新生活。“向劳动英雄看齐”“争当劳动英雄”“劳动光荣”成为当时边区最响亮的口号，“靠劳动致富”“创造新的世界”的新的价值观念在边区人们心中生根发芽，“劳动英雄”成了人们新的追求。人们的劳动态度也从厌恶和耻辱转变为可爱与光荣，陕甘宁边区劳模杨朝臣觉得拾粪也是“一种光荣的劳作”。同时，由于劳动光荣新思想的树立和劳动态度的转变，劳模在新政权的领导下能够以主人翁的心态积极参加生产，成为新社会的状元，并且受到人民群众的尊敬和爱戴，在工业战线和妇女解放战线体现得更为突出。

### 3. 艰苦奋斗、自力更生、埋头苦干是革命战争时代劳模精神的优良作风

革命战争年代的苏区和边区生产技术水平非常落后，物质条件极为匮乏，在这样的客观条件下，经济建设依然取得了很大成绩，靠的是人们艰辛的劳动和极高的热情。劳模在艰苦的条件下自力更生、艰苦奋斗、埋头苦干，充分发挥主体精神，积极投身于根据地建设。延安县柳林区二乡的吴满有分得土地后，早起晚睡，努力生产，“地种得多，荒开得多，粮打得多，缴公粮踊跃争先，数量既多，质量又好”，成为边区第一个农民劳动英雄。革命战争年代的劳模发扬埋头苦干、艰苦奋斗的精神，自力更生，促进了苏区及边区的经济建设，改善了根据地的落后面貌。革命战争年代的劳模精神为党领导的革命胜利起到了添薪加柴的重要作用，为中国共产党在国家经济、政治、文化建设等方面留下了极为宝贵的精神财富。

### 4. 争创一流、无私奉献、团结群众是革命战争时代劳模精神的品格特色

早在土地革命时期，中国共产党就开展了革命竞赛和劳动竞赛，嘉奖了一大批创先争优、为党和革命做出积极贡献的劳模。抗日战争时期又涌现出许多极具代表性的、勇当先锋的、具有奉献精神的劳模。吴满有、杨朝臣、郝树才等劳模体现出的奋勇争先精神是革命战争年代劳模群体的整体形象。同时，爱护群众、联系群众、不脱离群众成了当时劳模的必备品质，毛泽东还为劳模马文瑞题词“密切联系群众”。

## 二、中华人民共和国建设时期劳模精神的时代特色

劳模精神在 20 世纪 50—70 年代初具雏形。在中华人民共和国成立后一穷二白的基础上，中国社会主义建设在中国共产党的领导下，在初期借鉴苏联的经验和后期摸索开展的过程中曲折前进，劳模运动也起起落落，从 1950 年到 1979 年共召开了 9 次全国劳模表彰大会，共表彰劳动模范、先进工作者和先进生产者 13 600 余人，在此我们统称他们为劳模，其中包括孟泰、时传祥、王进喜、申纪兰、王崇伦、向秀丽、马永顺、赵梦桃、王大衍、钱学森、袁隆平、陈景润等一大批国人皆知的劳模。

劳模群体在艰苦的环境中练就了坚毅品质和勤劳品格，继承了踏实朴素、艰苦奋斗的优良传统，他们为了中华人民共和国的发展建设愿做老黄牛、勇当拓荒牛、甘为孺子牛。勤勤恳恳、无私奉献、坚韧不拔、顽强拼搏、开拓奋进的“老黄牛精神”成了中华人民共和国成立到改革开放前的中国劳模精神的时代内核，激励和鼓舞着中国人民独立自主、艰苦奋斗、自力更生，在社会主义初级阶段建设的各个方面都发挥了极大的作用，构筑了一座不朽的精神丰碑。

**1. 坚定理想、忠党爱国、服从领导是中华人民共和国建设时期劳模精神的崇高信念**

首先，中华人民共和国的第一代劳模群体是革命时代的英雄儿女，从革命中来，深受“革命理想高于天”的熏染，在中华人民共和国成立后的革命事业中更加坚定了传承革命话语、实现共产主义的理想信念。其次，中华人民共和国成立了，中国人民站起来了，成为国家的主人。劳动人民政治身份的转变使广大人民群众尤其是劳模很快把中华人民共和国建立初期翻身得解放的感恩之心，通过实践中的自我改造，实现了自身感恩报恩意识的升华与超越，转变为对中国共产党和社会主义中国的热爱。此外，劳模们自觉接受党的教育，刻苦学习马克思列宁主义和毛泽东思想，努力加强自我修养，不断提高自己的思想政治觉悟，形成了无限忠于党、忠于人民、忠于无产阶级革命事业的高贵品质。最后，中国共产党信仰马克思列宁主义，实现共产主义是中国的主流意识形态。党始终坚持以马克思主义教育广大劳动群众、建构我国先进的劳动精神（劳模精神），以马克思主义劳动观对劳模精神进行科学指导。因此，党树立和塑造的劳模也必定具有共产主义道德品格。所以，坚定共产主义理想，为实现共产主义而努力奋斗成为中华人民共和国成立后劳模群体的一致信念。

**2. 自强不息、艰苦创业、奋发图强是中华人民共和国建设时期劳模精神的优秀基因**

作为中华民族的传统美德，艰苦勇敢、自强不息自古以来就是中华民族精神的重要内容。几千年来，正是依靠这种艰苦奋斗精神，中华民族才历经沧桑而不衰，巍然屹立于世界民族之林，中华人民共和国的劳模继承了这种精神品格。中华人民共和国的社会主义革命和建设事业是建立在一穷二白的基础上的，20 世纪 60 年代中苏关系的破裂严重威胁了中国的国家安全，中华人民共和国第一次陷入国民经济的困境，处于内忧外患之中，自强不息、自力更生、艰苦奋斗、发愤图强成为突出的时代主题和民族精神的主旋律。艰苦的环境磨炼了人们吃苦耐劳、艰苦奋斗的意志，劳模成为发扬艰苦奋斗、自强不息、勇于拼搏意志和精神的突出代表。在中华人民共和国建设的各条战线上，一批批劳模都凸显着自强不息、艰苦创业、奋发图强的劳模精神，这种精神成为改革开放前那段艰难岁月中鼓舞中国人民奋力开创社会主义伟大事业的强大动力。

**3. 爱岗敬业、忘我劳动、多做贡献是中华人民共和国建设时期劳模精神的品质标准**

中华人民共和国成立后，党和人民政府励精图治，党的正确政策、优良作风和崇高威信深入人心，广大干部、群众、青年和知识分子自觉学习马克思列宁主义、毛泽东思想，在党的领导下积极参加各项革命和建设工作，在全国形成了革命的、健康的、朝气蓬勃的社会道德风尚。爱岗敬业、忘我劳动、多做贡献的职业道德就是这种新的精神道德风尚的具体体现，是社会主义劳模精神最基本的表现形式之一。中华人民共和国的劳模来自各行各业、各个岗位，他们热爱自己的岗位，把自己的岗位作为生活甚至生命的一部分，在工作中勇当先锋，起到了示范带头的模范作用，在本职工作中做出了不平凡的贡献，表现出较高的本行业职业道德素养。他们爱岗敬业、无私奉献的职业态度超越了他们所从事的职业本身，成为一种崇高的职业道德，体现了其集体主义价值观。作为国家的主人，中华人民共和国的劳模秉承公而忘私、舍己为人等高尚风格和自强不息、爱岗敬业、艰苦奋斗等精神品格，坚持全心全意为人民服务的理念，恪尽职守，在自己的岗位上发光发热，积极为社会主义建设添砖加瓦，有力地支援了中华人民共和国的各项建设。

**4. 团结协作、勇于革新、淡泊名利是中华人民共和国建设时期劳模精神的价值追求**

中华人民共和国一成立，帝国主义列强就对我国实行更加严酷的经济封锁，美国等西方强国对我国科技项目实行禁运，使我国的科技发展受到了限制，尤其是中苏关系紧张，苏联撤走全部援华专家，撕毁援建项目的合同，带走相关技术资料与图纸，致使我国的科学技术发展遭受重大打击。但是，中国人民没有因此而一蹶不振，在党的正确领导和全体劳模带领下，勤劳聪慧的中国人民团结协作，勇于革新，通过劳动竞赛不断提高劳动生产率，提高产品质量，改善操作条件，更新生产技术，不断提高工人群众的技术水平和创造力，用劳动创造了奇迹。中华人民共和国在农业、工业、国防和科学技术等方面取得了令西方国家意想不到的卓越成就。在此期间涌现出了一批批优秀的劳模科学家，他们无论是团队成员还是项目负责人或单位领导，都能团结同事、勇于革新、共同协作，在取得成绩后谦虚谨慎、淡泊名利，在各自的岗位上都谱写了一曲曲动人的科学序曲。这些科技劳模都具有自己的业务特长，思想深处也有深厚的革新精神和轻视名利的奉献精神，是广大劳动者的楷模，是劳模的优秀代表，是劳模精神的时代代言人。

**案例链接**

**劳模精神永传承**

时传祥（1915—1975），山东省齐河县人，中共党员，原北京市崇文区清洁队淘粪工人，环卫战线上的一面旗帜。1959 年，时传祥被评为全国劳动模范。1964 年 12 月，时传祥又当选为全国第三届人大代表，在人民大会堂聆听了周恩来总理所做的政府工作报告。1966 年国庆观礼时，时传祥作为北京观礼团的副团长登上天安门城楼，受到毛泽东主席的亲切接见。

饱受旧社会之苦的时传祥在中华人民共和国成立后，沐浴在新社会的阳光下，劳动人民翻身得解放给了他做人的尊严，他深深地感受到劳动的无比光荣和幸福。他热爱环卫工作，以主人翁的姿态在平凡的岗位上实践着他“为人民服务全心全意、完全彻底”的入党誓言。

不管是严寒酷暑还是刮风下雨，他总在平凡的岗位上忘我劳动、无私奉献。20世纪50年代的北京城街巷狭窄，平房户多，公厕私宅的粪便都要靠淘粪工人车推肩背往外运。时传祥背着100多斤重的粪桶，每天穿梭于原崇文区的大街小巷。谁家的大门朝哪开，院里住几户，厕所什么样，他比片警都清楚。哪些厕所是露天的，谁家的厕所几天该淘一次，他心里都有一本备忘录。对住户院里的厕所，他做到了吃饭的时间不淘、会客的时候不淘、星期天家人团聚的时候不淘，院里有晾晒的衣物要提前移开，打扫干净后再放好。大街上的公厕要赶在中午大家吃饭时和夜间淘，尽量不影响大家使用。

他工作时心里时刻装着群众，脑子里总是想着如何更好地为群众服务。当人们被他忘我的工作热情感动而不断道谢时，他总是用朴素的话语回答：“搞好环境卫生是我们清洁工人的责任，为人民服务，脏一点、累一点是应该的。北京是咱中华人民共和国的首都，我们把它打扫得干干净净，也是为首都争了光！”

时传祥热爱本职工作、献身环卫事业的精神，鼓舞和激励着一批批有理想、有抱负的青年人冲破世俗偏见，投身环卫事业。时传祥的儿女在父亲言传身教的影响下继承了父业，勤奋工作在环卫战线上。时传祥经常说的一句话就是：“淘大粪是个看起来平凡的工作，做好了就不平凡了。我们一人脏累，却给百万人带来好环境，所以我们的工作很光荣。”这就是“宁愿一人脏，换来万家净”的时传祥精神，这就是时传祥留给我们的宝贵精神财富。

时传祥同志虽然已经离我们远去了，然而时传祥身上所体现出的全心全意为人民的无私奉献精神永远闪耀着时代光芒，激励着我们不断传承和发扬光大，在平凡的岗位上努力创造出不平凡的业绩。

资料来源：赵屾屾．时传祥：劳模精神永传承 [J]. 北京档案，2012（6），有改动。

## 三、改革开放初期劳模精神的时代特色

劳模是一个饱含时代情感的标签，每个时代的劳模都代表这个时代最先进的生产力和最主流的价值倾向。在劳模评选初期，生产条件十分艰苦，艰苦奋斗、大干苦干的形象是大多数人对劳模的看法和理解。而改革开放初期的劳模精神相比较之前“艰苦奋斗、自力更生、无私奉献”的劳模精神，更加强调其对生产力发展的促进作用。当劳模评选进入常态化、制度化后，劳模逐渐具有知识型、创新型、技能型、管理型等特点。

在“科学技术是第一生产力”等一系列重要论断下，专职技术人员、知识型工人、优秀企业家等进入了劳模行列，金庆民、闵乃本等一批院士、教授光荣地成为劳模。告别不怕苦、不怕累的“老黄牛”这个代名词，淡化吃苦耐劳的“一元”价值取向，劳模队伍的

外延不断扩大，劳模精神的内涵也变得更加丰富。

### 1. 劳模们以实干精神诠释“以经济建设为中心”

1978年召开的党的十一届三中全会提出了以经济建设为中心，开启了改革开放的新征程，对改革开放时期的劳模成长产生了深远的影响。这一时期评选的劳模，既有一直忠于党的事业的老劳模，也有新长征过程中涌现出来的一批后起之秀，他们肩负社会的期望和重任，以实干精神响应国家号召，以实际行动践行“以经济建设为中心”，引领来自各个领域的群众将工作干劲大大提高。进入改革开放的社会转型期后，人们的社会生活发生了很大的改变，国家初步呈现出安定团结的政治局面，全国工作重心转移到社会主义现代化建设上来。这时，迫切需要通过弘扬劳模精神向全社会传递凝心聚力的实干意识，也迫切需要通过知识分子的劳模精神以审视知识分子、科技人员的作用。

### 2. 劳模们将敬业精神与科学精神相结合

改革开放初期，中国经济社会发生重大变化，劳模的范围突破了单纯的生产范围，劳模的结构不断扩大，逐步拓展到交通运输、财贸、教育、文化、卫生、体育、新闻等行业。这个时期，劳模向体力劳动者与脑力劳动者并存的局面发展，敬业精业成为劳模精神的新注解。党的十四大初步确立了社会主义市场经济体制框架，实现了从计划到市场、从封闭到开放形式的转变。经历了社会高度转型之后，新一代劳模继续发挥以典范的形象整合社会各阶层的力量作用，树立主流意识形态先进性和权威性。此时的时代主张不仅需要张秉贵的敬业精神，还需要“中国式保尔”劳模罗健夫的科学精神。

### 3. 劳模们拥有强大的主观能动性和创造力

面对纷繁复杂的社会现实和多元文化思想的冲击，价值评价呈现出多样化，价值规律逐渐渗透到社会经济的方方面面并发挥作用，极大地激发了人们的创造力和发展热情。在个人价值和社会价值关系方面，大多数劳模能够正确认识客观现实和自身能力，正确对待理想和目标，并认识到个人价值体现在他能创造多少社会价值。这些劳模能够主动掌握基本生活技能和生存技巧，适应社会新角色；在对多元价值中多种选择的认识方面，拥有积极人生观、价值观的劳模越来越多，各领域涌现出一批批“绝活”行家。

**案例链接**

#### 始终让顾客满意

20世纪80年代，吴晓梅是很多人心目中的偶像。1989年，吴晓梅当选全国劳动模范。当时，她仅仅做了10年的柜台营业员。

1979年，吴晓梅进入南京新百，成为一名营业员。小商品柜台十分繁忙，一个营业员每天要接待上千名顾客，有时要同时接待五六个人。吴晓梅经常为了找一个商品而忙得团团转。为了减少顾客的等待时间，吴晓梅在每次下班之后都会留在柜台，认真记下每件商品摆放的位置；为了了解每件商品的性能以便更好地为顾客介绍商品，她向自己当裁缝的父亲学习，了解各种针线的使用方法；在顾客使用商品之后，她还会细心询问顾客使用商品后的感受。

1983 年，凭着认真的工作态度和细致入微的服务，在进入工作岗位仅 4 年后，吴晓梅被评为南京市劳动模范。

被评为市劳模后，不少顾客慕名而来，很多人是为了感受一下劳模的服务。顾客的关注和喜爱带给吴晓梅压力的同时，也给她带来了很大的动力。她始终把“让顾客满意”当成自己的首要任务。因此，1989 年，即在营业员这个普通的岗位上工作的第 10 年，吴晓梅被评为全国劳动模范。

随着计划经济逐渐向市场经济转变，商品越来越丰富，消费者的选择增多，对从业人员的要求也不断提高。商业系统的劳模再像以前那样吃苦耐劳、笑脸相迎是远远不够的，只有不断提高自己的专业能力和职业素养，丰富服务内涵，才能满足消费者的需要。百货从业人员的专业性要求的标准越来越高，包括对服务的理解、对商品的掌控、对消费需求的研判等。吴晓梅一直努力工作，不断提高自己的职业素养。

2005 年，吴晓梅被任命为东方商城副总经理。刚上任没多久，吴晓梅就在商场里成立了客户服务中心，推出“一站式服务”、免费同城快递等。

进入 21 世纪，实体零售不断受到电商等新业态的强烈冲击。在这种情况下，吴晓梅带领新百劳模团队强化“体验经济”这一电商无法企及的传统优势，推动线上线下有机融合，充分满足顾客的消费体验。

现在的她已经是新百集团副总裁、中心店总经理。不论零售业如何变迁，吴晓梅始终把“让顾客满意”这一理念放在首位，以精业敬业的态度对待自己的工作。

资料来源：谢丹娜，鲍晶 . 40 年变迁，劳模精神闪耀时代光芒 [N]. 江苏工人报，2018-12-19，有改动。

总之，改革开放初期的劳模随着改革开放号角的吹响，用精业敬业、敢为人先的精神在困难中披荆斩棘；他们起早贪黑，默默奉献；他们创新创造，勇当改革发展的领跑者。他们将自己的汗水挥洒在自己热爱的领域，跻身于政治和社会的舞台中心，通过自己的劳动创造得到社会越来越多的关注。

## 四、新时代劳模精神的内涵

中国特色社会主义事业进入新时代，中国劳模精神一方面延续了过去年代的精髓要义，另一方面显露出新的时代内涵和实践向度。新时代中国劳模是社会主义改革开放和建设中优秀劳动者的典范，新时代中国劳模精神鼓舞着成千上万的普通劳动者坚守理想信念、立足本职岗位、奋勇当先当优、勇于创新创造、创建事业功勋，以主人翁的姿态诠释着爱党爱国、兢兢业业、恪尽职守、无私奉献、宁静致远的精神风貌。

习近平总书记指出："长期以来，广大劳模以平凡的劳动创造了不平凡的业绩，铸就了'爱岗敬业、争创一流，艰苦奋斗、勇于创新，淡泊名利、甘于奉献'的劳模精神，丰富了民族精神和时代精神的内涵，是我们极为宝贵的精神财富。"这些重要论述精辟地概括了劳动精神的科学内涵，深刻揭示了新时代劳模精神的实质特征，同时是对劳模精神时代价值的充分肯定。

### 1. 爱岗敬业，争创一流

"爱岗敬业，争创一流"体现广大劳模恪尽职守、创先争优的职业道德及高度的历史使命感、责任感。

视频

新时代的中国高铁

爱岗敬业是中华民族的传统美德，是职业道德的基石，是社会主义职业道德所倡导的首要规范，是社会主义核心价值观的重要内容。爱岗敬业就是要勤勤恳恳、兢兢业业、忠于职守、尽职尽责地工作。爱岗敬业是社会主义职业道德倡导的首要规范，是对劳动者提出的最基本、最起码、最普通的道德要求，还是实现职业目标的重要内容，也是事业成功的必要因素。

争创一流是当代劳模具有竞争力、战斗力和爆发力的精神源泉。争创一流就是要树立自信心、提振精气神，以"敢为人先、追求卓越"的精神状态高起点谋划、高标准定位、高质量落实、高效率推进，做到谋划上胜人一筹、行动上快人一步、措施上硬人一度。

**案例链接**　**许振超"干就干一流，争就争第一"**

"干就干一流，争就争第一。"这是青岛前湾集装箱码头有限责任公司工程技术部固机高级经理、原中华全国总工会副主席（兼职）许振超的"座右铭"。

1974年，只有两年初中文化的许振超来到青岛港当了一名码头工人。那时，港口装卸作业方式很落后，体力劳动繁重，工作环境艰苦。"当时，我经常一边工作，一边思考：难道码头工人就不能摆脱这种出大力、流大汗的命运吗？"许振超回忆说。

慢慢地，青岛港进口了一些现代化机械设备。但由于工人们不了解使用和维护技术，设备经常出故障，有的设备用了不到一年就损坏了，还有的设备酿出了事故。

"缺少知识误人误事，唯有知识才能改变命运。"这一信条很快占据了许振超的头脑。此后，许振超身上不离"两件宝"——笔记本和英汉小词典，刻苦自学桥吊核心电路等知识，其中不少是英文资料。

1984年，青岛港组建集装箱公司，许振超因肯钻研、技术好被选为第一批桥吊司机。经过苦练，他成功练就了"一钩准"等"绝活"，带出了"王啸飞燕"等一大批具有社会影响的"绝活"品牌。

2003年4月27日夜，许振超带领桥吊队的工友们仅用6小时15分钟就完成了"地中海法米娅"号轮3 400个标准箱的装卸，创出了每小时单机效率70.3自然箱和单船效率339自然箱的世界纪录。

此后5年，许振超带领桥吊队先后7次打破集装箱装卸世界纪录，使“振超效率”享誉全球。在练“绝活”之余，许振超还在岗位上勇于创新。他经多次试验，在冷藏集装箱上加装了节电器，全年节约电费600万元；他领衔组织实施了轮胎吊“油改电”等技术改造，填补了国际空白，年节约资金2 000万元以上，噪声和尾气污染接近零……

如今的许振超仍经常在青岛港为他设立的“许振超大师工作室”里，和新一代码头工人，围绕自动化集装箱码头技术开展以高效服务为目标的创新。“我们不要‘差不多’！要干就尽力追求完美，争取世界领先！”他说。

资料来源：http://www.xinhuanet.com/politics/2019-01/10/c_1123973332.htm，有改动。

### 2. 艰苦奋斗，勇于创新

艰苦奋斗，勇于创新，体现了广大劳模吃苦耐劳、坚韧不拔的作风和强烈的开拓意识，勤于学习，善于实践，积极掌握知识，努力增强核心技能，主动应对各种挑战。

艰苦奋斗是新时代中国劳模精神的本色。新时代劳模凭借艰苦奋斗的价值追求锐意进取、奋发有为，攻破了一个又一个阻碍实现中国特色社会主义现代化建设的难题，取得了一个又一个惊叹世界的成就。劳模秉承艰苦奋斗的优良作风，在工作中忘我劳动、开拓创新、奉献集体，表现出崇高的美德和精神风貌。新时代中国劳模精神之所以能够继续发挥其号召力、感召力和影响力的作用，就是因为劳模精神中包含着长期以来具有的、始终如一的艰苦奋斗精神因素，并成为当代中国劳模精神最稳定和永恒的本色。

勇于创新是新时代中国劳模精神的核心。党的十九大指出，“创新是引领发展的第一动力，是建设现代化经济体系的战略支撑”。新时代中国劳模充分发挥先锋模范作用，不断钻研科学技术，全面提升勇于创新的本领，锐意进取，不断增强善于创造的能力，为中国特色社会主义现代化建设做出了突出贡献。勇于创新、善于创造已经成为当代中国劳模精神的关键内容和核心内涵。提倡勇于创新、善于创造的劳模精神是实现中华民族伟大复兴的现实需要。

**案例链接**

**高科技应“顶天立地”**

距北京大学西门不远的北大档案馆曾是“748工程”会战组所在地。1979年7月，我国著名科学家王选带领科研团队在这里日夜奋战，终于用自主研发的我国首个汉字激光照排系统输出了第一张完美的报纸样张。

“高科技应做到‘顶天立地’。”这是王选一生奋斗的信条。“顶天”即不断追求技术上的新突破，“立地”即把技术商品化，并大量推广应用，而“顶天”是为了更好地“立地”。

20世纪70年代，中国出版业仍是铅字排版和印刷。为改变落后状况，1974年，我国设立“汉字信息处理系统工程”，简称“748工程”。正在北大任助教的王选看到了巨大可能，他通过分析比较，决定跨过当时国外流行的第二代、第三代照排机，直接研究世界尚无产品的第四代激光照排系统。历经艰难，1979年，我国首个汉字激光照排系统研制成功。

北大计算机科学技术研究所教授、王选夫人陈堃銶介绍，在做出原理性样机后，有人劝王选不要做下去了。但王选说“应用性研究如不做成商品，对社会就没有价值”，所以他一直极力将成果转化为商品，和产业相结合。

在艰苦研制条件下，王选团队不仅攻克汉字字形信息的计算机存储和复原输出的世界性难题，还在20多年间持续创新，与多个协作单位联合攻关，紧跟市场需求，先后研制出8代汉字激光照排产品，使中国传统出版印刷行业得到彻底改造，“告别铅与火，迎来光与电”。

至20世纪90年代初，国内99%的报社、90%以上的书刊出版社和印刷厂使用了王选团队研制的汉字激光照排系统。我国书刊出版周期从300多天缩短到100天左右。

在王选院士逝世的12年后，他曾带领的北大计算机科学技术研究所在跨媒体智能识别技术等多方面取得一系列新成果，而在汉字激光照排系统技术基础上发展起来的方正集团也成为中国信息产业龙头企业之一。

“王选精神在传承。”北大计算机科学技术研究所所长郭宗明说，“他提出的‘顶天立地’产学研结合模式是我们一直追求的发展之路。”

资料来源：http://www.xinhuanet.com/politics/2018-12/22/c_1123890024.htm，有改动。

### 3. 淡泊名利，甘于奉献

淡泊名利，甘于奉献，体现广大劳模任劳任怨、不计得失的模范行动，反映了工人阶级的价值取向和大公无私、不怕牺牲的高尚情操。

淡泊名利是当代中国劳模精神的境界，涵养着当代中国劳模精神。名利反映的是一个人的劳动成果和贡献得到社会公认，并获得相应的物质报酬。正确的名利观会影响和铸就高品位与高格调的人。在新时代，我们仍然必须倡导劳模保持的本来就具有的安贫乐道、甘于寂寞、淡泊自守、不求闻达的豁达态度，学习、继承老一辈劳模体现的谨守本分、淡泊名利的精神境界。

甘于奉献是当代中国劳模精神的底色。无论是中华人民共和国成立前对劳动英雄和先进工作者的表彰宣传，还是中华人民共和国成立后对劳模精神轰轰烈烈的弘扬，都重点强调了劳模尊重劳动、奉献担当的浓厚意识，肯定了劳模顾全大局、默默奉献的可贵品质。时空变换，劳模精神的内涵在变，但劳模甘于奉献的追求没变。甘于奉献已经成为中国劳模精神最鲜明的标识，镌刻着劳模为党和人民贡献一切的光荣而不朽的印记。甘于奉献理当是当代中国劳模精神内涵中最亮丽的底色。

**案例链接**

### 不曾停歇的“90后”

2019年9月17日，国家主席习近平签署主席令，授予8人“共和国勋章”，袁隆平名列其中。

就在这一天，在距离北京1 600多千米的湖南省衡东县的一片稻田里，袁隆平拿着一株水稻仔细观察后，面带笑意地说：“开花开得很好。”这片稻田是第三代杂交水稻试验田，这些稻目前处于扬花期，田中的双季晚稻有望突破亩产1 000千克大关。

“荣誉是对我们成绩的肯定，但我们不能躺在功劳簿上，还得继续干活。只要能解决老百姓的吃饭问题，个人的荣辱得失又算得了什么。搞科研的人要有使命感，有胸襟。”在中华人民共和国成立70周年来临之际获得国家最高荣誉，袁隆平向记者表示，“这对我既是鼓舞也是鞭策，希望在原有的基础上更上一层楼。”

在获得“共和国勋章”的前一天，袁隆平出现在湖南农业大学2019级新生开学典礼上，引发全场沸腾，学生们激动不已地喊出：“袁院士才是我们该追的‘星’!”

在开学典礼上，袁隆平在讲话中再次提到了他多次谈及的两个梦想，“第一个梦是追求水稻的高产梦，第二个梦是杂交水稻覆盖全球梦”。

为了实现这两个梦想，袁隆平不曾停歇。

1974年，袁隆平科研小组培育的第一个强优势高产杂交稻破土而出。多年来，袁隆平领衔的科研团队通过形态改良和杂种优势利用相结合的技术路线，成功破解水稻超高产育种难题，不断刷新亩产产量。目前，超级稻计划的五期目标已经全部完成，分别是亩产700千克、800千克、900千克、1 000千克和1 100千克。

据统计，从1976年到2018年，杂交水稻在全国累计推广面积约85亿亩，增产稻谷8.5亿吨。每年因种植杂交水稻而增产的粮食可以多养活约8 000万人。

“我们国家人口多、耕地少，保障国家粮食安全，唯一的办法就是提高单产。高产对于我来说，是一个永恒的主题。”袁隆平告诉记者。

不仅让中国人吃得饱，袁隆平还希望全世界人民都能够远离饥饿。他曾笑称，自己愿做太平洋上的海鸥，让杂交水稻技术越过重洋。

《杂交水稻简明教程》，这本袁隆平写于1985年的书，经联合国粮农组织出版后，目前已发行到40多个国家，成为全世界杂交水稻研究和生产的指导用书。据湖南省农业农村厅统计，截至2018年年底，杂交水稻已在海外40多个国家成功试验示范，在10多个国家大面积推广。2018年，海外杂交水稻推广面积超过700万公顷（1公顷=10 000平方米）。

在获得“共和国勋章”的10天前，袁隆平迎来了自己的90岁生日。他笑称，自己已经从“80后”升级为“90后”，未来要健康快乐超百岁，就像超级稻攻关一样，不断超越新目标。他的生日愿望是示范田实现亩产1 200千克，向中华人民共和国成立70周年献礼。

资料来源：http://www.ccdi.gov.cn/yaowen/201909/t20190920_200969.html，有改动。

# 第三节　劳模精神的当代价值

劳模精神是基于劳动模范对自己所从事的职业的敬重与热爱，渗透在他们的工作态度与职业道德中的一种优秀精神品质。自20世纪30年代以来，劳动模范群体不断扩大，劳模精神的时代价值不断攀升，因此成为推动国家兴旺发达的重要力量。当前，中国特色社会主义已经进入新时代，在这样的背景下弘扬劳模精神就更具有深远意义和时代价值。

习近平总书记高度重视劳动精神，主要表现在对劳模精神的提倡和弘扬上。他指出“榜样的力量是无穷的，劳动模范是民族的精英、人民的楷模，要大力弘扬劳模精神、发挥劳模作用”，“劳动精神丰富了民族精神和时代精神，是我们极为宝贵的精神财富”。由此可见，劳动精神对劳动实践活动的重要激励作用，只有以积极、昂扬、向上的精神状态投入劳动实践，劳动实践活动才富有朝气、活力和创造力。

## 一、劳模精神为实现中华民族伟大复兴中国梦提供不竭的精神动力

习近平总书记指出，“实现我们的奋斗目标，开创我们的美好未来，必须依靠辛勤劳动、诚实劳动、创造性劳动”。劳模精神是辛勤劳动、诚实劳动和创造性劳动的集中展现，是充实和展示国家文化软实力的重要内容，是激励共产党人不忘初心的生动素材，是坚定中国特色社会主义“四个自信”的重要动力，能为实现中华民族伟大复兴中国梦提供强大的综合国力，塑造坚强的领导核心，注入不竭的精神动力，是实现中华民族伟大复兴中国梦的重要力量。

### 1. 劳模精神是充实和展示国家文化软实力的重要内容

在经济实力已经被世界各国公认为大国指标的同时，文化软实力也在悄然成为国际力量对比的证明，在国家强大的进程中发挥着越来越突出的价值与作用。劳模精神作为时代精神的凝结和中华民族精神的高度升华，具有永恒的文化价值，劳模精神就是一种国家文化软实力。继承与弘扬劳模精神是当前充实和提高我国文化软实力的一个重要途径。

弘扬劳模精神有助于增强我们民族的自尊心、自信心和自豪感。劳模精神所洋溢的把国家和人民的利益放在首位，勇于承担历史使命的主人翁意识和责任感，为国争光和为民族争气的强烈的爱国主义情怀，正是民族自尊心、自信心和自豪感的集中体现。当下，我国正处在全面建成小康社会、实现伟大复兴的新征程中，我们更要弘扬劳模精神，自强不息、奋发有为、艰苦创业的爱国精神，保持并增强民族自尊心、自信心和自豪感，从而在

激烈的国际竞争中立于不败之地。

弘扬劳模精神有助于在全社会大力弘扬“以人为本”的人文精神。劳模精神积极发挥劳动群众的主动性，尊重劳动人民的主体地位，将人民群众作为我国发展的最坚实后盾，把人民利益放在首位，关注人民的价值，促进人民全面发展，努力实现人民体面地劳动。这种以人为本、实现人的全面发展的理念就是一种文化凝聚力和精神向心力。继承与弘扬劳模精神中的这种人文精神，就能带动文化软实力中最核心的要素，为增强文化软实力增添内生活力。

**2. 劳模精神是坚定中国特色社会主义“四个自信”的重要精神源泉**

劳模精神是中国共产党在革命、建设与改革的历史进程中，将优秀的民族精神和伟大的劳动实践相结合而孕育出的重要精神成果。它一边承载着孕育出伟大民族精神的优秀传统文化，一边承载着社会主义劳动者的价值属性和时代特征，具有鲜明的社会主义属性，将为新时代坚定中国特色社会主义“四个自信”提供重要的精神动力。

劳模精神是在中国共产党总结经验、探索道路的过程中形成的重要精神，因此，“它所表现出来的理论本源、价值导向、理想追求和实践基础，是我们坚持走中国特色社会主义道路的题中之义和内在表达”。我国坚持弘扬劳模精神就是对马克思主义劳动理论中国化的科学验证，是继续发扬和贯彻马克思主义理论信念的价值基础，是对中国特色社会主义理论体系的高度自信。劳模精神展示的是我国人民的劳动风范，与中国特色社会主义制度具有共同主体，新时代弘扬劳模精神就是对我国劳动人民的歌颂，就是对中国特色社会主义制度的坚定。劳模精神是在建设中国特色社会主义的伟大实践中形成的一种文化现象，具有深厚的文化基础，能为坚定文化自信注入强大的精神力量。

**3. 劳模精神是激励中国共产党人不忘初心的生动素材**

党的十九大报告指出，“中国共产党人的初心和使命，就是为中国人民谋幸福，为中华民族谋复兴”。劳模精神贯穿于中国共产党带领人民寻求独立与复兴的历史进程中，与中国共产党人的其他革命精神交织在一起，是激励中国共产党人不忘初心的生动素材。

一方面，梦想的实现必须要有精神的支撑。中国共产党人之所以能带领人民战胜种种困难，前仆后继、不屈不挠地解决各种难题，就因为他们是中国人，五千年绵延不断的中国精神是激励他们为了中华民族奋勇前进的强大精神动力。劳模精神作为中国精神的重要组成部分，同样是激励共产党人为了民族复兴而艰苦奋斗的强大精神力量。

另一方面，劳模精神的弘扬能发扬共产党人勤奋劳动、自力更生的优良传统，营造风清气正的良好政治生态。中国共产党历经艰辛能化险为夷，靠的正是辛勤劳动，所以劳动是中国共产党发展壮大的法宝之一，对于中国共产党人有着重要的意义。在新时代，弘扬劳模精神就是提倡通过劳动来锤炼作风、锤炼干部，发扬党的优良作风，确保党的健康发展，为实现中华民族伟大复兴中国梦塑造坚强的领导核心。

案例链接

**"抗疫"一线的劳动模范**

2020年2月10日，全国劳动模范、石家庄市天荟商贸公司党支部书记刘荣秀，带领该公司"劳模志愿服务队"向石家庄市第五医院奋战在"抗疫"一线的医护人员捐赠400斤苹果和200袋速冻水饺等生活用品。这是他们第二次向该医院"抗疫"一线医护人员进行捐赠。

自新冠肺炎疫情发生以来，刘荣秀带领该公司的劳模志愿者成立"疫情物资保障小分队"，储备了价值6万元、18个品种的紧急生活用品和防护物资，将分期分批捐赠给石家庄市新冠肺炎救治定点医院。

刘荣秀在2000年、2005年两次获得全国劳动模范荣誉称号。在她的带动与影响下，石家庄市天荟商贸公司数名员工因工作优秀而成为省级和市级劳动模范。如今，在抗击新冠肺炎疫情的关键时刻，他们用实际行动践行着劳模精神。

资料来源：https://baijiahao.baidu.com/s?id=1658261820313738176&wfr=spider&for=pc，有改动。

## 二、劳模精神为社会主义建设创造巨大的经济价值

劳模精神的经济价值主要体现在两个方面：一是劳模精神激励下创造的直接经济利益，二是劳模品牌创造的文化资本。

不同时代的劳模都以不同形式在不同的岗位上创造经济价值，他们或者创造新的工艺技术，或者创造更多的单位时间价值，在特定范围内代表先进生产力水平，劳动模范成为技术创新的带头人。

此外，精神的力量是无穷的。在市场经济条件下，劳动模范已成为企业最宝贵的无形资产之一，成为企业发展的重要文化资本。他们的凝聚力、影响力和号召力都对企业的发展产生了积极的影响，产生了巨大的品牌效应。全国劳动模范周宁芝是宁波市第二百货商店的员工，她第一个以个人名字命名了服务品牌，推出了周宁芝内衣专柜。知名劳模夏慧星是位"的哥"，注册了出租车服务品牌，为企业带来巨大的品牌效应。

从"旗帜鲜明的边疆工人"赵占奎、军工先驱吴运铎，到"高炉卫士"孟泰、"铁人"王进喜、"两弹元勋"邓稼先，再到"蓝领专家"孔祥瑞、"金工"窦铁成、"白衣圣人"吴登云，在改革开放的新时期，他们都为社会主义建设创造了巨大的经济价值，谱写了一首首动人的歌曲，为群众树立了光辉的榜样。

中国社会主义建设的辉煌成就离不开亿万中国劳动者的艰苦奋斗和无私奉献，离不开广大劳动模范的创新、奋斗和卓越追求，他们体现了劳动模范的伟大精神，正是这些伟大精神引领和推动了中国经济的发展与繁荣。

案例链接

## 带领全村人一起致富

张明富出生于遵义山区一户贫困家庭。17 岁那年，母亲身患重病，家里一贫如洗，欠下巨额债务。1980 年，18 岁的张明富辍学回家，南下广东打工。1991 年，怀着对家乡的思念与带领亲友们致富的决心，张明富揣着打工攒下的 6 万元钱回乡创业。他找到亲戚们，鼓动大家筹钱办厂。“一个‘农二哥’开啥厂哟！有几个钱存在银行吃利息不好？”老乡们风凉话不少。张明富决定自己干，他在遵义市火车站租了个门面，搞副食品和化妆品批发生意，慢慢攒本钱。

1998 年，积攒了近 300 万元资金的张明富又有了最初的梦想。“一人富不算富，要带大家谋出路。”积累了一定经验的他选择回村办化妆品厂。租厂房、买设备，贵州梦丽雅化妆品厂开工了。没几年，“梦润”洗护产品逐渐走入农村千家万户，到 2003 年，仅厂里的运货车就有 40 多辆。生意顺风顺水，张明富却一直在谋划怎么带动更多乡亲一起致富。2004 年，团泽镇鹌鹑养殖产业因经营管理不善，养殖户大多亏得血本无归。

“老张，你是村里的能人，得带着大家渡过难关啊。”一位村民说。张明富二话不说接过了重担。“不仅干，还得干好。”张明富接手后加大投资，建饲料厂，搞产品深加工。眼看着产业链逐步完善，可一场禽流感使产品滞销，产业遭受当头一棒。怎么办？老乡们经不起“二次伤害”。张明富决定：一方面，先用公司资金将农户卖不出去的鹌鹑蛋全部回收，将存放时间过长的全部销毁；另一方面，发动企业所有员工找销售出路，拓展市场。难关终于扛过，销售逐渐好转。随后，张明富投资在村里建起 1 万平方米鹌鹑标准化养殖示范场、年加工 2 000 吨鹌鹑肉蛋的现代化深加工生产线等，带动大坎村及周围上万农户养殖鹌鹑、种植鹌鹑专用饲料作物……张明富成了返乡创业成功的典范，但他心里想的却是如何带领更多农民工返乡创业。在他的带动与激励下，原先认为在农村没有发展前景的年轻人纷纷选择回乡创业就业。

遵义市汇川区团泽镇返乡创业农民工张明富带领村民致富的精神受到有关部门的高度赞扬。张明富致信国务院总理，提出重视和鼓励农民工返乡创业的意见得到温家宝、李克强两任总理的高度重视，两位总理的批示引导了中央出台重视农民工创业的政策，团泽镇大坎这个偏远的山村因此成为农民工创业的政策发源地。

资料来源：https://baijiahao.baidu.com/s?id=1613738104003715791&wfr=spider&for=pc，有改动。

## 三、劳模精神为培育时代新人构筑重要手段

在党的十九大报告中，习近平总书记提出了培养担当民族复兴大任的时代新人的重要战略命题，同时深情喊话广大青年：“青年兴则国家兴，青年强则国家强。青年一代有理想、

有本领、有担当，国家就有前途，民族就有希望。”这启示着青年一代要做有理想信念、有过硬本领和有责任担当的时代新人。从马克思主义的理论出发，劳动是人的本质，是人类生产和生活的最基本条件，因此劳动才是创造时代新人的根本力量。劳模精神作为社会主义国家对于劳动作用的高度彰显，在培育时代新人方面有着不同寻常的价值，它能培养学生热爱劳动的情怀、劳动光荣的信念和劳动实干的担当，是培育时代新人的重要手段。

### 1. 劳模精神有助于培养青年学生热爱劳动的深厚情怀

青年学生是国家与民族发展的希望，他们的劳动情怀不仅决定自身发展的前途，而且影响我国实现“两个一百年”奋斗目标和社会主义现代化的进程，所以，习近平总书记对培养青年学生热爱劳动的深厚情怀寄予深深的厚望，他指出“要通过各种措施和方式，教育引导广大青年学生牢固树立热爱劳动的思想、牢固养成热爱劳动的习惯，为祖国培养一代又一代勤于劳动、善于劳动的高素质劳动者”。但从实际中发现，现在的青年学生劳动观念淡薄，劳动习惯缺乏，劳动价值观存在严重偏差。要改变这种错误的生活习惯和思想意识，培养其热爱劳动的深厚情怀，就要大力弘扬劳模精神，推动劳模精神进社会、进家庭、进校园。

### 2. 劳模精神有助于培养青年学生劳动光荣的坚定信念

培养青年学生劳动光荣的信念，就是要培养青年学生树立正确的劳动观，在对劳动的正确认识中增强自己的本领，实现人生的价值。劳动模范和劳模精神是在“体力劳动是防止一切社会病毒的伟大的消毒剂”“劳动创造了人本身”“物质生活的生产方式制约着整个社会生活、政治生活和精神生活的过程”等马克思主义劳动观的指导下，形成的充分肯定劳动在社会建设和发展中的根本作用的成果。弘扬劳模精神有助于消除青年学生心中劳动低下的错误思想，生成并传播劳动至上、劳动光荣、创造伟大、劳动者平等的积极劳动观，让青年学生在辛勤劳动中放飞和实现自己的梦想。

### 3. 弘扬劳模精神有助于培养青年学生劳动实干的担当精神

中国特色社会主义进入新时代，青年必须敢于担当、勇于担当。习近平总书记在2018年召开的全国教育大会上着重强调要培养青年学生的奋斗精神，教育广大青年敢于担当、勇于奋斗，让奋斗成为青春的底色。现在我国正处于实现伟大复兴目标的重要历史时期，青年学生是实现这一目标的生力军，他们的责任意识和担当精神直接影响这一目标的到来与实现。在青年学生中弘扬劳模精神，就是要教育他们向劳动模范学习，学习他们爱岗敬业、争创一流，艰苦奋斗、勇于创新，淡泊名利、甘于奉献的精神，学习他们将自己的人生价值置于国家发展的伟大宏图中的爱国主义精神，培养他们的劳动实干精神，让他们在自己的辛勤劳动中担起时代赋予的重任。

视频

青春的逆行

# 第四节 践行劳模精神

劳模精神是广大劳动模范在从事社会生产的劳动实践中锤炼形成的，是工人阶级和广大劳动群众弥足珍贵的精神财富。“爱岗敬业、争创一流，艰苦奋斗、勇于创新，淡泊名利、甘于奉献”的劳模精神，是工人阶级伟大品格的具体体现，生动诠释了社会主义核心价值观，丰富了民族精神和时代精神的内涵，是激励全国各族人民团结奋斗、勇往直前的强大精神力量。全面建成小康社会，实现中华民族伟大复兴的中国梦，必须依靠劳动，必须依靠广大劳动者。践行劳模精神，就是要以劳模为榜样，学习他们爱岗敬业、争创一流，学习他们艰苦奋斗、勇于创新，学习他们淡泊名利、甘于奉献。

**话题讨论**

全国劳模章诗成是一位地地道道的农民，近半个世纪以来一直驻守在高寒山区，从事农业科研及推广。他每天泡在试验地里，一门心思搞科研。章诗成研发的高寒山区水稻制种、野生金银花与猕猴桃人工栽培等技术，已在12个省50多个县（市、区）推广，为百姓带来的收益不可估量。

习近平总书记说过，“幸福都是奋斗出来的”。青年是国家和民族的未来，应该树立远大志向，为了个人的理想、国家和民族的发展敢于担当，不懈奋斗。

然而，当下流行的以“佛系”文化为代表的“丧文化”在广大青年中占有了一席之地，很多学生打着“佛系”的幌子给自己的不努力、不作为找借口。

针对这种现象，请谈谈自己的看法。

## 一、爱岗敬业——养成尽职尽责、精益求精的工作作风

爱岗敬业是爱岗与敬业的总称。爱岗和敬业互为前提，相互支持，相辅相成。爱岗是敬业的基石，敬业是爱岗的升华。爱岗敬业指的是忠于职守的事业精神，这是职业道德的基础。爱岗就是热爱自己的工作岗位，热爱本职工作；敬业就是用一种恭敬严肃的态度对待自己的工作。

提倡爱岗敬业就是要做到热爱本职岗位，努力做到干一行爱一行。在平凡的岗位上，严格要求自己，时时事事不忘创先争优；保持积极的工作态度和严谨的工作作风；认真树立职业理想，强化自己的职业责任；认真学习与职业有关的理论知识，提高职业技能，不断完善自我、提高自我，时刻保持努力学习的劲头，在工作中学习，在实践中学习，将学习作为一种良好的生活习惯。只有那些干一行爱一行的人，才能专心致志地搞好工作。如果只从兴趣出发，见异思迁，“干一行厌一行”，不仅自己的聪明才智得不到充分发挥，甚

至会给工作带来损失。

提倡爱岗敬业就要努力培育敬业精神。敬业精神是人们对一件事情、一种职业的热爱而产生的一种全身心投入的精神，是社会对人们工作态度的一种道德要求。我们要热爱本职工作，扎扎实实地掌握好专业基本功，达到专业水平，力求干一行爱一行，干一行专一行，努力成为行家里手；要有强烈的事业心，具有事业心的人能根据自己的主客观条件确立经过努力可以达到的可行目标；要有勤勉的工作态度，因为对工作的了解与工作态度的认知成分密切相关，对工作的积极性与工作态度的行为成分密切相关，对工作的满意度则与工作态度的情感成分密切相关；要有强烈的进取意识，具有进取意识的人会为自己设定较高的工作目标，勇于迎接挑战，渴望有出色的工作成绩，争取更大更好的发展。

提倡爱岗敬业就要努力积累专业技能。敬业，必须有与岗位相适应的能力，有了能力才能出色地完成任务。如果只有敬业的良好意愿，却没有敬业所需要的素质和能力，敬业就没法落到实处。能力需要在工作实践中展现、检验、锻炼和提升，而敬业的精神力量可以转化为一种能力，从而调动自身其他能力的发挥，让工作效率得到极大的提高。2016 年 4 月 26 日，习近平总书记在知识分子、劳动模范、青年代表座谈会上指出：“素质是立身之基，技能是立业之本。广大劳动群众要勤于学习，学文化、学科学、学技能、学各方面知识，不断提高综合素质，练就过硬本领。”

**案例链接**

### 辛苦我一人 方便千万家

徐虎是一位首创夜间义务挂箱服务的水电工。伴随着那句人们耳熟能详的“辛苦我一人，方便千万家”，“徐虎精神”一直相传。

1985 年，徐虎已在中山北路房管所做了 10 年水电养护工。他曾以个人名义向附近住户发出了 500 张修理服务征询单，了解到双职工家庭普遍存在白天上班无法报修的难题，徐虎决定提供夜间义务服务。1985 年 6 月 23 日，徐虎在辖区内挂了 3 只夜间报修服务箱，还写了告示：凡附近公房居民，如果遇到晚间水电急修，请写上纸条放入箱中，本人将为您服务。开箱时间为 19 点，中山北路房管所徐虎。

从那一天起的 10 多年间，徐虎总会准时背上工具包，骑上他的那辆旧自行车，直奔这 3 只报修箱，然后按照报修单上的地址走了一家又一家，从未失信过他的用户。徐虎累计开箱服务 3 700 多天，共花了 7 400 多小时，为居民解决夜间水电急修项目 2 100 多个，被群众誉为“19 点钟的太阳”。

2002 年，徐虎调任上海西部企业集团任物业总监。虽然岗位和角色变了，“辛苦我一人，方便千万家”的职业信条却一如既往。

在徐虎看来，物业管理和服务虽然技术含量不高，但真正要做到位、做到家，经验和窍门很多，非下苦功不可。他直接上门为居民群众服务的机会少了，为弥补这个缺憾，他主动向组织提出挂牌授徒，以使“辛苦我一人，方便千万家”的“徐虎精神”薪火相传，生生不息。近年来，徐虎手把手带出来的徒弟已遍布西部集团的各个物业企业。

在徐虎的职业生涯中，他5次被评为全国劳动模范，两次被评为上海市劳动模范，曾获得“全国优秀工人代表”“全国优秀共产党员”等称号，还被评为“100位中华人民共和国成立以来感动中国人物”和“时代领跑者——中华人民共和国成立以来最具影响的劳动模范”等。

资料来源：http://www.ce.cn/xwzx/gnsz/gdxw/201909/29/t20190929_33246192.shtml，有改动。

## 二、争创一流——弘扬超越自我、永不止步的不懈追求

争创一流是一种积极奋发的精神风貌，是一种凝心聚力的目标追求，可以内化为每个人的工作动力源泉。我们要学习劳模，创造一流的工艺、一流的质量、一流的管理、一流的服务，推动我国社会生产力水平实现整体飞跃。

视频

我们的20岁是什么样子的

争创一流就要立高标准。争创一流是事业发展的上游目标、内在动力，是提高工作水平的基本前提和条件。如果工作标准低，一出手就是二流、三流的，工作的质量就得不到提升，遇到的困难就得不到克服，碰到的难题就得不到解决，久而久之就会形成思维上的惰性，以致因循守旧、思想僵化、行动滞后、徘徊不前。争创一流就是在高起点上继续求高，在新起点上继续求新。争创一流从表面上看是行动的飞跃，从根本上讲是思维的飞跃。

争创一流就要追求最优。“取法乎上，仅得其中，取法乎中，仅得其下。”追求最优，需要坚持，成功需要量变到质变的积淀；追求最优，需要创造性思维，保持积极思考的习惯，保持自身思维的独立性与前瞻性；追求最优，需要充满激情，积极主动地工作、学习和生活；追求最优，需要好方法，包括做人的方法、工作的方法和思考的方法。只有把追求最优作为对自己的一种要求，人生才会与众不同，也才能争创一流。

争创一流就要有进取心。进是一种前进的动力，人只有不断地学习、进步，才能不断地提升自己的能力，在工作中顽强拼搏、争创一流；取是指获取，但在获取之前需要有付出，有付出才有收获。进取心就是不满足于现状，坚持不懈地向新的目标追求的心理状态。我们要把“下一个成功”当作自己努力的目标，永远保持一颗进取的心。在迈向成功的道路上，每当实现一个近期目标时，绝不应该骄傲自满，而应该相信最好的永远都在“下一个”，只有把原来的成功归零并作为新的起点，才能不断攀登新的高峰。

案例链接 **与青蒿结缘 用中医药造福世界**

“中医药人撸起袖子加油干，一定能把中医药这一祖先留给我们的宝贵财富继承好、发展好、利用好。”中国中医科学院终身研究员、国家最高科学技术奖获得者、诺贝尔生理学或医学奖获得者屠呦呦的声音铿锵有力。60多年来，她从未停止中医药研究实践，在自己热爱的岗位上发光发热，不满足于现状，积极进取，一往无前，没有停下攀登的脚步。

2015年10月5日，瑞典卡罗琳医学院宣布将诺贝尔生理学或医学奖授予屠呦呦及另外两名科学家，以表彰他们在寄生虫疾病治疗研究方面取得的成就。这是中国医学界迄今为止获得的最高奖项，也是中医药成果获得的最高奖项。屠呦呦说：“青蒿素是人类征服疟疾进程中的一小步，是中国传统医药献给世界的一份礼物。”

20世纪60年代，在氯喹抗疟失效、人类饱受疟疾之害的情况下，在中医研究院（中国中医科学院的前身）中药研究所任实习研究员的屠呦呦于1969年接受了国家疟疾防治研究项目“523”办公室艰巨的抗疟研究任务。屠呦呦担任中药抗疟组组长，从此与中药抗疟结下了不解之缘。

由于当时的科研设备比较陈旧，科研水平也无法达到国际一流水平，一些人认为这个任务难以完成，只有屠呦呦坚定地说：“没有行不行，只有肯不肯坚持。”

通过整理中医药典籍、走访名老中医，她汇集了640余种治疗疟疾的中药秘方。在青蒿提取物实验药效不稳定的情况下，东晋葛洪的《肘后备急方》中对青蒿截疟的记载“青蒿一握，以水二升渍，绞取汁，尽服之”给了屠呦呦新的灵感。

“未来我们要把青蒿素研发做透”是屠呦呦的目标与方向。“屠老师一辈子做科研的奔头儿就是利用科学技术探索中药更好的疗效。”她的学生说。2019年9月17日，她被授予“共和国勋章”。但对于人生进入第89个年头的屠呦呦来说，她更在意的事情是“在这座科学的高峰上，我还能攀登多久？”事实上，从1955年进入中医研究院工作以来，她一直像青蒿一样保持着向上生长的姿态，醉心科研。

在艰苦的科研道路上，面对“暴风雨”时，她常用唐代诗人王之涣的诗“欲穷千里目，更上一层楼”自勉。“她是一个靠洞察力、视野和顽强的信念发现青蒿素的中国女性。”她就像一株挺立的青蒿，顽强、倔强、执着地向高处生长，拥有着克服困难的巨大勇气。她淡泊名利，胸怀祖国，敢于担当，团结协作，传承创新，情系苍生，增强自信，勇攀高峰，是爱岗敬业、争创一流的优秀楷模。

资料来源：中国共产党新闻网，2019年10月5日，有改动。

## 三、艰苦奋斗——造就不畏艰辛、自强不息的革命本色

艰苦奋斗是指为实现伟大的或既定的目标而勇于克服艰难困苦、顽强奋斗、百折不

挠、自强不息、居安思危、戒奢以俭的精神和行动。艰苦奋斗精神的内在核心是不怕困难、自强不息，不屈服于艰难困苦，不懈怠于富足安逸，不满足于已有的成绩，不避讳于自己的差距，始终奋发向上、谦虚谨慎，保持一种不断进取的精神状态。

艰苦奋斗的内涵和表现有两个层面。一是物质层面。物质层面的艰苦奋斗要求人们的消费水平要节制在合理的限度内，这个合理限度的衡量标准要与时代的社会生产力水平相适应。它提倡的是勤俭节约，珍惜劳动创造的物质财富，自觉克服贪图安逸、追求享受的思想。二是精神层面。精神层面的艰苦奋斗是指不畏艰难困苦、锐意进取、坚韧不拔、奋发有为的精神状态和为人民利益乐于奉献的行为品质。这种精神状态与行为品质的本质是一种积极进取、奋发有为的世界观、人生观和价值观。

提倡艰苦奋斗就要在思想意识上树立正确的价值取向和立场观点，增强不怕困难的意识，坚定克服困难的信心，培育在艰苦环境中敢于奋起、有所作为的品格。

提倡艰苦奋斗就要在精神意志上始终保持昂扬的朝气、奋进的锐气和浩然的正气，“咬定青山不放松，任尔东西南北风”，矢志不渝、志存高远、百折不挠。

提倡艰苦奋斗就要在学习和工作中始终勤奋刻苦、努力创新、厉行节约，吃苦在前，享受在后。只有勤劳肯干、勤学苦练，才能提高自己的工作技能，不断实现自我突破。

提倡艰苦奋斗就要在生活态度上保持平和，耐得住清贫、扛得住寂寞、抵得住诱惑、把得住大节，自重、自省、自警、自励，自觉摆脱低级趣味，抵制腐化堕落的生活方式。

**案例链接**

## 耕耘长江的人

一生耕耘长江，把自己的人生融入祖国的水电建设，这种不凡的经历锤炼出一位技术功底扎实、实践经验丰富、人品优良的学者——张超然。

他是中国长江三峡集团公司总工程师、科技委副主任。1999 年，张超然被评为三峡工程优秀建设者，2000 年被评为湖北省劳动模范，2003 年当选为中国工程院院士，2005 年荣获全国“五一”劳动奖章，2010 年荣获“全国劳动模范”称号。

在成都勘测设计院工作期间，张超然经历过水电站工作的种种艰苦。到三峡工地后，工作环境大大改善，但肩上的担子重了。是不是应该享受一下好的条件呢？张超然仍淡泊名利，不计较个人得失。作为业主的总工程师，没有专车，没有总工程师办公室，许多具体工作都得自己做，太辛苦了，但张超然却感到很满足。他总说：“只要能让我干三峡工程，只要技术上不出差错，我比什么都踏实。既然选择了在三峡，就要做出奉献，不讲价钱，不讲荣誉、地位，不计较个人得失，踏踏实实做好工作。”

从 1996 年到 2002 年，张超然坚守工地，在三峡工地过了 6 个春节。无论是周末双休还是正常上班作息，他都坚守在工地，召开技术论证会，审阅技术文件，查阅资料，忙个不停。几十年来，许多媒体的记者要采访他，都被他或老伴拒绝了。除了工作和技术以外，他不愿对任何人讲起个人的得失。

苦与乐，张超然自有体会。从事水电工作以来，张超然20多年没回过温州老家，就连父母病逝，也没有离开水电建设工地。两个女儿结婚，他也没有参加。小女儿在成都，他3年多没跟小女儿见过一次面。他常对女儿说："爸爸是幸运的，爸爸搞了二滩又来干三峡，马上又要搞溪洛渡，人生机遇难得！累点、苦点没什么，心里头是甜的！"他对妻子说："你得帮我。吃穿要你张罗，秘书兼打字员你也得干好！不图别的，为了三峡。"

张超然工作的大部分时间在施工一线，了解施工现场情况，主持有关现场技术问题的会议，坚持自己动手编写或修改技术要点，编写有关技术汇报，经常忙到深夜。他患有脑血管硬化，经常头疼，还患有高血压和十二指肠溃疡。别人问起他的身体，他总是淡然一笑，说："只要精神不垮，有病也不怕，没啥了不起。"在三峡二期混凝土浇筑的3年高峰期间，张超然连续3个春节守在工地，他一刻也放不下对三峡工程的牵挂。

2000年，远在日本的大女儿分娩在即，盼望亲人赴日本照料。当时正赶上中国三峡总公司准备组团去日本考察，总工程师张超然已在名单内。他听说后，坚决拒绝这种照顾，执意为老伴办理了因私出国护照，送老伴去日本照料女儿。在张超然眼里，公就是公，私就是私，没有公私兼顾的道理，表现了一个共产党员的平凡本色。三峡总公司原总经理陆佑楣知道这件事后，深有感触地说："许多人做不到的事，超然同志做到了。"

资料来源：《中国三峡工程报》，2010年6月28日，有改动。

## 四、勇于创新——保持锐意进取、求新求变的精神风貌

创新是一个民族进步的灵魂，是事业发展的不竭动力。一个全民创新的国家会更有力量，一个全员创新的企业会更有生机，一个自我创新的岗位也会更有作为。发展蕴含机遇，创新成就伟业。劳模勇于创新的精神是各行各业创新精神的总结，也是对青年学生的要求，更是值得永远传承的精神财富。

创新是以新思维、新发明和新描述为特征的一种概念化过程，主要有三层含义：更新、创造新的东西、改变。创新是人类特有的认识能力和实践能力，是人类主观能动性的高级表现形式，是推动民族进步和社会发展的不竭动力。一个民族要想走在时代前列，就一刻也不能没有创新思维。

创新就是要敢于突破老规矩，敢于打破旧框框，敢于接受新事物，创造性地建立新机

制、制定新思路。

对于青年学生来说，做到勇于创新，最重要的就是培养创新思维和提升创新能力。其途径主要有以下三条：

（1）充实知识储备，蓄积创新能量。学生创新主要靠知识技术。创新不仅需要专业知识，需要管理、财务、法律、市场、人文等方面的知识，还要求学生具有对这些知识的获取、处理、加工和整合能力。学生可以通过专业课和公共选修课的学习、修读二学位、参加培训和社会实践等方式扩大自己的知识面。

（2）掌握创新技巧，发挥创新潜能。没有好的方法与技巧是很难达到预期目的的。方法与技巧是创新的途径和工具，学生要通过学习与创新实践活动掌握类比、联想、设问、列举、组合、激励等创新创造技法，激发自己的创新潜能。

（3）强化实践锻炼，提升实践能力。科技竞赛是提高学生实践能力的一个重要载体，学生可以通过参加适合自己的科技竞赛来提升自身的实践能力。积极参加各级学生创新创业训练计划项目，通过项目申报、中期检查、结题来体验科学研究的全过程，既是对知识的探究，也是对知识、方法和技能的应用。

案例链接

### 实现交通事故为零的目标

他是高级经济师，是中共党员，自1995年参加工作以来，实现了交通事故为零的安全目标，安全、圆满地完成了公司的各项运输、建设任务……他叫张宏祥，研究生学历，任甘肃稀土股份有限公司汽车队队长。

多年来，他坚持执行党的路线、方针、政策，遵守国家法律、法规，立足岗位，踏踏实实工作并积极开拓创新，以高度的责任感和强烈的事业心，团结和带领全队职工励精图治、艰苦奋斗，一心扑在工作上，使汽车队的各项工作得到了全面发展。

他多次被公司评为“劳动模范”“先进生产者”，被白银市委评为“优秀共产党员”，被省国资委评为“创先争优先进个人”，在一年一度的公司干部综合考核中始终名列前茅。他带领团队多次荣获公司“先进生产单位”“先进党支部”，连续3年获得省、市行政管理部门评定的“AAA”企业等荣誉。他勤政务实的工作作风得到了领导、同事的充分肯定。

工作中，他时时刻刻把为人民服务作为自己的工作准则，作风优良、清正廉洁，爱岗敬业、甘于奉献，为人正直、遵纪守法，有高尚的品德和良好的精神风貌。在遇到“急、难、险、重”的任务时，他更是主动承担，从不推诿，全力服务于公司生产一线。

2017年是公司规划汽车队模拟市场运行独立核算的第一年。在这一年中，张宏祥率先垂范，开拓创新，建立内部生产经营任务指标核算考核体系，层层分解落实指标，严格各项考核，变压力为动力，努力降低成本。2017年，汽车队完成营业收入

1 488.1 万元，实现利润 100 万元，通过参与运输项目市场竞争和物资供运平台为公司节约运输资金 300 万元，创收 136.06 万元。

安全是张宏祥在工作中永远挂在嘴边的词。他以安全为己任，持续强化安全责任意识教育，狠抓安全管理工作上层次。他时刻秉持“管生产必须管安全，管业务必须管安全，干工作时必须想安全”的工作思路，实行全员安全管理，把“走动式”的巡查管理落到实处，腿勤、嘴勤，发现问题及时处理、整改，通过各种有效途径贯彻安全生产方针，层层落实安全责任，实现全年交通事故为零的安全目标。

工作兢兢业业，拥有高度责任感和使命感……这是张宏祥的同事们对他的肯定。一直以来，张宏祥始终能够保持顽强拼搏、自强不息、奋发有为的精神状态。他爱岗敬业，团结协作，在工作中勇于创新，这是领导和同事们都看在眼里的。他用昂扬的斗志和精神风貌带领车队职工出色地完成了公司的各项任务，成了同事们学习的榜样，也赢得了全社会的认同和点赞。

资料来源：白银文明网，2019 年 4 月 25 日，有改动。

## 五、淡泊名利——锤炼廉洁自律、遵规守矩的高尚品格

淡泊名利是中华民族的传统美德，是做人的崇高境界。淡泊名利不是力不能及的无奈，也不是心满意足的自赏，更非碌碌无为的哀叹，而是以超脱世俗、豁达客观的态度看待一切。劳模的业绩与淡泊名利的崇高精神密不可分。许多劳模几年、十几年，甚至几十年如一日，像螺钉一样把自己“拧”在平凡的工作岗位上，默默耕耘、奋斗不息，并且能做到淡泊名利，脚踏实地地实现自己的人生理想和生命价值，成为全社会尊敬的先进人物。

淡泊名利，就要努力做到清白做事、干净做人，办事公正、清正廉洁，一心为公、尽职尽责。树立正确的名利观，以平和之心对“名”，以知足之心对“利”，自觉坚持洁心、洁身、洁行，以廉为荣、以俭立身，耐得住艰苦、守得住清贫、扛得住诱惑，始终具有拒腐防变的能力。

要做到淡泊名利，就要慎初、慎独、慎微。我国自古有“三慎”（慎初、慎独、慎微）的修德美谈。这“三慎”都要求将全部的人格、生活奉献给高尚的道德追求。慎初指谨慎于事情发生之初，在思想上筑牢第一道防线。人生贵善始，如果第一道防线被冲破了，往往会“兵败如山倒”。慎独是指一个人独处时能做到谨慎不苟，即使在别人看不到的情况下，也能洁身自好、问心无愧。慎独是一种情操，一种修养，一种自律，一种坦荡。慎微就是慎小事、慎小节，从小事做起，警钟长鸣，防微杜渐，“勿以恶小而为之，勿以善小而不为”。任何腐败都是从自身思想防线放松开始的，越微小越容易放松，因此对于小事更应谨慎小心。

**话题讨论**

钟南山，中国工程院院士，著名呼吸病学专家，中国抗击非典型肺炎、新型冠状病毒肺炎的领军人物，曾获“中华人民共和国成立以来最具影响的劳动模范”称号。与国家卫健委高级别专家组组长、呼吸疾病国家重点实验室主任……这么多名誉头衔形成鲜明对比的，是他对物质生活的无欲无求。钟南山院士的家或许可用“寒碜”来形容，在一所老旧的小区内，房子仅有80平方米，陈旧的家具，掉漆皮的窗门。他说：“我们家从来不谈钱，只谈学术。”

2020年，袁隆平吃早餐的照片在网络上走红。他与妻子的早餐是一碟鸡蛋煎饼、两节玉米、两个鸡蛋和一碟红枣，主食是稀饭。除了朴素的早餐以外，袁老简单的住处也令人感受到他生活的干净与淳朴。作为中国工程院院士、“杂交水稻之父”，他让全世界五分之一的人吃饱了饭。当他名满天下的时候，他却仍只专注于田畴。

与以上两位形成鲜明对比的是，如今社会上追名逐利的人越来越多，很多人为了一己之利，不惜突破道德底线，损害他人利益。

请结合以上材料，谈谈你对“名利”的看法。

要做到淡泊名利，还要知足、知止、知耻。知足是指在生活需求和名利得失上要知道满足，不做过分的企求。知足必常乐，常怀知足心，常念感恩情，在功利面前才会多一分淡定，在诱惑面前才会多一分坚毅，在得失面前才会多一分从容。知止就是知道如何停止、放下，做事有分寸，坚持自己的目标、原则和立场，知止是一种境界，追求的是适可而止、克制欲望。有欲望是正常的，可怕的是欲望没有止境，如果过分追名逐利，不懂节制，势必付出极大的代价。知耻就是有羞愧、耻辱之心，是个人道德自我意识的一种表现，是谴责自己的行为、动机、道德品质的一种道德约束，只有知耻，才能控制、约束自己，才能自觉规范自己的行为，才能有了过失、错误主动悔改。

“名利淡如水，事业重如山。”在新的历史条件下，我们要积极弘扬淡泊名利的精神，做到计利国家、无私忘我，不争名、不图利、不揽功，甘为人梯，甘做无名英雄，在祖国最需要的地方艰苦奋斗、建功立业，在平凡的岗位上苦干实干、创造实绩，不断提高自我完善、自我革新、自我提高的能力。

**案例链接**

### 不忘初心，谱写人生精彩华章

25年前，他带着科技强国的心愿出国留学、工作，成为国际著名的航空地球物理学家。当得知祖国召唤，他放弃国外的优厚条件，义无反顾地回国填补我国在深部探测关键领域的技术空白。他惜时如金，夜以继日，用无私奉献和勇于担当的实际行动，把对祖国最深沉的爱融入生命的最后一刻。他就是国际知名战略科学家、吉林大学新兴交叉学科学部首任部长黄大年。

“天清江月白，心静海鸥知。”在黄大年身上，我们深刻地感受到一名知识分子、党员对信念的坚守、对名利的淡泊。身为中科院院士评审专家的黄大年自己并不是院士，别人劝他抓紧申报时，得到的回答却是“时间有限，先把事情做好”；他掌握着数以亿计的项目经费，但从来都是公事公办，绝不搞“拉关系”“请托说情”那一套；他平易近人，注重实干，不仅自己以身作则，还耐心教导学生要“耐得住寂寞，坐得住冷板凳”。当得知国家引进海外高层次人才时，黄大年第一时间向母校表示要回国。没有名缰利锁的羁绊，黄大年自由驰骋在科技报国的广阔天地里。带着先进技术，黄大年重点攻关国家急需的“地球深部探测仪器”，这种设备就像一只“透视眼”，能探清深层地下的矿产、海底的隐伏目标，对国土安全具有重大价值。而这样的高端装备，国外长期对华垄断、封锁。

“四时相催不肯迟，脚踏实地不停歇。”在黄大年身上，我们清晰地看到一名知识分子夙夜在公、甘于奉献的崇高精神。贴在办公室里的日程表见证了黄大年的日夜奋战。他出差始终赶当天最晚的午夜航班，这样就不耽误白天工作；同事经常在夜间两三点接到他的信息，得知新的任务。

为了实现祖国在科学技术上的多处弯道超车，回国7年间，黄大年带领由院士、大学校长、研究所所长等400多名高级别研究人员组成的团队协同攻关，惜时如金、夜以继日，在航空地球物理领域取得一系列成就，创造了多项“中国第一”，为我国“巡天”“探地”“潜海”填补了多项技术空白。以他的团队研制出的我国第一台万米科学钻——“地壳一号”为标志，配备自主研制综合地球物理数据分析一体化的软件系统，我国的深部探测能力已经达到国际一流水平，局部处于国际领先地位。国际学界惊叹中国正式进入“深地时代”。

在回国整6年的那一天，黄大年写下的“朋友圈”读起来仍让人感慨：“从海漂到海归一晃18年，得益于国家强大后盾，在各国才子强强碰撞的群雄逐鹿中从未言败，也几乎从未败过！拼搏中聊以自慰的追求其实也简单：青春无悔、中年无怨、到老无憾。”

“人心公则如烛，四方上下，无所不照。”黄大年不计得失做人、坦坦荡荡做事的作风如同一股清流，不仅涤荡出他高尚的情操，更给予我们绵绵不断的精神滋养。他怀着对祖国的满腔热血、对理想信念的坚守和对事业的无限热爱，凭着一股子韧劲、闯劲和拼劲，践行了“竭尽全力、鞠躬尽瘁”的承诺。他的无私胸怀和奉献精神是对党性的诠释，是引领社会风尚不可或缺的正能量。

资料来源：http://www.mchotline.com/gushi/100421.html，有改动。

## 六、甘于奉献——培育敢于担当、乐于付出的行为品质

视频
谁说“90后”不靠谱

奉献精神是指为了维护社会集体利益或他人利益，个人能够自觉地让渡、舍弃自身利益的一种高尚品格。无论时代发生怎样的变化，奉献精神永远是鼓舞和激励人们奋发向上的巨大力量。

**话题讨论**

罗阳曾任歼15舰载机工程总指挥，沈阳飞机工业有限公司董事长、总经理、党委副书记。2012年11月25日，在顺利完成中国首艘航母“辽宁舰”舰载机起降训练后，他因劳累过度而突发急性心肌梗死，于当日12时48分牺牲在工作岗位上，年仅51岁。

为了航母舰载机起降成功的那一刻，罗阳倾注了全部心血。他长年超负荷工作，带领工程技术人员完成了多个重点型号研制，直至生命的最后一息，将航空报国的志向写在蓝天碧海之间。正是因为有像罗阳这样的一代又一代科技工作者，我们才创造了“两弹一星”、神九飞天、蛟龙探海、舰载机腾飞的辉煌。罗阳深刻诠释了什么是“忠于事业，甘于奉献”。

反观当今社会，具有奉献精神的人愈发减少，很多人说：“付出可以，但是必须有回报。回报少了，回报晚了都不行，吃亏的事情可不干。”

请结合以上材料，谈谈你的看法。

奉献的内涵很丰富，包括不怕困难勇挑重担的精神、见义勇为助人为乐的无偿服务、不计报酬不为私利的精神、勤勤恳恳忘我工作的精神。奉献是一种美德，是推动社会发展的基石。正是有人无私奉献，社会的物质财富和精神财富才会不断增加。

甘于奉献首先要有思想动力准备。立志为他人、为国家、为社会做奉献的人们，无论从事什么行业、做什么工作，也无论能力大小、经验多寡，只要树立了正确的世界观、人生观和价值观，坚持全心全意为人民服务，就能甘于奉献、勇于奉献。王进喜说：“宁肯少活20年，拼命也要拿下大油田。”徐虎说：“辛苦我一人，方便千万家。”劳模之所以能做出巨大的奉献，是因为甘于奉献的强烈思想动力准备驱使他们做好本职工作，只要有需要，即使明知是困难和危险，他们也会挺身而出。

**案例链接**

### “90后”，到！

华中师范大学的田恬，其母亲是医务工作者，父亲负责口罩最核心原料聚丙烯的生产。当学校征集志愿教师为医护人员子女做线上辅导时，她第一时间报了名。“我是成年人，可以照顾好自己；但如果是一个孩子，在病毒肆虐下一定很恐慌。所以，

我想去帮助他们。”

“我永远都记得在我给一名学生上了两个星期的课之后，这个腼腆的小男孩突然对我说：‘田老师，我喜欢你给我布置的作业。’那种感觉就像种了很久的花，经过精心呵护，有一天突然开了。我们学校一共有 1 349 名和我一样的志愿者，辅导着 2 848 名孩子，我的故事每天都在他们身上发生着。”

资料来源：https://mp.weixin.qq.com/s/iNu_LA9DJ_Lt8p7Y0tuLgw，有改动。

甘于奉献还需要知识能力准备。知识就是力量。有知识才能做出奉献，或者做出更大的奉献。在新知识不断涌现、新情况层出不穷的今天，自己要想能做出较大的奉献，就必须加强学习，做到终身学习，天天学习，工作学习化，学习工作化，提高知识储备的总量和质量，并善于用理性思考架起学习与应用的桥梁，边学边用，学用结合，使自己的思想水平和知识水平适应时代的需要，并通过主观与客观相互转化，不断提高自身能力。

甘于奉献还需要劳动付出准备。劳动是有目的地改造世界的活动，是人以体力与脑力的支出生产物质与精神的新产品来满足人的需要的活动，因此要做出奉献，就必须付出劳动。奉献就是给，就是付出，就是牺牲。甘于奉献的劳动付出准备，是不求回报、不计报酬，甚至牺牲生命的。

时代发展浩荡向前，精神之火永不熄灭。伟大的时代呼唤伟大的精神，崇高的事业需要榜样的引领。在今后的学习与工作中，我们要学习和弘扬奉献精神，把个人追求与国家发展、社会进步紧密联系在一起，拓展生命的维度，把淡泊名利、甘于奉献转化为自己的信念动力，融入自觉行动中，争做不务空名的行动者和兢兢业业的奉献者。不忘初心，砥砺前行，把自己的梦想融入实现中华民族伟大复兴中国梦的波澜壮阔的奋斗之中，书写无愧于时代的人生精彩画卷。

案例链接

**岛就是家 岛就是国**

江苏省灌云县开山岛民兵哨所所长王继才与妻子以海岛为家，与孤独相伴，在没水没电、植物都难以存活的孤岛上默默守岛卫国 32 年，把青春年华全部献给了祖国的海防事业。

守岛 32 年，这对夫妻的每天都是从升旗仪式开始，然后开始巡岛。巡岛结束后，夫妻俩会一笔一画地写下守岛日记。32 年来，夫妇俩自掏腰包，买了 200 多面国旗，攒下了一麻袋的值班簿。

开山岛位于我国黄海前哨，面积只有两个足球场大。1985 年，部队撤编后，设立民兵哨所，但因条件艰苦，先后上岛的 10 多位民兵都不愿长期值守。1986 年，26 岁的王继才毅然接受了守岛任务。

因为思念丈夫，一个多月后，妻子王仕花辞掉小学教师的工作，上岛和王继才一起守岛。

一盏煤油灯，一个煤炭炉，一台收音机，就是夫妻俩的全部家当，淡水、粮食、蔬菜都要托人从外面买。1987 年，岛上遭遇台风，通航中断，当时怀孕 9 个多月的王仕花在黑暗中生下了儿子王志国。

王志国 3 岁的时候，王帆出生了，岛上多了两口人，吃饭就成了问题。那时候，王继才夫妇每年的工资是 3 700 元，一家人的吃穿用度都得靠这笔钱。

然而再苦再难，王继才两口子也咬牙坚持下来了。32 年间，他们请过往的渔民从陆地上带泥土上岛，在光秃秃的土地上栽下一棵棵树苗。

这些年来，有人觉得王继才傻，也有人劝他们回去，但王继才说，这里是中国的国土，总要有人值守。

2018 年 7 月 27 日，王继才在执勤时突发疾病，抢救无效去世，年仅 58 岁。在王继才走后 10 多天，王仕花向组织递交了继续守岛的申请。

资料来源：央视网，2018 年 8 月 14 日，有改动。

## 温故知新

**1. 劳模精神的理论价值和实践意义是什么？**

**2. 不同年代的劳模精神具有的时代特色有何不同？**

**3. 劳模精神在当代有何价值？**

**4. 当代青年学生应如何践行劳模精神？**

## 励志影院

### 《中国劳模》

《中国劳模》是由中华全国总工会主办，北京广电伟业影视文化中心拍摄制作的百集电视纪录片，第一次全面、客观地记录了各行各业涌现出的劳动模范的工作生活，尽显劳模风采。

此片的拍摄打破了此类纪录片零的纪录，第一次全面、客观地展示中华人民共和国成立以来，特别是改革开放以来，各行各业涌现出的劳动模范的风采。纪录片全面而客观地记录了劳动模范的工作与生活、光荣与梦想，让一个个鲜活的劳模形象展现在观众面前。

《中国劳模》在第二届国际电视纪录片选片会上获得优秀纪录片奖，获得“纪念改革开放三十年中国优秀纪录片银奖”，并已入选全国职工书屋，还被列入国家“十一五”重点音像出版物。

## 推荐阅读

1. 李珂．中国劳模口述史 [M]．北京：社会科学文献出版社，2018.
2. 向德荣．劳模精神职工读本 [M]．北京：中国工人出版社，2016.
3. 李团生．像劳模一样敬业，像工匠一样专业 [M]．北京：中华工商联合出版社，2018.
4. 姚力．生命叙事与时代印记：中华人民共和国 15 位劳动模范口述 [M]．北京：人民出版社，2017.

# 模块三

# 工匠精神

**案例导入**

**案例一**

### 故宫画医

秋晨微凉，早上不到 7 时，单嘉玖挎着包走出旧鼓楼大街小石桥胡同的家，步行去故宫上班。她不疾不徐，不做任何停留，50 分钟走完这段路。

从 1978 年到 2016 年，单嘉玖在这条路上走了 13 000 多个日子，从初入故宫的 20 岁出头走到了即将退休的年纪。

跨过神武门，晨曦中的故宫静谧安然。穿过几重宫墙，单嘉玖走进了科技部的院子。这里与开放区接踵而至、喧嚣不停的游客隔绝开来，静止的文物沉淀着故宫博物院百年来的静寂。

推开书画修复工作室的门，四张红色的长方大案依次排开，修复中的书画摊在案心。墙上挂着大大小小的排笔、毛刷，对着长案的白墙已经泛黄，上面贴满了修复留下来的纸边，已有三四十层厚了。

作为我国顶级的书画修复师，单嘉玖就在这里年复一年地修复我国的珍贵文物。

书画时间久了，难免出现断裂、破碎、糟朽、霉烂、沾损、残失等。故宫古书画修复对象为两大类：一类是以传世文物为主的宫廷收藏，如《伯远帖》《五牛图》《清明上河图》；另一类是宫廷史迹，包括宫殿中的匾额，帝王臣工的书法、绘画。这些古物如果没有修复技术的保护不可能流传到今天。

1954 年，来自全国各地的著名书画装裱大师组建了故宫的第一套书画修复班底。单嘉玖的师傅、曾成功修复《五牛图》的孙承枝便是其中的一员。

1978 年，单嘉玖结束插队，回到北京，正逢故宫招收文物修复人员，她就这样成了新一代的故宫人，做了孙承枝的徒弟。

古人把书画修复形容为“病笃延医”，所谓“医善，则随手而起；医不善，则随剂而毙”，甚至提出“不遇良工，宁存故物”的主张。一幅古代字画的修复过程非常复杂，从清洗去污、揭背补缀、全色接笔，到最后的“上墙”、重新装裱成品等，步步都是学问，一招一式都要看功力。第一天上班，孙承枝就把一沓纸往桌上一搁，上面放把马蹄刀，让单嘉玖把纸上的草棍等刮掉，还得保持纸张的完整和光洁，这一刮就是3个月。练完了刮，再练刷——用鬃刷在旧高丽纸上刷，不能刷破纸，不能刷出褶子，整整3年才出师，才接触文物。

修复书画时，时间仿佛是静止的，又像长了翅膀。38年来，经单嘉玖之手修复的古画有近两百件，每件古画的修复需要复杂的工序和漫长的周期，耗时最长的需要一年，最短的也要3个月。

单嘉玖曾修复一件明代的绢本《双鹤群禽图》，画面上有许多虫蛀破洞。本来面对密集的小洞，可以用整幅绢托在画作后面，就能把所有的洞都补上。但是百年以后托补的这片整绢也会糟朽，就会与古人的画作粘连在一起而无法分离，后人也就再也没办法修复这张画了。为了更长地延续古画生命，单嘉玖选择一个洞一个洞地单个织补。这一补整整4个多月才终于完成。

中国书画的装裱修复技艺已有1700多年历史，基本上靠师徒的代代传承，连修复所用的材料都是特别定制的。配好合适的绢或纸后，清洗、揭背、托心、隐补和全色的过程则全部依靠手工。即使现在的科技已经有最新的成果，也不会贸然地使用在书画修复上。

匠人匠心，正是这些大国工匠的热爱与专注，才给了古文物以价值，才有了历史的千古流传。故宫近年正进行史上最大的古书画文物修复工程，还有上万件古书画文物等着单嘉玖和她的学生们去修补。单嘉玖最大的心愿就是将传统的书画修复技艺完整地传给下一代，将完美的紫禁城文物代代传承下去。

资料来源:http://news.cctv.com/2016/09/06/ARTIiYA3fYFQ1XyB80MQuBEs160906.shtml，有改动。

**案例二**

### 古代工匠精神之体现

李冰是战国时期杰出的水利工程学家，在秦国负责兴建过几个大型的工程，被秦昭襄王任命为蜀郡太守。

李冰到蜀郡后，看到成都平原虽然土地肥沃，却人烟稀少，开垦的土地也不多。他很纳闷，就向当地的百姓询问。一位老人指着贯穿成都平原的岷江告诉他:“就是因为这条害人的河，从我记事起就年年泛滥，不光庄稼颗粒无收，连村庄都要整个被淹没。大人要再晚来几年，恐怕这里的人也要搬完了。”

李冰恍然大悟，他决心征服这条河流，为当地的老百姓谋福。

李冰先对岷江流域进行了全面考察，几次深入高山密林，追踪岷江的源头。他长途跋涉，沿江漂流，直达岷江与长江的汇合处，掌握了关于岷江的第一手材料。他发现岷江发源地一带沿江两岸山高谷深，水源丰沛，水流湍急。而到了灌县，地势一下变得平坦，水无遮拦，往往冲决堤岸，从上游挟带的大量泥沙也容易淤积在这里，使河床渐渐升高。特别是在灌县西南面的一座玉垒山，阻碍了江水东流，每年夏秋洪水季节，水流无处排泄，常造成东旱西涝。他发现，这些都是成都平原水害频发的主要原因。

李冰想，消除水患就必须在平原上广修渠道，一则可以泄洪；二则可以灌溉，发展生产。而要使水能够灌入渠中，就必须凿开玉垒山，使岷江的水能够继续东流。

经过周密策划，李冰决定先从玉垒山开始。他亲自带领并指挥人们在玉垒山凿开了一个20米宽的口子，叫它“宝瓶口”；然后在江心用构筑分水堰的方法把江水分为两支，迫使其中一支流进宝瓶口。堤堰前端开头犹如鱼头，所以取名“鱼嘴”。它迎向岷江上游，把汹涌而来的江水分成东西两股。西股为外江，是岷江的正流；东股为内江，是灌溉渠系的总干渠，渠首就是宝瓶口。他还亲自规划、修建许多大小沟渠并直接引入宝瓶口，组成了一个纵横交错的扇形水网。这是都江堰的主体工程。

后来，为了进一步控制流入宝瓶口的水量，在鱼嘴分水堰的尾部又修建了分洪用的平水槽和“飞沙堰”溢洪道。当内江水位过高时，洪水就经平水槽漫过飞沙堰流入外江，可充分保障灌区免遭水淹。同时，流入外江水流的旋涡作用还有效地冲刷了沉积在宝瓶口前后的泥沙。这些辅助设施使都江堰成为一个宏伟而缜密的系统工程。

李冰为此耗尽了心力，可他还不满足。他还为工程的维护和长久地使用做了考虑，制定了一系列维修和监控办法，有的还被沿用至今。都江堰建成后，成都平原杜绝了水患和旱灾，生产迅速发展起来，并逐渐成为富庶的“天府之国”。

资料来源：职业杂志社、家庭服务杂志社．古今中外工匠精神故事汇 [M].
北京：中国劳动社会保障出版社，2016，有改动。

# 第一节　工匠精神的基本内涵

工匠，从字面来看，就是工人、匠人的意思；词典上的解释就是有技艺专长的人。他们技艺精湛，匠心独具；他们勤劳、敬业、稳重、干练及遵守规矩，一丝不苟；他们不断雕琢自己的产品，不断改善自己的工艺，享受产品在手中升华的过程；他们以工作获得金钱，但不为金钱而工作；他们耐得住寂寞、经得起诱惑，将毕生精力奉献给一门手艺、一项事业、一种信仰；他们执着、坚守、精进，不断追求极致与完美。

2016 年，李克强总理在政府工作报告中提到“提升消费品品质”时，强调“培育精益求精的工匠精神”。这是“工匠精神”这一概念首次出现在中央政府工作报告中，显示“培育工匠精神”的诉求已上升为国家意志和全民共识。党的十九大报告提出：“建设知识型、技能型、创新型劳动者大军，弘扬劳模精神和工匠精神，营造劳动光荣的社会风尚和精益求精的敬业风气。”

视频

匠源探究

从本质上讲，工匠精神是一种职业精神，是职业道德、职业能力和职业品质的体现，是从业者的一种职业价值取向和行为表现。工匠精神的基本内涵包括敬业、协作、精益、专注、创新等方面的内容。

## 一、敬业——职业精神

敬业是从业者基于对职业的敬畏和热爱而产生的一种全身心投入的认认真真、尽职尽责的职业精神状态。中华民族历来有“敬业乐群”“忠于职守”的传统，敬业是中国人的传统美德，也是当今社会主义核心价值观的基本要求之一。早在春秋时期，孔子就主张人在一生中始终要“执事敬”“事思敬”“修己以敬”。其中，“执事敬”是指行事要严肃认真，不怠慢；“事思敬”是指临事要专心致志，不懈怠；“修己以敬”是指加强自身修养，保持恭敬谦逊的态度。

案例链接

### 粮店 46 年顾客零投诉

史庆明在粮食供应系统已经工作了 30 多年，作为一家粮油食品公司的总经理也近 20 年。走进史庆明的办公室，四面墙上挂满了锦旗和荣誉牌匾。这些既是他的荣誉，也是他的责任。它们时刻提醒着他，永远都要坚持为人民服务。

虽然是粮店的一把手，史庆明并没有以领导的身份自居。每天，他和普通员工一样，在营业室忙前忙后，接待顾客，组织搬货，协调秩序，每件事情都亲力亲为。他不仅管店内的事，还管店外的事。冬天，当看到有刚买完粮的顾客站在店外的马路边半天打不着车时，史庆明就组织人或者亲自开车将顾客送回家。

在佳木斯市，粮店免费送货服务是史庆明最先提出的。当时还是计划经济时期，职工们对免费送货上门的规定很不理解，心里有抵触。史庆明就以身作则，亲自一家家地送，有了领导的示范作用，职工们也都慢慢地接受了免费送货服务，最终把免费送货的服务在全店推开。粮店规定，只要顾客购买超过 1 元的商品，店里就给免费送货，但服务推行至今，没有一个顾客真的只买 1 元钱的东西就要求送货的，粮店的真心服务也换来了顾客的理解和信任。

在市场经济中，公司或企业都努力追求利益的最大化，谈到追求利益与优质服务的关系，史庆明认为，这两方面并不矛盾。粮店的顾客大部分是回头客，有些粮店的老顾客已经搬家，但是很多人宁可舍近求远，多走些路，多倒几趟车也要到粮店来买粮。在这些顾客的眼里，粮店俨然已经不再是个普通的粮店，而是消费者心中诚信的象征，他们到这里购物就是图安心和开心。每天，粮店的顾客都络绎不绝，小小的营业室常常挤满了前来选购的消费者。高质量、低价格、好服务就是粮店不断发展的秘诀。

多年来，史庆明年年都能得到国家、省、市颁发的各种荣誉，但是对他来说，任何荣誉都不如顾客的一声“谢谢”、一个发自内心的微笑、一个感激的眼神。在他的示范作用带动下，粮店 46 名职工人人都是优秀营业员或先进工作者，并保持了安全生产无事故、顾客零投诉的纪录 46 年。

资料来源：http://news.cctv.com/2018/04/19/ARTIRKf4xyRyVwkZuafx7jXG180419.shtml，有改动。

## 二、协作——团队精神

所谓协作，是指团队成员的分工合作。与传统工匠不同，新时代工匠尤其是产业工人的生产方式已不再是手工作坊，而是大机器生产，工匠们所承担的工作只是众多工序中的一小部分。如“复兴号”列车，一列车厢就有 3 700 多道工序，这 3 700 多道工序，是不可能由一个人完成的，必须由车间或班组（团队）协作才能完成。团队需要的是“协作共进”，而不是各自为战。因此，协作是现代“工匠精神”的要义。

案例链接

### 好团队是创业成功的一半

雷军表示，小米智能手机成功之道在于有好的创业团队、创新及好口碑。而 MIUI、小米手机和米聊则组成了一个“铁三角”，让小米智能手机与其他竞争对手区分开来。

雷军在“创业小聚年会”上分享了自己的创业经验。在谈到创业成功之道时，雷军表示，在竞争日益激烈的今天，找到好的创业团队就是成功的一半。创业时，他花了半年多的时间，找遍了所有认识的人，才组建了小米科技的核心团队。

资料来源：https://tech.huanqiu.com/article/9CaKrnJwc7L，有改动。

## 三、精益——品质精神

精益就是精益求精，是从业者对每件产品、每道工序都凝神聚力、精益求精、追求极致的职业品质。所谓精益求精，是指已经做得很好了，还要求做得更好，“即使做一颗螺丝钉也要做到最好”。正如老子所说：“天下大事，必作于细”。能基业长青的企业，无不是靠着精益求精获得成功的。

**案例链接**　**用非遗“锦绣”织就巾帼致富路**

付国艳出生在贵州安顺，这里的蜡染被誉为“东方第一染”，安顺也被誉为“蜡染之乡”。付国艳听父亲说起，早年祖父在安顺集镇上开办染坊，在众多的作坊中，帅家、付家、谭家是规模较大的。付家即是付国艳祖上。

1988 年，付国艳辞去令人羡慕的国企营业员的工作，开了一间蜡染小作坊。1990 年，亚运会在北京举办，亚洲劲吹中国风。街头巷尾，越来越多敢秀的贵阳人把民族服饰穿在身上，蜡染蝙蝠衫、扎染连衣裙成为时尚打扮。付国艳看准商机，和朋友合作开设了一家蜡染服装厂。

贵州是名副其实的“非遗”大省，拥有从县级到世界级的“非遗”名录总数超过 6 000 项，涵盖传统工艺、民族歌舞等，如何把这些民粹传承下去？付国艳开始研究民族工艺品的市场化发展。水族马尾绣、苗族刺绣、蜡染等产品大受欢迎。

贵州省有 1 609 万名妇女，其中 36% 是少数民族妇女，大约 60% 生活在农村。多年来，外出务工几乎成为妇女脱贫增收的唯一途径，但随之带来留守儿童和留守老人等社会问题。20 世纪 90 年代，很多村寨不通水，饮水都要靠走几小时的山路肩挑背扛，村民生活贫困落后。

那时，付国艳经常只身到几百千米外的山野田间收购蜡染、刺绣等民族工艺品，用自己缝制的背包背回近百斤民族工艺品。“有时找不到要问路，别人指着一座山头说走两小时就到了，结果走过去才发现四五小时过去了，天都黑了。”付国艳回忆，这让她坚定了用民粹拉动村民脱贫增收的想法。

为了保证产品质量和数量，她一直坚持以 3 倍的订货数目向绣娘们收购产品，对于不合格产品，她宁可剪坏扔掉。“避免绣娘以后不好好绣，可以将她的产品收购，但是你要当着她的面，拿剪刀把它剪坏，把它扔到垃圾里。只有下这个决心，才可以把产品做好。”有一次，为了给客户赶货，付国艳带着团队三天三夜没睡觉，“因为你一睡，她们肯定也要睡，没办法，就带着她们三天三夜不睡觉，做出来交给客户。”

2013 年以来，贵州省妇联牵头推出锦绣计划，把妇女手工与精准扶贫相结合，把传统技艺与现代时尚相融合，女性“指尖经济”如雨后春笋般旺盛生长，先后建成千余个巧手脱贫基地、1 354 家妇女特色手工企业和专业合作社，从事特色手工产业及辅助行业的女性近 50 万人。贵州省妇联整合各成员单位开展锦绣计划培训 6.5 万人次，贵州全省妇女特色手工产业产值达到 60 亿元。

这解决了付国艳的大难题。“妇女在合作社里接受培训，交货时我再去合作社取。绣娘的群体扩大了，品质好了，我也不用再一家一家去收了。”付国艳笑着说。

随着“锦绣计划”的实施与推广，付国艳找到 20 多位“非遗”传承人。她们在安顺、黔东南、黔南等地设立了农村合作社、手工联盟基地，通过对绣娘和手艺人进行培训，产品可以直接提供给黔粹行。

自 1994 年推出的专利技术产品“真丝蜡染”在国际中小企业新产品、新技术博览会上获得金奖后，2010 年，付国艳为上海世博会的贵州馆提供了 90% 的展品，包括苗族银饰、水族马尾绣工艺品等。2016 年，她带着贵州民族工艺品亮相第十二届中国深圳文化博览会。在 2018 年东盟“一带一路”沿线国家旅游文化交流周上，来自柬埔寨、马来西亚、缅甸等东盟国家的代表团成员被她带来的马尾绣手包精致的刺绣图案深深吸引。

付国艳团队已经取得了贵州民族手工艺 15 项专利，但她仍然怀揣着对传统工艺不变的坚持和敬畏，“会创造更多更好的民艺产品，继续带动更多的贫困妇女居家就业增收，让民族工艺的璀璨明珠在更多人手中传承下去”。

资料来源：http://news.cctv.com/2019/09/02/ARTIqzUAxYHVPlnJ2uZPGC1j190902.shtml，有改动。

## 四、专注——坚持精神

专注就是内心笃定而着眼于细节的耐心、执着、坚持的精神，这是一切“大国工匠”所必须具备的精神特质。从中外实践经验来看，工匠精神都意味着一种执着精神，即一种几十年如一日的坚持与韧性。所谓“术业有专攻”，一旦选定行业，就应该一门心思扎根下去，心无旁骛，在一个细分产品上不断积累优势，在各自领域成为“领头羊”。其实，在中国早就有“艺痴者技必良”的说法，古代不乏有其一生只专注于做一件事或几件内容相近的工匠，《庄子》中记载的游刃有余的庖丁、《核舟记》中记载的奇巧人王叔远等。

案例链接

### “工人发明家”徐仲维

新年伊始，徐仲维收到了一项人生的最高奖励——全国第十三届高技能人才获奖证书。

被称为“工人发明家”的徐仲维，是湘电集团特电事业部某国家重点科研项目高级技师，没有高学历，没有官衔。

然而谁都没想到，这些年来，他竟获得了8项国家专利，其发明的一种外径千分尺检定校正装置获得了全国第十九届发明展铜奖。

“穿新鞋走老路，不会有突破，我觉得穿新鞋就要走新路。”徐仲维对解决技术方面的问题从不墨守成规，总是打破常规找思路。

几年前，湘电集团承担了一项国防科技重大技术攻关项目，徐仲维担任安装调试、装配工艺技术工作。该项目的技术处于国际科技前沿，无任何经验借鉴，徐仲维四处查找资料、想办法，折腾了很长一段时间，却无收获。

十分苦闷的他一连几天日夜围绕车间的操作台转来转去，在想到自己常年处理装配技术解决的诸多实际问题时眼前突然一亮，用分段的方式说不定就能解决这一重大项目的技术难题。顺着这个思路，他奋战了10多个昼夜，通过制订实施方案、调整操作规程、改变加工手段等，终于成功利用分段轨道精确定位的整套程序攻克了这一难题。

“失败与成功，往往一步之遥，坚持就能看到曙光。”徐仲维记得某个国家重点科研项目中有一项技术是高能电机定子线圈的绕制工艺。该工艺要求在同一个定子铁心上绕制多相多级线圈，不能拼头、缠绕，尺寸也要求极高。一时间，分管技术的高层领导都觉得非常棘手，甚至有放弃的想法。其实，徐仲维的压力比任何人都大，可他总觉得有办法扫除“拦路虎”。他与自己的团队制订攻关方案，一个不行再来一个，各种方案加起来就有10多个。正是徐仲维这种永不言弃的坚持，使他们最终设计制造出两台大型全自动绕线整形机。徐仲维发明的该项技术达世界前沿水平，获得4项国家专利。

“大家的脑子转，会比一个人效果更好。”在平凡的工作中，徐仲维搞发明，善于发现和利用工友们的集体智慧。

有一次，他们承担200米导轨装配测量项目时，由于测量精度的准确性要求非常高，且国内外均无先例，技术攻关陷入困境，工友中有人提出可考虑从平面测量入手，再做深入研究的建议。

徐仲维听了工友的建议，茅塞顿开，他根据这种设想很快摸索和总结出一套完整的双轴平面测量法，运用高精设备满足了测量精度要求，最大限度地控制了测量中的误差。他还根据项目要求设计出了实用、可靠的检具、量具，有效保证了测量的准确性，得到相关专家的好评。

公司在装配测量技术上接到大项目时，首先想到的是徐仲维。然而，徐仲维每次都没有忘记传帮带的责任和义务。

2011年9月，公司和武汉新能源接入装备与技术研究院签订了一项电机总装和调试的业务。徐仲维接到这项任务后，首先想到的是利用这次外派的机会打造技术骨干队伍，他带领30余名技术人员赴武汉进行为期3个月的电机总装。

在项目实施过程中，徐仲维除了带头奋战在一线外，几乎把全部精力放在传授技术上，将自己的本领毫无保留地传授给同事。在实践操作中，徐仲维经常会结合每个技术要点提出一些关键性的技术问题，让大家集中智慧、开动脑筋思考问题。通过这次现场锤炼，参与外派的30余人中将近一半成了行业的技术骨干。

资料来源：《湖南日报》，2017年1月20日，有改动。

## 五、创新——革新精神

工匠精神强调执着、坚持、专注，甚至是陶醉、痴迷，但绝不等同于因循守旧、拘泥一格，它包括追求突破、追求革新的创新内蕴。这意味着，工匠必须把“匠心”融入生产的每个环节，既要对职业有敬畏、对质量够精准，又要富有追求突破、追求革新的创新活力。事实上，古往今来，热衷于创新和发明的工匠一直是世界科技进步的重要推动力量。在中华人民共和国成立初期，我国涌现出一大批优秀的工匠，如倪志福、郝建秀等，他们为社会主义建设事业做出了突出贡献。改革开放以来，“汉字激光照排系统之父”王选、比亚迪股份有限公司董事局主席王传福、从事高铁研制生产的铁路工人和从事特高压、智能电网研究运行的电力工人等都是工匠精神的优秀传承者，他们让中国创新重新影响了世界。

案例链接

### 蓝领科学家

坐落在上海市浦东新区浦电路370号的宝钢股份有限公司（以下简称“宝钢”）是中国现代化程度最高、最具竞争力的钢铁联合企业，成立38年来为国家经济与社会发展做出了巨大贡献。

19岁怀揣八级钳工梦的王军刚从上海宝钢工业技术学校毕业就被分配到宝钢，在2050热轧精整线做剪刃组装工。在旁人看来，这种辅助岗位劳动强度大、技术含量低，很难熬出头。但王军认为，即使没机会成为八级钳工，也要做最优秀的剪刃组装工。

正是这种朴素的职业追求、积极的职业心态，促使王军日后在原本不起眼的岗位上成长为一位工匠大师。

“像科学家那样去工作”是王军的座右铭，也是他给自己定下的人生信条。王军强调，一名技术工人不仅要懂技术，还要懂理论，要像科学家一样去思考，去工作，去创新。

王军认为，与科学家相比，一线技术工人更具有得天独厚的实验条件。“创新是技术单元的巧妙结合，工厂里有现成的装备、现成的实验室，而且工厂是全厂员工一起努力探索，十分了解这些机器的特性和‘脾气’，一旦做成功立刻就能产生真金白银的效果。”

“蓝领科学家”，这是宝钢同事对王军的评价。王军获得的诸多创新奖项证明同事对他的评价是中肯的。例如，王军获2007年度国家科技进步二等奖、2013年上海市科技进步二等奖，享受国务院政府特殊津贴，荣获第七届全国技术能手和全国劳动模范等荣誉，在国内外发明展上获奖35项（其中金奖18项），近5年创直接经济效益6亿元。

在王军眼中，创新从来不是社会精英、科学家的“份内事”，创新同样可以成为一线工人的“专利”。正是凭着这样的信念，在宝钢近30年的时间里，王军先后申请国家专利208项（已受理186项，其中已授权155项）、申请PCT国际专利12项（已受理12项，其中已授权8项）、获宝钢技术秘密认定42项、获国家软件著作权登记2项，在安全、环保、节能等方面的诸多创新成果替代进口并达到国际先进水平。正如王军所言：“从我身上可以看到，再普通的岗位都能创新。‘中国制造’要转变为‘中国创造’，就要依靠大家不断创新。”

作为一名钢铁工人，王军的愿望是在世界冶金钢铁发展史上留下中国人的印记，宝钢成为全球最具竞争力的钢铁企业，王军所在的热轧厂将成为现代化热连轧技术引领者。对年满50岁的王军来说，未来还要在创新的道路上继续做下去。他透露，未来还将完成一项重要突破，这项突破不一定是全新的技术，但肯定会在此前创新基础上实现更好的发展。

资料来源：中国经济网，2016年7月25日，有改动。

## 第二节　工匠精神的当代价值

当前，我国正处在从工业大国向工业强国迈进的关键时期，培育和弘扬严谨认真、精益求精、追求完美的工匠精神，对于建设制造强国具有重要意义。工匠精神的内涵已经不只包含工匠这个职业本身所具备的价值取向，更是作为在社会工作中的任何人的行为追求。在“中国制造”向“中国创造”转变的背景下，当今工匠有新的历史使命和重要责任，工匠精神也被赋予了更多的意义。

**话题讨论**

暨南大学教师张世君教学以来一直精心制作PPT，这份精心源于她在研究建筑时体会到的工匠精神。“要培养大学生的独立精神和创新思维，首先自己得有工匠精神，多走多看，广收材料，精益求精。”针对青年教师在缺乏资源时如何丰富课堂教学的问题，她认为生活中处处有素材，应将生活所悟用到课堂的教学素材中，“大学教师要有好教师的职业信念和工匠精神，站好讲台，搞好教学。”

上述案例中的教师秉承着自己对工匠精神的理解开展教学工作。试结合自己父母、亲朋好友的职业，谈谈不同职业的工匠精神表现是什么样的。

## 一、工匠精神是衡量社会文明进步的重要尺度

实现中华民族伟大复兴的中国梦，物质财富要极大丰富，精神财富也要极大丰富，只有物质文明建设和精神文明建设都搞好，国家物质力量和精神力量都增强，全国各族人民的物质生活和精神生活都改善，中国特色社会主义事业才能顺利向前推进。也就是说，物质文明与精神文明是推动社会文明进步的“两个轮子”，是实现中华民族伟大复兴中国梦的“一双翅膀”，二者缺一不可。事实上，工匠精神的发育程度与社会的物质文明、精神文明的进步程度都直接相关。从精神文明的角度来看，工匠精神作为一种职业精神，在本质上是同社会主义核心价值观，特别是同其中的敬业、诚信要求高度契合的。从物质文明的角度来看，工匠精神在物质文明的创造过程中可以发挥强大的精神动力及智力支持的作用。

## 二、工匠精神是中国制造业前行的精神源泉

制造业是国民经济的主体，是立国之本、兴国之器、强国之基。中华人民共和国成立尤其是改革开放以来，我国的制造业持续快速发展，我们建成了门类齐全、独立完整的产业体系，有力推动了工业化和现代化进程，显著增强了综合国力，支撑世界大国地位。然而，与世界先进水平相比，中国制造业仍然大而不强，在自主创新能力、资源利用效率、产业结构水平、信息化程度、质量效益等方面“差距明显”，转型升级和跨越发展的任务紧迫而艰巨。

为实现中国从全球制造大国到制造强国的跨越，2015 年 5 月 8 日，国务院正式印发《中国制造 2025》，提出了中国政府实施制造强国战略第一个十年的行动纲领。中国要迎头赶上世界制造强国，成功实现《中国制造 2025》战略目标，就必须在全社会大力弘扬以工匠精神为核心的职业精神。只有当敬业、协作、精益、专注、创新的工匠精神融入生产、设计、经营的每个环节，实现由“重量”到“重质”的突围，中国制造才能赢得

未来。

在中国从制造大国迈向制造强国的进程中，工匠精神被赋予了新的时代内涵。它不是工匠大师特有的殊荣，每个坚守工作岗位、兢兢业业工作的劳动者都是对工匠精神的生动诠释。

案例链接

## 让中国智能机床冲击世界一流

盖立亚，沈阳机床集团优尼斯智能装备有限公司教授级高级工程师，在机床行业工作20多年，先后主持和参与4项国家重大专项项目，取得主导实用新型专利22项、发明专利3项，成为“代表中国一流，冲击世界一流”的业界重要领军者。

1999年，盖立亚大学毕业入职沈阳机床集团公司机床研究所。这一年，公司正好从生产制造普通机床向数控机床转型。盖立亚跟着一位资深工程师研发CKS6132数控机床设计。2000年，这位工程师生病住院，重新安排人可能赶不上交货时间。时任沈阳机床研究所所长王瑛问盖立亚：“你敢干不？”盖立亚没有细想，就答应了。

时隔多年，她再次谈起这件事，自己都禁不住笑起来：“大学毕业才一年，就敢接公司第一次搞的科研项目，你说我是不是有点儿‘虎’？”

当时，研究所能够用于产品设计的计算机只有五六台，像她这样刚来的年轻人白天几乎没机会使用，她就等别人下班了再用，忙到通宵是经常的事。

设计出来了，机床也组装起来了，可一试车毛病一大堆：主轴振动、刀架不锁紧、防护漏水……装配工人毫不客气地叫来盖立亚：“你赶紧过来看看！”

从机床漏出的水淌了满地，盖立亚二话不说就钻到车床下找漏水点。漏水点找到了，她重新设计了防护装置，把问题解决了。紧接着又解决主轴振动、刀架不锁紧等问题。

2000年8月，公司按时交货。这是机床公司第一台高端数控车床，开创了国产数控机床商品化之路。

“大学书本中的经典车床再也不是市场的主流，所以必须要创新。”盖立亚力主创新，瞄准新观念、新方法，创造新成果。久而久之，同事都称她是全机能产品的“小鼻祖”。随着技术和经验的不断积累，她逐渐有了与专家“掰手腕”的信心与实力。

在沈阳机床集团，只要客户有需求，盖立亚随时随地都会组织讨论会帮助客户解决问题。有一次，一家世界五百强企业因为对机床指标要求太苛刻，所以没有供货商愿意供货，而盖立亚毫不犹豫地接下了这个订单。

这一年，33岁的盖立亚怀孕了，妊娠反应特别强烈。她考虑到这份合同不仅能给公司带来可观的经济效益，而且可以实现设计技术的一大突破，深知必须坚持下

新时代劳动教育实验教材

# 劳动实践指导手册

主　编　周万才　周丽妲　王潇伟
副主编　张　静　李贵河　王永刚　李亚玲

# 目录

CONTENTS

# 实践主题一 校园保洁

## 实践活动一 美丽教学楼，全员大清扫

| | |
|---|---|
| 教学目标 | 1. 宣传人文校园活动理念，为全校师生提供一个干净整洁、温馨美好的教学和学习环境。<br>2. 激发学生自觉维护教学楼卫生的热情，培养学生公共卫生意识，承担共同建设、保护美丽教学楼的责任。<br>3. 在清扫活动中，体验劳动的光荣，提高学生的团结精神和奉献精神，增强学生服务同学、服务校园的意识 |
| 基础知识 | 1. 教学楼是学生日常学习的主要场所，教学楼内环境的整洁性、舒适性对学生的身心健康及学习效率有很大的影响，创建整洁优美的教学环境是每个学生应尽的义务。<br>2. 教学楼的卫生打扫主要包括教室内卫生和教室外卫生的打扫，学生的卫生打扫活动主要指教室外公共区域的卫生打扫。<br>3. 教室外卫生区的清洁要做到“三净”“四无”，“三净”即楼梯楼道拖得净，扫得净，楼区内的门窗、玻璃、墙裙、楼梯扶手及摆挂物件等擦得净；“四无”指无垃圾物（纸屑、果皮、烟头、食物及食品包装等）、无砖石块、无树叶等落物、无坑洼死角 |
| 工具使用 | 扫帚、垃圾袋、簸箕、垃圾桶、抹布、拖把、黑板擦等 |
| 参加人员 | 全体学生 |
| 活动设计 | **（一）准备阶段**<br>1. 线上宣传。利用微信公众号、线上通知等进行宣传，全面部署、广泛动员，充分调动在校学生的积极性。<br>2. 海报宣传。设计主题宣传海报，并张贴于教学楼、宿舍楼等处，呼吁在校学生积极参加卫生打扫活动。 |

续表

| | |
|---|---|
| 活动设计 | 3. 线下宣传。召开相关主题班会，在餐厅门口张贴条幅进行宣传。<br>**（二）启动阶段**<br>1. 由学生自行组队并选出队长，在规定时间内上交报名表，队伍人数为5~7人。<br>2. 由相关部门统计报名人数，并划分相关队伍负责区域及选择工作人员。将结果进行公示，公示期为1天，无异议后开始活动。<br>注：每支队伍的负责区域应根据人数及负责地点做到相对公正划分；工作人员指学校环卫工人，需公正且每支队伍配备1人，并与队伍内的其他人员无相识现象。<br>**（三）实施阶段**<br>1. 队伍内部自行选择活动时间，在早上第一节课前、午休、晚饭时间或晚自习下课后进行活动，每天至少打扫卫生两次且需工作人员陪同。<br>2. 若活动期间有人请假，则需向工作人员说明并做好记录。<br>3. 每次活动后，由工作人员进行打分（1~10分）并记录扣分原因。<br>**（四）总结阶段**<br>1. 小组内成员每人写一份工作记录及劳动体会。<br>2. 工作人员将本次活动请假记录及打分记录向组内成员进行公示并使双方达成一致意见，若过程中存在无法协调问题，则请求活动主办方相关人员进行公证。<br>3. 各学院组织队长为该学院的小组进行活动展示，通过PPT答辩进行相互学习，达到共同促进的目的 |
| 安全保护 | 1. 人身安全保护。应保证劳动过程中禁止团队成员用器具打闹，以免误伤自己及他人；在进行擦窗户等危险劳动时应有人员陪同并注息自身安全。<br>2. 器具安全保护。如果有人故意损坏器具，应照价赔偿并取消优秀个人评选资格；若器具因老旧等其他原因而损坏，应及时报备更换 |
| 考核评价 | 1. 优秀个人评选。活动中无不良记录的人员可参加优秀个人评选，优秀个人由组内成员投票并根据工作人员活动期间的相关记录选出。<br>2. 优秀团队评选。在院内PPT答辩时进行小组间投票，并结合相关工作人员记录的工作时长及打分选出优秀团队（优秀团队个数 = $\frac{\text{应选团队个数}}{\text{参赛团队个数}}$ × 该学院团队个数 × 2）。所有院优秀团队进行PPT活动展示，由所有团队及教师进行投票，选出最终的优秀团队并进行公示，1天后无异议，即为本次活动优秀团队 |

# 实践活动二 整洁食堂，你我参与

<table>
<tr><td>教学目标</td><td>1. 使学生了解食堂清洁的要求，掌握食堂清洁的基本技能，获取食堂相关安全知识。<br>2. 通过在食堂进行清洁活动，体会劳动的不容易，引导学生今后自觉维护食堂的环境卫生，养成良好的卫生习惯。<br>3. 让学生亲身体验劳动，使其提高劳动技能，感受劳动光荣，引导其自觉参与社会劳动，培养其劳动观念。<br>4. 在劳动过程中，对学生就餐过程中的浪费现象进行记录和反思，增强学生的节约意识，养成学生勤俭节约的好习惯</td></tr>
<tr><td>基础知识</td><td>1. 食堂是学生就餐的主要场所，也是学生交往、活动、娱乐的地方。良好的食堂卫生环境是保证广大师生饮食安全的根本保障，也是学生日常生活的必要条件。<br>2. 食堂卫生的清洁主要包括环境、用具、服务桌、备餐室及餐厅所负责的公共区域的卫生清洁。<br>3. 学生的食堂清洁活动主要是食堂环境卫生的清洁，包括食堂的地面、桌面、墙壁、天花板等</td></tr>
<tr><td>工具使用</td><td>（一）基本工具<br>垃圾袋、洗洁精、刷碗布、扫帚、簸箕、抹布、拖把、垃圾桶等。<br>（二）工具管理<br>1. 每位劳动参与者应每日填写“工具领取表”，由工具统计员进行工具发放，每日劳动活动结束后登记归还。<br>2. 严禁劳动参与者故意破坏劳动工具。<br>3. 无特殊情况，劳动参与者不得将劳动工具带出劳动场所或丢弃劳动工具。<br>4. 在劳动过程中，若发现劳动工具出现老化损坏、缺失等异常情况，应及时向工具相关负责人进行反映</td></tr>
<tr><td>参加人员</td><td>全体学生</td></tr>
<tr><td>活动设计</td><td>（一）前期安排<br>本次活动的主题为食堂清洁活动，广大学生进行线上报名，填写个人信息表格，经核实后可正式成为食堂清洁活动志愿者。志愿者在活动过程中应签署保证书，认真遵循学校的各项计划，听从相关负责人的安排。</td></tr>
</table>

续表

| | |
|---|---|
| 活动设计 | 本次食堂清洁活动主办方应按照志愿者的课表进行排班。活动主办方应制定各项任务的专门负责人，将负责人的任务细则化，使每个活动志愿者在遇到问题时能够及时、准确地找到相关负责人进行解决；在活动各项任务方案都得到完善之后召开全体会议，向每位志愿者讲解此次活动的主题和目的，使他们能够充分学习这次劳动活动的主旨；将各项安全措施进行详细讲解，使每位志愿者重视自己在志愿活动中的人身安全。<br>**（二）活动实施**<br>每位志愿者根据自己的值班表进行劳动活动，活动为期一个月。其间，每位志愿者根据课表前往餐厅进行卫生清洁，时间为学生就餐前半小时，卫生标准根据活动前制定的卫生劳动准则进行衡量，活动中采取拍照片或录视频的方式，将每日的值日情况进行记录，并提交给相关负责人进行准则的衡量 |
| 安全保护 | 相关部门应规定食堂清洁活动中各个项目的操作程序和安全流程，并制定必要的安全检查制度与措施。<br>1. 在活动进行前，相关部门应组织活动志愿者进行食堂内部运转参观，使活动志愿者充分了解食堂清洁的相关步骤、卫生标准及安全隐患排查措施。<br>2. 相关部门应制定合理的劳动时间规划和安排，避免某些志愿者劳动时间过密而导致过分疲劳，在劳动过程中应切实对志愿者进行安全教育，要求其树立劳动安全意识和自我保护意识。<br>3. 成立安全联络小组，对劳动志愿者的个人信息进行明确核实，每日进行安全信息汇总 |
| 考核评价 | 考核评价严格按照公平公正原则。确定食堂劳动考核小组，人员组成应包括学校领导、食堂工作人员、学生会成员等。考核采取累积分数法，前期设置积分系统，在每日活动结束后，符合各项标准的志愿者由考核小组给予基本分，对每日累计分数排名进行更新，督促每位志愿者的工作；每期活动结束后，进行表彰活动，颁发相应奖项，并安排劳动突出志愿者进行劳动心得感受发言等。每位志愿者除故意违反劳动纪律等情况外，均可获得劳动证书及实践证明 |

# 实践活动三 温馨宿舍，定时大扫除

<table>
<tr><td>教学目标</td><td>1. 宣传“宿舍为家”的理念，让全校学生拥有一个干净整洁、温馨舒适的休息环境。<br>2. 督促学生养成自觉维护、打扫宿舍卫生的习惯，树立宿舍主人翁意识。<br>3. 培养学生树立合作、团结意识</td></tr>
<tr><td>基础知识</td><td>1. 宿舍楼是学生的休息场所，是集体生活场所。维持良好的宿舍内务卫生，有利于将文明创建与养成教育、学风建设相结合，既督促学生营造舒适整洁的学习生活环境，也帮助学生养成良好的生活作息习惯，强化劳动观念。<br>2. 宿舍卫生包括宿舍内卫生和宿舍外卫生，本次活动主要指宿舍内卫生。<br>3. 宿舍内卫生主要包括整体布置、墙面、床面、桌面、地面等</td></tr>
<tr><td>工具使用</td><td>扫帚、垃圾袋、簸箕、垃圾桶、抹布、拖把、消毒液等</td></tr>
<tr><td>参加人员</td><td>全体学生</td></tr>
<tr><td>活动设计</td><td>（一）前期准备<br>1. 修改并完善宿舍卫生标准方案，确定卫生清洁日期。<br>2. 下发通知，召开舍长会议，布置卫生打扫事宜，对卫生检查标准进行详细讲解。<br>3. 舍长为舍员分配宿舍打扫任务。<br>4. 准备相关清洁工具。<br>（二）活动实施<br>1. 由舍长带领宿舍成员领取清洁工具，按照宿舍卫生标准方案打扫宿舍及宿舍楼公共区域。<br>2. 舍长及宿舍成员共同检查宿舍是否存在安全隐患问题。<br>3. 卫生打扫结束后，由各舍长带领指导教师、宿舍管理员、学生会成员代表进行审核检查。<br>（三）活动总结<br>1. 每个宿舍完成一份打扫记录及劳动体会。<br>2. 由指导教师或宿舍管理员召开舍长会议进行整体总结，呼吁全体同学保持干净整洁、美好温馨的宿舍环境</td></tr>
</table>

续表

| | |
|---|---|
| 安全保护 | 保证活动过程中从事整理上铺、擦玻璃等危险活动的人的人身安全；注意电器设备，要求打扫卫生前全部断电 |
| 考核评价 | 考核评价要公平公正，提前确定宿舍卫生考核小组，人员组成应包括学院领导、宿舍管理员、学生会成员、普通学生等，对床铺、书桌、地面、卫生间、阳台等进行检查打分、统计数据，取总成绩的平均值，分数最高的宿舍可以获“优秀宿舍”荣誉称号，相应人员可获得“劳动优等”评价 |

# 实践主题二　志 愿 服 务

视频
国际志愿者日

## 实践活动一　走进养老院，践行劳动精神

| | |
|---|---|
| 教学目标 | 1. 在劳动活动中，学会互帮互助，团结合作，共同进步。<br>2. 锻炼学生参与劳动活动的能力，培养学生的合作探究能力和与人交往沟通的能力。<br>3. 培养学生的社会责任感和团队精神，增强学生服务他人、服务社会的意识。<br>4. 切实体味劳动，践行劳动精神。<br>5. 宣传弘扬劳模精神 |
| 基础知识 | 1. 养老院是为老人提供养老服务的组织，又称敬老院。养老院的收养对象主要是五保老人，有条件的养老院还接收享受退休金的自费老人。<br>2. 近年来，随着老龄化社会趋势的日益加剧，选择入住养老院的老人逐年增多，他们渴望得到更周到的生活照料和更细致的心理关怀。<br>3. 百善孝为先。尊老、敬老、爱老是中华民族的传统美德，学生走进养老院进行服务劳动，有利于培养当代学生的社会公德意识，弘扬中华民族敬老爱老的优良传统 |
| 工具使用 | 计算机、投影仪、扫帚、拖把、抹布、晾衣架、相关运动器材 |
| 参加人员 | 全体学生 |
| 活动设计 | **（一）准备阶段**<br>1. 宣传发动。举行一次以“走进养老院，践行劳动精神”为主题的动员课，让学生了解此次实践活动的目的、内容及意义。<br>2. 组织多种形式的宣传活动，充分调动学生参与活动的积极性。 |

续表

<table>
<tr><td>活动设计</td><td>（二）启动阶段<br>1. 成立各劳动实践小组，各小组讨论活动方案，准备相关知识，以及确定活动时间、活动地点、成员分工等内容。<br>2. 预设活动结果，激发各小组成员参与活动的主动性与积极性。<br>（三）实施阶段<br>该活动包括以下三个环节。<br>1. 防骗知识宣讲。针对老人容易上当受骗现象进行防骗知识宣讲，提醒老人识别最常见的电信诈骗、邮包诈骗、冒充燃气公司等工作人员诈骗、冒用亲友身份诈骗等多种犯罪手段，提高老年人警惕性，谨防受骗。<br>2. 开展老人运动会。选择娱乐性较强、危险性较低的项目，如足球射门、沙包掷准、钓瓶、推铁环、打保龄球和夹球等项目，进行比赛，倡导健康生活方式，丰富老人精神文化生活。<br>3. 帮老人打扫卫生。在活动结束前，帮助老人打扫室内卫生。<br>（四）总结阶段<br>1. 各小组汇总各个组员在活动期间记录的实践日记、拍摄的照片等。<br>2. 写出此次实践活动的体会和总结。<br>3. 回忆实践过程，反思不足之处，以便在今后的实践活动中加以改进。<br>4. 设计“实践归来话成就”的主题活动课，各实践小组将自己的实践过程通过 PPT 展示出来，向同学们展示实践风采、实践成果，总结实践经验，为下一次实践活动的开展做好动员准备</td></tr>
<tr><td>安全保护</td><td>（一）乘车安全<br>1. 遇汽车抛锚等意外事故需要及时和学校领导取得联系，并汇报相关情况。<br>2. 在乘车过程中严禁将头、手等伸出窗外。<br>3. 晕车学生提前准备好防晕车药品，储备充足的饮用水，及时补充水分。<br>4. 乘正规公交车、出租车，以免发生事故。<br>（二）人身安全<br>出行前安排负责人，要求落实到位，做到行动一致，防止掉队或离队</td></tr>
<tr><td>考核评价</td><td>1. 组内评价。各小组在组内对此次活动进行自我评价、成员间互相评价，各组评选出实践活动中表现最优秀的同学。<br>2. 实践地评价。制定评价表并交给实践地的工作人员，让他们对各小组的此次实践活动进行评价。对于各小组的评价设置等级，评价等级高的小组可参与优秀实践团队评选。</td></tr>
</table>

续表

| | |
|---|---|
| 考核评价 | 3. 学校评价。将实践报告汇总后上交给学校领导，学校领导从实践报告中选出优秀实践报告进行评价。<br>4. 综合评价。综合组内评价、实践地评价和学校评价，选出优秀个人和优秀团体进行表彰 |

## 实践活动二 参与社区服务，感受劳动精神

| | |
|---|---|
| 教学目标 | 1. 走入社区，增进对社会的了解与认识，理解个体与社会的关系。<br>2. 关心社会现实，主动探究社会问题，积极参与力所能及的社区服务活动，服务社会，发展社会实践能力。<br>3. 了解与认识社区服务及其相关流程，端正劳动态度，形成良好的劳动习惯。<br>4. 遵守社会行为规范，养成社会交往能力，关心他人，关心社会，树立服务社会的意识和对社会负责的态度。<br>5. 开展问题探究，体验探究过程，对在劳动中发现的社会问题和自我问题进行深度探究，养成主动探究的习惯，形成问题意识，发展探究能力和创新精神 |
| 基础知识 | 1. 社区服务是指政府、社区居委会及数字社区等其他各方面力量直接为社区成员提供的公共服务和其他物质、文化、生活等方面的服务。<br>2. 社区服务主要包括面向群众的便民利民服务，面向特殊群体的社会救助、社会福利和优抚保障服务，面向下岗失业人员的再就业服务和社会保障服务。<br>3. 社区服务的内容极其丰富，充分利用社区服务的广阔平台是学生实践与锻炼的一个天然的最佳途径 |
| 工具使用 | 扫帚、拖把、抹布、垃圾袋、笔、笔记本、小型麦克风 |
| 参加人员 | 全体学生 |
| 活动设计 | **（一）前期宣传**<br>组织发动以“参与社区服务，感受劳动精神”为主题的活动课，让学生了解此次活动的目的、内容及意义，让学生更好地融入社区、了解社区、服务社区，增进对社会的了解，把握个体与社会的关系，使自己将来更容易融入社会。 |

续表

<table>
<tr><td>活动设计</td><td>（二）成立小组<br>在活动前成立各个小组，确立各小组组长。各小组根据此次活动的目的及时讨论并研究出具体的行动方案，明确各个成员的任务，做到行动明确、迅速，展现当代学生的精气神。<br>（三）具体活动形式<br>1. 小区访谈。该活动由一组成员全权负责，针对社区各个阶层、各个年龄段人员做抽样调查，询问不同阶层人员最迫切需要的社区服务项目，调查人员应做好记录并向社区负责人及时反映，使问题尽早让社区负责人知道并及时得到处理。<br>2. 温暖献爱心。该活动针对那些社区的空巢老人及留守儿童，走进社区，走进他们的心中，为他们送去一丝温暖。此项活动不限人数，让学生真正走进空巢老人家中，与他们面对面交谈，与留守儿童做游戏，尽自己的绵薄之力为他们清扫家中杂物，使空巢老人及留守儿童感受那份来自学生的温暖。<br>3. 社区劳动。此活动人数不限，意在走进社区、服务社区、劳动社区，在社区的角角落落留下自己忙碌的身影。清扫街边卫生，拖抹公共区域，为社区美化贡献自己的一份力量。<br>（四）活动总结<br>活动结束后，开展“服务社区心得体会”共享课。每名成员都可以分享此次活动的心得体会，并把此次心得体会整理成文字稿件。在分享此次活动心得的同时，要找出此次活动的不足之处，在以后的实践活动中不断吸取经验提升自己</td></tr>
<tr><td>安全保护</td><td>1. 乘车安全。做到上、下车安全有序，不拥不挤。遵守乘车秩序，不将身体任一部位伸出车外。<br>2. 人身安全。各小组组长要求落实到位，做到行动一致，防止掉队或离队。储备医疗包一个，以备不时之需</td></tr>
<tr><td>考核评价</td><td>将自己的活动照片及心得体会做成一份实践报告，小组内人员做一份小组整体的实践报告并上交组织，经组织筛选后上交学校，由学校选出优秀个人及优秀团体，给予学分及证书奖励，以此鼓舞更多的学生参与到社区服务实践活动中</td></tr>
</table>

# 实践活动三　走进火车站，劳动最光荣

<table>
<tr><td>教学目标</td><td>1. 通过培训，知道进、出站及候车大厅的流程和相关要求。<br>2. 共创和谐车站，促进社会进步，为当前社会的平安与稳定贡献一份力量，展现当代学生的青春风采，通过劳动为社会服务。<br>3. 利用闲暇时间扩大自己的生活圈子，亲身体验社会的人和事，加深对社会的认识，培养自己的组织及领导能力，同时学习新知识、增强自信心及学会与人相处等能力。<br>4. 体会一线工作者的劳动精神，给周围同学树立劳动榜样</td></tr>
<tr><td>基础知识</td><td>1. 火车站是供铁路部门办理客、货运输业务和列车技术作业的场所，是城市人流量最大的场所之一，承载着巨大的工作运营压力。<br>2. 通过志愿者的志愿活动，帮助火车站解决卫生清扫不及时、乘客过多的行李包裹导致行动不便、人流量较大造成秩序混乱、部分人不会使用自动取票机或过闸机造成的人流拥堵等问题，帮助乘客咨询乘车信息，维持秩序，协助安检，引导乘客乘车等</td></tr>
<tr><td>工具使用</td><td>扫帚、拖把、抹布、工作服等</td></tr>
<tr><td>参加人员</td><td>全体学生</td></tr>
<tr><td>活动设计</td><td>（一）准备阶段<br>1. 与火车站负责人取得联系，说明来意并征得同意后确定活动时间、具体地点和活动形式。<br>2. 在确定活动形式后，通过宣传单、动员会等形式鼓励大家积极参与，展现劳动精神。<br>（二）启动阶段<br>1. 选拔分组。根据意向同学的相关情况选拔及分组，确定小组长及小组工作范围和职责；单独成立流动组，为各小组提供后勤服务，并负责拍照等记录活动过程。<br>2. 邀请火车站工作人员提前进行相关培训，宣读安全事项。<br>3. 流动组准备好所需工具并提前准备饮用水，以备活动时使用。<br>（三）实施阶段<br>1. 早上统一集合，由小组长带领，提前到达指定地点，领取相关物品，并与火车站工作人员进行联系。<br>2. 志愿者秉持“文明礼貌，优质服务”的原则进行微笑服务。</td></tr>
</table>

续表

<table>
<tr><td>活动设计</td><td>3. 在乘客的请求或允许下负责带路或者帮忙提行李。<br>4. 自助购/取票机同学负责协助旅客进行购票、取票。<br>5. 进/出站口同学负责引领，协助工作人员维持现场秩序。<br>6. 候车大厅同学应保持现场卫生，可在客流量较小时打扫卫生。<br>7. 流动组同学应随时走动，提供饮用水，满足各小组需求，解决突发情况，并记录各成员活动情况，以便考核。<br>8. 志愿者在工作过程中遇到突发事件或不懂的问题时，可向火车站的现场工作人员求助。<br>（四）总结阶段<br>1. 各小组在活动结束后与工作人员进行交接并合影留念。<br>2. 各小组进行活动后交流，谈谈个人收获，并以小组为单位收齐个人活动总结；同时，各小组还应汇总一份火车站须知，以供其他同学学习。<br>3. 选出优秀的个人总结，与火车站须知一起由流动组同学汇总后形成电子文稿，以微信公众号等形式进行宣传。<br>4. 召开相关大会，各小组派代表简述活动期间的所见所闻，并以“青年学生劳动精神”为主题谈谈自己的收获和看法</td></tr>
<tr><td>安全保护</td><td>1. 在往返途中，各小组组长应注意交通安全，确保每位同学的安全。<br>2. 由于火车站的人员较多，各个志愿者都要注意人身和财产安全，听指挥行动</td></tr>
<tr><td>考核评价</td><td>1. 流动组进行各成员合格评审，不合格的同学视为未完成活动，取消奖励。<br>2. 各小组根据组内讨论推选优秀个人一名。<br>3. 汇总优秀个人名单后与个人活动总结一起上交，由学校进行复核和优秀活动总结评选。<br>4. 将评优结果进行公示，无误后可以微信公众号等形式进行表彰，表扬学生的践行劳动精神，鼓励大家以他们为榜样进行劳动</td></tr>
</table>

# 实践主题三 教育服务

视频

西部计划

## 实践活动一 学生支教，传送知识

| | |
|---|---|
| 教学目标 | 1. 在支教实践中，增强学生服务社会的意识和对社会负责的态度。<br>2. 锻炼学生参与劳动活动的能力，培养学生的合作探究能力和与人交往沟通的能力。<br>3. 培养学生的社会责任感和团队精神，增强学生服务他人、服务社会的意识。<br>4. 切实体味劳动，践行劳动精神 |
| 基础知识 | 1. 学生支教是指学生利用寒暑假、课余时间参加国家支持贫困山区教育计划，到贫困地区支援教育的行为。学生支教是学生进行社会实践的主要方式之一，也是高校公益活动主要形式之一。<br>2. 学生支教活动对于改善农村儿童的教育状况、持续推动教育公平、推动社会发展具有积极意义，同时支教活动也满足了学生健康发展的需求和高校培养高素质人才的需求。<br>3. 学生支教活动可以采取线上、线下相结合的方式进行。近距离、时间合适的学生可以继续采用传统的线下实地支教方式，远距离、时间零散的学生可以采取更灵活的线上支教的方式 |
| 工具使用 | 计算机、投影仪、教材、备课本等教学用具 |
| 参加人员 | 全体学生 |
| 活动设计 | **（一）前期准备**<br>1. 准备教案。<br>（1）教案的基本内容包括支教时间、年级、支教人员、课堂主题和目的、具体流程。<br>（2）注意所收集的材料不能仅仅是纸张的堆积，而要形成一定的系统，自己对这些材料要完全熟悉并能在课堂上灵活运用。同时，收集材料要量大而质优，如果材料收集不充分，在农村则是很难再收集的。 |

续表

<table>
<tr><td>活动设计</td><td>（3）在写教案时要根据不同年龄段、不同年级学生的接受程度来设计，对于低年级的学生，课堂内容可以多趣味性、浅显一些；而对于高年级的学生，课堂内容可以相对深奥一点。<br>（4）教案要尽可能详细，课堂的每个环节都要显示出来，同时要安排好时间，不能出现拖堂现象。<br>（5）教学内容要把思想性、知识性和趣味性相结合。<br>2. 准备随身物品。<br>（1）被褥、换洗衣物等。<br>（2）个人的洗漱用品（牙刷、毛巾、洗发水、肥皂、沐浴露等，如果行李过重可以考虑在县城购买）。<br>（3）笔记本电脑。<br>3. 准备公共物品。<br>（1）电插板两个，计算机两台，较亮、小巧耐用的手电两只（男女生分开住，所以需要两个）。<br>（2）给学生的文具、体育用品、各类教材、体育器材等。<br>（3）药品。<br>（二）课堂教学<br>教学（课程有语文、数学、体育、电影、音乐等）区别于一般的课堂教学，形式灵活、内容丰富，易激发所支教学生的兴趣。主要讲授生活中的所见所闻、发生在身边的故事、大自然的奇妙、祖国大好河山的美丽等。<br>（三）活动总结<br>参与支教的学生每日进行支教日志记录，每周进行总结，在支教结束后形成完整的汇报文稿</td></tr>
<tr><td>安全保护</td><td>（一）乘车安全<br>1. 发生汽车抛锚等意外事故，需要及时和学校领导取得联系，并汇报相关情况。<br>2. 在乘车过程中严禁将头、手等伸出窗外。<br>3. 晕车的学生提前准备好防晕车药品，储备充足的饮用水，及时补充水分。<br>4. 乘正规公交车、出租车辆出行，以免发生事故。<br>（二）人身安全<br>出行前安排负责人，要求落实到位，做到行动一致，防止掉队或离队</td></tr>
</table>

续表

| | |
|---|---|
| 考核评价 | 1. 组内评价。各小组在组内对此次活动进行自我评价、成员间互相评价，各组评选出支教活动中表现最优秀的同学。<br>2. 支教地评价。制定评价表并交给支教学校的工作人员，让他们对各小组此次的支教活动进行评价。对各小组的评价设置等级。<br>3. 学校评价。将支教报告汇总上交给学校，由学校从支教报告中选出优秀的支教报告并进行评价。<br>4. 综合评价。综合组内评价、支教地评价和学校评价，对支教人员进行综合评价 |

## 实践活动二　服务幼儿园，关爱幼儿

| | |
|---|---|
| 教学目标 | 1. 在志愿服务过程中，增强学生服务社会的意识和对社会负责的态度。<br>2. 培养学生关心儿童、关爱儿童的观念，引导学生参与幼儿园志愿服务活动，为儿童健康成长创造良好的环境。<br>3. 培养学生的合作探究能力和与人交往沟通的能力，培养学生的社会责任感和团队精神，增强学生服务他人、服务社会的意识。<br>4. 切实体味劳动，践行劳动精神 |
| 基础知识 | 1. 幼儿园教育作为整个教育体系基础的基础，是对幼儿集中进行保育和教育。幼儿园的任务是解除家庭在培养幼儿时所受时间、空间和环境的制约，让幼儿身体、智力和心情得以健康发展。<br>2. 儿童是祖国的未来和希望。党和国家历来坚持“儿童优先”的原则，关心儿童的健康成长，重视儿童事业的发展。当代青年也要关心关爱儿童，助力儿童健康成长 |
| 工具使用 | 海报、照片、画纸、彩笔等 |
| 参加人员 | 全体学生 |
| 活动设计 | **（一）前期准备**<br>1. 做好活动的策划和前期的分配工作。<br>2. 取得学校认可并开出本次活动许可证明。<br>3. 以海报或展板的形式宣传本次活动。<br>4. 提前了解幼儿园情况。 |

续表

| | |
|---|---|
| 活动设计 | **（二）具体安排**<br>1. 与幼儿园相关负责人联系好，让同学们按分好的组到自己应该负责的房间与地方做自己力所能及的事。<br>2. 各成员首先和幼儿进行短暂的交流，然后将幼儿分为几个小组，每组安排一名志愿者。<br>3. 志愿者给幼儿讲故事，向他们讲讲自己的童年和他们有什么不一样，让幼儿讲讲自己有趣的事情。<br>4. 做游戏，每组自由安排幼儿参加，但一定要把安全放在第一位。<br>5. 由幼儿表演一个节目。<br>6. 由志愿者教幼儿一些简单的舞蹈动作，然后由幼儿教志愿者一些东西，在此环节中表现好的幼儿将会得到精美的小奖品。<br>7. 和幼儿玩一些益智类游戏。<br>**（三）注意事项**<br>1. 活动期间，要以幼儿的安全为主。<br>2. 活动结束前，为他们简单地做一下卫生清洁，且与他们道别。<br>3. 活动结束后，所有志愿者要遵守纪律，一起回到学校后再解散 |
| 安全保护 | 1. 所有参加活动的志愿者要遵守幼儿园的相关规定，不得损坏公共财物。<br>2. 所有参加活动的志愿者在活动中要遵守纪律，服从安排。<br>3. 所有参加活动的志愿者在活动中要注意安全，特别注意幼儿的安全 |
| 考核评价 | 1. 组内评价。各小组在组内对此次活动进行自我评价、成员间互相评价，各组评选出在实践活动中表现最优秀的同学。<br>2. 实践地评价。制定评价表并交给实践地的工作人员，让他们对各小组此次的实践活动进行评价。对于各小组的评价设置等级，评价等级高的小组可参与优秀实践团队评选。<br>3. 学校评价。将实践报告汇总后上交给学校领导，由学校领导从实践报告中选出优秀实践报告并进行评价。<br>4. 综合评价。综合组内评价、实践地评价和学校评价，选出优秀个人和优秀团体进行表彰 |

# 实践活动三 师范生支教，发挥专业优势

图文
大学生志愿服务西部计划项目介绍

| | |
|---|---|
| 教学目标 | 1. 培养学生的实践能力、服务意识，发挥学生的知识技能优势，锻炼学生的意志，提升学生的素质。<br>2. 鼓励学生参加社会实践活动，在支教活动中体会帮助的快乐，体味劳动精神。<br>3. 培养学生用所学的知识服务社会，回报祖国，实现自我价值和社会价值。通过对支教生活的体验，学会面对各种困难磨炼意志，在艰苦的环境中锤炼自我、净化心灵、升华人格 |
| 基础知识 | 1. 教育实习是师范专业人才培养过程中重要的一个实践性教学环节，通过教育实习可以进一步培养与锻炼学生理论联系实际和分析问题、解决问题的能力，培养与锻炼学生从事教育和教学工作的能力，并加深和巩固学生的专业思想。<br>2. 学生支教可以采取线上、线下相结合的方式进行。近距离、时间合适的学生可以继续采用传统的线下实地支教方式，远距离、时间零散的学生可以采取更灵活的线上支教的方式 |
| 工具使用 | 教材、备课本、计算机等教学用具 |
| 参加人员 | 全体学生 |
| 活动设计 | **（一）前期准备**<br>召开支教活动支教志愿服务团安排协调会、交流会。组建小组，初步了解学校、社区情况，与当地教师交流，认识学生。集中开展课研小组讨论，支教小组交流心得。<br>**（二）具体流程**<br>1. 针对教学内容及安全等进行专门培训。<br>2. 当天到达目的地集合，安排好住宿问题。与学校校长、教师进行座谈，同时商量本次活动相关事宜。将学校课程表分发给支教志愿者，协调课程及活动时间。<br>3. 支教志愿者熟悉教学环境，认真研读教案，掌握教学方向。对在校学生的应试心理进行问卷调查，对当地教师的待遇等与教育相关的问题进行问卷调查。<br>4. 正式授课。对成绩较差的学生进行一对一补课，空余时间给学生答疑。 |

续表

<table>
<tr><td>活动设计</td><td>5. 在最后一天授课结束后举办讲座，帮助所教学生了解和认识外面的世界，使学生树立自信心和远大的理想。<br>6. 举行活动告别仪式，小组成员做总结汇报。<br>（三）支教活动<br>1. 支教志愿者培训。志愿者在外出授课前进行统一培训。培训内容包括基本礼仪、课堂应注意的基本事项、活跃课堂气氛、调动学生学习积极性、突发事件的应急处理等。<br>2. 文化类教学。给当地学生讲一些有趣的历史故事、传说、成语典故等；介绍汉族和少数民族的特色：给当地学生介绍中国发达地区的情况，如大城市学生的学习生活；向当地学生介绍各国丰富多彩的文化；介绍中国的现代化建设概况。<br>3. 语言类教学。让学生接触汉语及英语生动的一面，以更多的趣味性区别于一般课堂的语文及英语教学，增强学生的语言运用能力，激发他们对汉语的热爱和对祖国的热爱，对外语的学习兴趣及积极性。<br>4. 艺体类教学。在操场上进行各种集体游戏，支教志愿者和学生一起唱歌跳舞等</td></tr>
<tr><td>安全保护</td><td>1. 及时对学生出现的心理异常情况进行疏导。引导学生写出所思所想，或者说出自己的感受，用行动关心留守儿童，及时缓解其心理困惑。<br>2. 发现课程安排不符合客观情况时要及时调整教学安排，不打扰支教学校的正常上课秩序；在户外进行第二课堂教学时，注意当天天气并做好防护措施。<br>3. 为了保证支教队伍的纪律与安全，外出前，每位志愿者认真阅读安全协议，确认无误后签署“安全协议书”</td></tr>
<tr><td>考核评价</td><td>1. 支教结束后，与当地校方联系，听取校方意见及做好学生和家长的意见反馈工作。<br>2. 召开负责人会议，对此次活动进行总结，查漏补缺，做好汇报工作，主要总结本次支教活动的经验和不足，使下次支教活动得到改进和完善。<br>3. 支教小组成员完成活动总结及活动后期短片制作等。<br>4. 活动结束后整理相关材料，联系相关媒体对此次支教活动进行报道，扩大此次支教活动的影响力，进一步弘扬志愿者服务精神，吸引社会上更多的人加入志愿者行列，并且增加人们对贫困地区教育状况的关注度</td></tr>
</table>

# 实践主题四　勤 工 助 学

## 实践活动一　办公室助理，储备办公技能

| | |
|---|---|
| 教学目标 | 1. 贯彻教育部、财政部关于《高等学校勤工助学管理办法》的要求。<br>2. 学生通过协助教师进行相关工作，帮助学校或社会完成特殊任务，培养自立自强和积极进取精神。<br>3. 加强理论与实际的联系，使学生掌握一定的生产知识和劳动技能。办公室助理岗为学生提供脑力劳动的机会，帮助学生树立劳动意识，锻炼学生的办公室工作能力。<br>4. 经济困难的学生通过利用业余时间参与勤工助学活动，缓解经济负担，改善学习和生活条件，增加实践经验，帮助顺利完成学业。<br>5. 推进学生劳动教育，构建新的人才培养模式，促进学生成长成才 |
| 基础知识 | 1. 勤工助学是指学生在学校的组织下利用课余时间，通过劳动取得合法报酬，用于改善学习和生活条件的社会实践活动。<br>2. 了解文件管理知识，帮助教师对学校学院下达的文件进行整理。<br>3. 及时了解学校动态，掌握关于学生工作、职业生涯规划、就业指导等方面的相关知识。<br>4. 对工作要充分了解，做好应对工作的心理准备和技能准备 |
| 基本技能 | 1. 具备基本的办公室劳动工作能力。<br>2. 能够熟练使用日常办公软件，如 Word、PowerPoint、Excel 等。<br>3. 具备良好的文书编辑撰写能力。<br>4. 具备良好的语言表达能力及沟通组织协调能力。<br>5. 具备文件材料整理管理技能 |
| 参加人员 | 在校家庭经济困难的学生 |

续表

| | |
|---|---|
| 活动设计 | **（一）活动宣传**<br>1. 学期初，由学校向各学院下发本学期勤工助学岗位通知及岗位要求，学院向各专业班级学生传达通知。<br>2. 学校负责教师向学院负责学生介绍勤工助学岗位职责及人员要求。<br>**（二）活动参与**<br>1. 学生本人填写“勤工助学申请书”，学院根据实际情况签署意见，报勤工助学中心备案。<br>2. 经批准参加勤工助学活动的学生，将资料录入勤工助学管理系统，并接受勤工助学中心统一组织的岗前培训，培训合格后发放勤工助学上岗证。<br>3. 学生持勤工助学上岗证到指定岗位直接上岗或参加设岗部门组织的竞争上岗。<br>**（三）岗位设置**<br>招聘人数：根据岗位实际需要确定。<br>聘任时限：当前学期。<br>工作时段：8:00—12:00，14:00—17:50。<br>工作机制：依据学生课余时间实行排班制。<br>工资待遇：<br>1. 参照学校勤工助学标准发放工资。<br>2. 聘期结束后，考核合格者由学校出具实习证明。<br>**（四）岗位职责要求**<br>1. 熟练使用 Word、Excel、PowerPoint 等软件工具。<br>2. 有较好的文字功底，能快速、准确地完成会议记录等工作。<br>3. 熟悉学校教务部门及其他各个部门的工作，并协助完成学校与系相关文件材料的整理、提交与分发工作。<br>4. 具有较强的工作责任心。<br>5. 完成教学办公室临时交办的其他工作。<br>**（五）活动注意事项**<br>1. 在同一时期内，每名学生只能申请一个勤工助学岗位。<br>2. 勤工助学学生若要中途退岗，必须提前一周向本部门的勤工助学指导教师递交离岗申请 |

续表

| | |
|---|---|
| 安全保护 | 1. 做好预备功课，摸清情况，对工作内容做到大致了解，以免出现问题。<br>2. 做好办公室安全保卫工作，加强防火安全意识，在工作场所内除工作用电外，严禁其他个人用电、明火等，以免出现安全隐患。<br>3. 负责教师细心组织、领导学生完成各项工作，完善办公室助理岗位机制，培养学生负责任、勇担当的意识 |
| 考核评价 | 1. 由办公室指导教师负责进行勤工助学学生的考核评价，评定是否合格，是否按期正常发放勤工助学工资。<br>2. 若出现以下情况，指导教师可根据个人表现情况相应扣除部分工资。<br>（1）工作不配合或不认真，对学生工作造成严重影响。<br>（2）私自占有或损坏组织的公共财物。<br>（3）对工作情况汇报不属实。<br>3. 以一周为实习期，一周后方可转正（实习期工资照常发放）。对不能履行工作职责的学生，相关单位将进行警告批评。工作仍无改进，不能达到要求者，勤工助学监督小组可予以辞退。<br>4. 学生在勤工助学岗位期间因学习、生活、身体等原因不能继续参加原项目工作的，经相关单位批准，可辞退工作 |

## 实践活动二　食堂劳动，体验生产知识

| | |
|---|---|
| 教学目标 | 1. 通过提供勤工助学岗位，帮助家庭困难的学生完成学业。<br>2. 通过参与食堂卫生清理及检查劳动，使学生深入了解食堂运转机制，帮助学生将理论知识与生产劳动相结合，更好地适应社会生活。<br>3. 学生通过参加食堂劳动工作，获得一定的生产知识及相应的技能，体验不一样的劳动生活，从而养成勤俭节约的良好习惯。<br>4. 搭建学生与食堂服务工作之间的沟通桥梁，发挥学生自我教育、自我管理、自我服务优势，进一步保障学生就餐权益，改善学生就餐体验，不断提升食堂服务工作质量 |
| 基础知识 | 1. 了解食品安全基础知识及各项指标要求，面对可能出现的各种问题掌握一定的处理方法。<br>2. 对食堂工作内容要充分了解，做好应对工作的心理准备和服务技能准备 |

续表

<table>
<tr><td>基本技能</td><td>1. 具备一定的食堂劳动工作能力。<br>2. 掌握简单的卫生清理能力，能完成卫生打扫工作，在必要情况下掌握器具维修工作。<br>3. 掌握基本的沟通能力，做好学校食堂后勤与同学之间的沟通工作</td></tr>
<tr><td>参加人员</td><td>在校家庭经济困难的学生</td></tr>
<tr><td>活动设计</td><td>（一）活动宣传<br>1. 学期初，由学校向各学院下发本学期勤工助学岗位通知及岗位要求，学院向各专业班级学生传达。<br>2. 负责教师向学院负责学生介绍勤工助学岗位职责及人员要求。<br>（二）活动参与<br>1. 学生本人填写“勤工助学申请书”，学院根据实际情况审批，报勤工助学中心备案。<br>2. 经批准参加勤工助学活动的学生，将资料录入勤工助学管理系统，并接受勤工助学中心统一组织的岗前培训，培训合格后发放勤工助学上岗证。<br>3. 学生持勤工助学上岗证到指定岗位直接上岗或参加设岗部门组织的竞争上岗。<br>（三）岗位设置<br>招聘人数：根据岗位需要设定。<br>聘任时限：当前学期。<br>岗位种类：食堂健康安全检查岗、食堂后勤监督岗。<br>工作时段：6:00—7:00，19:00—20:00。<br>工资待遇：<br>1. 参照学校勤工助学标准发放工资。<br>2. 聘期结束后，对考核合格者，学校出具实习证明。<br>（四）岗位职责要求<br>1. 要求责任心强，工作踏实仔细，能够很好地完成交付的各项工作任务。<br>2. 热爱后勤服务工作，树立全心全意为师生员工服务的思想，态度和蔼，服务热情；协助食堂经理维护进餐秩序，督促保洁员做好大厅卫生。<br>3. 做好学生食堂现场值班工作，及时处理进餐学生的现场投诉，将处理不了的问题及时上报食堂经理。<br>4. 检查餐厅各窗口是否存在收取现金行为，就餐人员是否有把校内餐具带出食堂的行为。</td></tr>
</table>

续表

<table>
<tr><td>活动设计</td><td>5. 加强与进餐学生的沟通，在食堂经理指导下回复食堂意见本上进餐师生的意见，并将好的建议收集整理成文字材料后汇报给食堂经理。<br>6. 完成食堂经理临时交办的其他工作。<br>（五）活动注意事项<br>1. 在同一时期内，每名学生只能申请一个勤工助学岗位。<br>2. 勤工助学学生如果中途退岗，必须提前一周向本部门的勤工助学指导教师递交离岗申请</td></tr>
<tr><td>安全保护</td><td>1. 做好预备功课，了解情况，对工作内容做到大致了解，以免出现问题。<br>2. 做好食堂安全保卫工作，加强防火安全意识，在工作场所内除工作用电外，严禁其他个人用电、明火等，以免出现安全隐患。<br>3. 负责教师细心组织、领导学生完成各项工作，完善岗位机制，培养学生负责任、勇担当的意识</td></tr>
<tr><td>考核评价</td><td>1. 由食堂指导教师负责进行勤工助学学生的考核评价，评定是否合格，是否按期正常发放勤工助学工资。<br>2. 若出现以下情况，食堂指导教师可根据个人表现情况相应扣除部分工资。<br>（1）工作不配合或不认真，对学生工作造成严重影响。<br>（2）私自占有或损坏食堂公共财物。<br>（3）对工作情况汇报不属实。<br>3. 以一周为实习期，一周后方可转正（实习期工资照常发放）。对不能履行工作职责的学生，相关单位将进行警告批评。工作仍无改进，不能达到要求者，勤工助学监督小组可予以辞退。<br>4. 学生在勤工助学岗位期间因学习、生活、身体等原因不能继续参加原项目工作的，经相关单位批准，可辞退工作</td></tr>
</table>

## 实践活动三　图书管理分类，体验劳动快乐

<table>
<tr><td>教学目标</td><td>1. 使学生进一步加深对图书馆、阅览室及相关场所用途的认知，了解阅览室是读书的圣地、求知的摇篮、文明的场所，应时刻保持安静、整洁和美观。<br>2. 提高学生综合素质。学生通过劳动使自身所学专业知识与实际生产生活相结合，从而提高自己的思想道德素养，促进科学文化水平与实践能力，加强心理健康素质等。</td></tr>
</table>

续表

| | |
|---|---|
| 教学目标 | 3. 通过劳动有效锻炼学生的体力和脑力，使其进一步加深劳动光荣的意识。<br>4. 提高学生的规则意识，尊重他人的劳动成果。<br>5. 强化学生的纪律观念，主动遵守图书馆相关规定，培养劳动中主动监督的意识 |
| 基础知识 | 1. 了解书刊的分类、编制、书目、索引，以及各科书所在的具体位置。<br>2. 知晓图书馆管理细则，以及如何审查借阅者身份、维护图书馆秩序及防止偷书行为的方法。<br>3. 了解如何对购买的图书进行登记、盖收藏章、打分类号，归类、存列，整理书籍，按次序上架等基本工作，保证书籍排放整齐、正确。<br>4. 对工作内容要充分了解，做好应对工作的心理准备和服务技能准备 |
| 基本技能 | 1. 掌握文献著录规则、编目及书目数据的相关知识，工作细致、踏实稳重，责任心强、勤奋、敬业，热爱文档管理工作。<br>2. 审查借阅者身份、维护图书馆秩序及防止发生偷书行为。<br>3. 办理图书借还手续，审查归还图书有无残损、污染，依规定对损坏图书行为进行处理；生成催还图书报表，敦促逾期借书者还书，对逾期者按规定罚款 |
| 参加人员 | 在校家庭经济困难学生 |
| 活动设计 | **（一）活动宣传**<br>1. 学期初，由学校向各学院下发本学期勤工助学岗位通知及岗位要求，学院向各专业班级学生传达。<br>2. 学校负责教师向学院负责学生介绍勤工助学岗位职责及人员要求。<br>**（二）活动参与**<br>1. 学生本人填写“勤工助学申请书”，学院根据实际情况签署意见，报勤工助学中心备案。<br>2. 经批准参加勤工助学活动的学生，将资料录入勤工助学管理系统，并接受勤工助学中心统一组织的岗前培训，培训合格后发放勤工助学上岗证。<br>3. 学生持勤工助学上岗证到指定岗位直接上岗或参加设岗部门组织的竞争上岗。<br>**（三）岗位设置**<br>招聘人数：根据岗位需求设定。<br>聘任时限：当前学期。 |

续表

<table>
<tr><td>活动设计</td><td>岗位种类：图书借还管理岗、图书整理岗。<br>工作时段：8:00—12:00，14:00—18:00，19:00—20:50。<br>工资待遇：<br>1. 参照学校勤工助学标准发放工资。<br>2. 聘期结束后，对考核合格者，学校出具实习证明。<br>（四）岗位职责要求<br>1. 要求责任心强，工作踏实仔细，能够很好地完成交付的各项工作任务。<br>2. 做好书本整理、上架及统计添加、删除和修改图书借阅者的基本信息等工作。<br>3. 对书籍进行定期除尘，做好防火、防虫、防潮等工作。<br>4. 协助校图书管理员完成其他工作。<br>（五）活动注意事项<br>1. 在同一时期内，每名学生只能申请一个勤工助学岗位。<br>2. 勤工助学学生如果要中途退岗，必须提前一周向本部门的勤工助学指导教师递交离岗申请</td></tr>
<tr><td>安全保护</td><td>1. 做好预备功课，了解情况，对工作内容做到大致了解，以免出现问题。<br>2. 做好图书馆安全保卫工作，加强防火安全意识，在工作场所内除工作用电外，严禁其他个人用电、明火等，以免出现安全隐患。<br>3. 负责教师细心组织、领导学生完成各项工作，完善岗位机制，培养学生负责任、勇担当的意识</td></tr>
<tr><td>考核评价</td><td>1. 由图书馆指导教师负责进行勤工助学学生的考核评价，评定是否合格，是否按期正常发放勤工助学工资。<br>2. 若出现以下情况，图书馆指导教师可根据个人表现相应扣除部分工资。<br>（1）工作不配合或不认真，对学生工作造成严重影响。<br>（2）私自占有或损坏公共图书。<br>（3）对工作情况汇报不属实。<br>3. 以一周为实习期，一周后方可转正（实习期工资照常发放）。对不能履行工作职责的学生，将进行警告批评。工作仍无改进，不能达到要求者，勤工助学监督小组可予以辞退。<br>4. 学生在勤工助学岗位期间因学习、生活、身体等原因不能继续参加图书馆相关工作的，经相关单位批准，可辞退工作</td></tr>
</table>

# 实践主题五　垃圾分类

图文
垃圾分类介绍

## 实践活动一　学习垃圾分类，提高分类意识

| | |
|---|---|
| 教学目标 | 1. 提升对垃圾分类问题的重视，践行“绿水青山就是金山银山”的重要思想。<br>2. 认识垃圾分类的标志，学习垃圾分类的方法，树立并贯彻“创新、协调、绿色、开放、共享”发展理念。<br>3. 提高垃圾分类意识，加强生活垃圾分类指导，提高垃圾分类投放准确率。<br>4. 引导树立劳动最光荣、劳动最崇高、劳动最伟大、劳动最美丽观念，崇尚劳动、尊重劳动 |
| 基础知识 | 1. 垃圾分类指按规定标准将垃圾分类储存、分类投放和分类搬运，从而变成公共资源的一系列活动，以便达到提高垃圾资源价值、经济价值，力争物尽其用的目的。<br>2. 一般可回收物收集容器为蓝色，厨余垃圾收集容器为绿色，有害垃圾收集容器为红色，其他垃圾收集容器为灰色 |
| 基本技能 | 1. 掌握信息检索技能，能快速、准确查阅相关信息。<br>2. 具备语言表达能力，能够正确表达自己总结的内容，传达自己对垃圾分类、对劳动光荣等的所感所想。<br>3. 要有团队合作意识，展示团队力量，共同合作完成相关工作 |
| 工具使用 | 垃圾分类知识竞赛题库，桌子，乒乓球，马克笔，蓝色、绿色、红色、灰色长吸管各一根，双面胶，秒表 |
| 参加人员 | 在校学生 |
| 活动设计 | **（一）垃圾分类知识分享会**<br>1. 负责人在活动之前准备好本次会议需要讲解的知识并设计好本次活动需要的知识竞赛题库。 |

续表

| | |
|---|---|
| 活动设计 | 2. 分享会开始时，负责人介绍垃圾分类的意义及国家倡导垃圾分类现阶段的情况。<br>3. 负责人引导学生通过查阅书籍、互联网等方式获取有关垃圾分类知识和相关法律法规等。<br>4. 负责人将参与学生进行分组，平均每 6 名学生为一组，分组交流汇总垃圾分类重要性、垃圾分类方法及不同地区垃圾分类相关法律法规等。并派出组内代表进行相关发言，负责人根据发言情况及组内成员表现情况给每位学生进行打分。<br>**（二）垃圾分类素拓活动**<br>在活动开始前，负责人安排几名学生准备好一张桌子，将吸管弯折成 U 形并将其用双面胶固定在桌面任意的位置上，乒乓球上用马克笔写好不同种类垃圾的名称。<br>1. 每两组进行一场比赛，比赛开始时负责人开始计时，两组成员先进行垃圾分类知识竞赛，每组答对 5 道题即可进入“对号入座”环节。<br>2. 每组成员轮流将标记好的乒乓球按照其分类从桌面的一个角吹入相对应颜色的 U 形吸管中。<br>3. 素拓活动结束后，负责人根据每组所用时间，以及知识竞赛答题情况进行打分。<br>**（三）活动评分**<br>所有活动结束后，每组撰写垃圾分类相关知识笔记与感想并提交给负责人，负责人依据撰写内容进行打分 |
| 安全保护 | 1. 严格服从负责人的指挥。<br>2. 按规定借用桌子，并及时归还。<br>3. 按规则进行素拓活动。<br>4. 使用完的乒乓球、吸管不乱扔，进行二次利用。<br>5. 认真撰写学习感想，不抄袭 |
| 考核评价 | 考核采取负责人评分制，分数划分为 4 个等级：优秀（90~100 分）、良好（75~89 分）、合格（60~74 分）、不合格（60 分以下）。基础分为 60 分。<br>1. 负责人根据讨论发言情况对每组进行打分，并对发言者进行加分，最高加 10 分。<br>2. 在知识竞赛环节，连续答对 5 道题加 20 分，连续答对 4 道题加 16 分，连续答对 3 道题加 12 分，以此类推。<br>3. 最快完成“对号入座”的小组加 10 分。 |

续表

| | |
|---|---|
| 考核评价 | 4. 学习感想有抄袭现象扣20分。<br>5. 破坏工具材料扣10分。<br>6. 学习过程中不专心、玩手机扣10分。<br>7. 无故缺席直接不合格 |

## 实践活动二　宣传垃圾分类，营造环保氛围

| | |
|---|---|
| 教学目标 | 1. 倡导学生树立保护环境、低碳生活的理念。<br>2. 营造节能减碳的环保氛围，争做垃圾分类的宣传者。<br>3. 普及垃圾分类方法，实现垃圾分类全覆盖，让人人参与垃圾分类工作成为新时尚。<br>4. 强化劳动意识，提高创造性劳动能力。<br>5. 培养勤俭、奋斗、创新、奉献的劳动精神 |
| 基础知识 | 2016年年底，习近平总书记在中央财经工作领导小组第十次会议上发出了“普遍推行生活垃圾分类制度”的总动员令；2017年3月，国务院办公厅转发《生活垃圾分类制度实施方案》提出主要目标：到2020年年底，基本建立垃圾分类相关法律法规和标准体系，形成可复制、可推广的生活垃圾分类模式；2018年11月，习近平总书记在上海考察时强调，垃圾分类工作就是新时尚。<br>2019年上海正式实施《上海市生活垃圾管理条例》，上海成为中国第一个垃圾分类试点城市。到2020年年底，我国还将逐步展开垃圾分类工作，并且将北京、天津、重庆、福州、厦门、西宁、乌鲁木齐等46个城市纳入垃圾分类试点城市，垃圾分类处理系统也会被基本建成和逐渐完善 |
| 基本技能 | 1. 具备书面表达能力，能以发布新闻的方式宣传垃圾分类有关内容。<br>2. 具备语言表达能力，能准确地将自己所学到的知识宣讲给其他人听，引起他人的共鸣。<br>3. 需要具有较强的理解能力和人际沟通能力，创造良好的沟通氛围，礼貌待人，以青年学生良好的形象宣讲相关知识。<br>4. 要有良好的组织能力，能够组织他人积极参与到此次宣传活动中 |
| 工具使用 | 垃圾分类活动启动仪式策划书、倡议书、宣传材料（宣传海报、宣传单页、宣传横幅）、调查问卷、签字笔 |
| 参加人员 | 在校学生 |

续表

| | |
|---|---|
| 活动设计 | 1. 举行垃圾分类活动启动仪式。首先，负责人致辞，强调做好垃圾分类工作的重要性，鼓励全校师生等一起参与到垃圾分类活动中；其次，邀请学校保洁员工代表发言，表示落实垃圾分类工作，贯彻“创新、协调、绿色、开放、共享”理念；再次，学生代表宣读倡议书；最后，进行签字仪式。<br>2. 利用广播站、宿舍板报、学院宣传栏、校内外网站及制作垃圾分类手抄报的方式大力宣传普及学习垃圾分类知识，营造垃圾分类教育的浓厚氛围。负责人依据宣传情况进行评分。<br>3. 向学校相关部门申请固定宣传点，在宣传点拉宣传横幅、张贴海报，并展示优秀垃圾分类宣传手抄报，分发宣传资料，进行垃圾分类互动小游戏（如有奖竞答），并邀请参与人员进行垃圾分类倡议签字。负责人依据现场宣传人员表现情况进行评分。<br>4. 设计调查问卷，分组进入校园、社区、商场等地调查周围人员对垃圾分类的了解程度及实施程度。<br>5. 汇总调查情况，每组撰写一份调查报告，在活动结束后提交给负责人，负责人依据撰写情况进行评分 |
| 安全保护 | 1. 举行签字仪式时注意疏通人员，避免发生踩踏事件。<br>2. 与广播站及学院沟通好相关活动需要，以便宣传能顺利进行。<br>3. 调查时注意文明礼仪，切实维护当代青年学生的良好形象。<br>4. 外出进入社区、商场等地时注意交通安全。<br>5. 进入商场时，遵循其职场秩序，不打扰他人正常工作 |
| 考核评价 | 考核采取负责人评分制，分数划分为 4 个等级：优秀（90~100 分）、良好（75~89 分）、合格（60~74 分）、不合格（60 分以下）。基础分为 60 分。<br>**（一）加分项**<br>1. 认真学习、宣传垃圾分类知识，积极配合宣传工作，能主动向负责区域人员宣传垃圾分类知识，负责人依情况加分，最多加 15 分。<br>2. 积极向校内外新闻网站提供有关垃圾分类新闻稿件，成功发表一篇加 5 分，最多加 15 分。<br>3. 对调查结果进行深刻分析，并提出了有利于制止垃圾乱扔现象的好方法、好点子，负责人依情况加分，最多加 10 分。<br>**（二）减分项**<br>1. 不配合宣传工作，在宣传过程中私自离岗，扣 20 分。<br>2. 在宣传过程中玩手机、举止不文明、打扰他人正常工作，扣 10 分。<br>3. 调查报告有严重抄袭现象，扣 20 分 |

# 实践活动三　践行垃圾分类，养成良好习惯

| | |
|---|---|
| 教学目标 | 1. 规范生活垃圾分类投放收集储存工作。<br>2. 养成垃圾分类习惯，促进资源回收利用，改善城乡环境。<br>3. 倡导简约适度、绿色低碳的生活方式，创建生态、美丽的校园环境。<br>4. 强化实践体验，增强对劳动人民的感情。<br>5. 体会劳动创造美好生活，认识劳动不分贵贱 |
| 基础知识 | 生活中的垃圾主要分为可回收垃圾、有害垃圾、厨余垃圾、其他垃圾四类。<br>1. 可回收垃圾是再生资源，是指生活垃圾中未经污染、适宜回收循环利用的废物。可回收垃圾主要包括纸类（报纸、传单、杂志、旧书、纸板箱及其他未受污染的纸制品等）、金属（铁、铜、铝等制品）、玻璃（玻璃瓶罐、平板玻璃及其他玻璃制品）、除塑料袋以外的塑料制品（泡沫塑料、塑料瓶、硬塑料等）、橡胶及橡胶制品、牛奶盒等包装、饮料瓶（可乐瓶、塑料饮料瓶、啤酒瓶）等。<br>2. 有害垃圾含有对人体健康有害的重金属、有毒物质或者对环境造成现实危害或者潜在危害的废弃物。有害垃圾主要包括电池（蓄电池、纽扣电池等）、废旧电子产品、废旧灯管灯泡、过期药品、过期日用化妆品、染发剂、杀虫剂容器、除草剂容器、废弃水银温度计、废弃漆桶、废打印机墨盒、硒鼓等。<br>3. 厨余垃圾是指食材废料、剩菜剩饭、瓜皮果核、中药药渣等易腐的生物质生活废弃物。厨余垃圾主要包括剩菜剩饭与西餐糕点等食物残余、菜梗菜叶、动物骨骼内脏、茶叶渣、水果残余、果壳瓜皮、盆景等植物的残枝落叶以及废弃食用油等。<br>4. 其他垃圾指除可回收垃圾、有害垃圾、厨余垃圾以外的其他生活废弃物。这类垃圾不会腐烂，危害较小，但无再次利用价值。其他垃圾主要包括受污染与无法再生的纸张（纸杯、照片、复写纸、收据用纸、明信片、相册、卫生纸、尿片等）、受污染或其他不可回收的玻璃、塑料袋与其他受污染的塑料制品、废旧衣物与其他纺织品、破旧陶瓷品、一次性餐具、烟头等 |

续表

| | |
|---|---|
| 基本技能 | 1. 处理垃圾能力，如报纸、书本等废纸类垃圾应叠放整齐再分类丢弃，纸箱等应拆解并压扁捆绑，饮料、奶茶包装盒应抽出吸管，倒掉残余液体后再集中投放。<br>2. 要具备一定的发明创造能力，能将可回收垃圾循环利用，做到物尽其用。<br>3. 要有良好的沟通能力，遇见特殊情况能顺利与他人进行沟通，解决问题 |
| 工具使用 | 四色垃圾袋、卫生工具、一次性手套、口罩、美工刀、固体胶、透明胶等 |
| 参加人员 | 在校学生 |
| 活动设计 | 1. 在活动开始前，由活动负责人介绍活动的目的、意义、具体活动内容和相关要求，提醒参与人员做好个人防护。<br>2. 参与人员在活动开始时，先将宿舍内的生活垃圾进行分类，分别装入四色垃圾袋内，然后将可回收垃圾储备好，以便进行手工制作，最后将其他垃圾放到指定位置。<br>3. 负责人为每组成员准备好四色垃圾袋、一次性手套、口罩、卫生工具等，每组成员到学校指定地点（餐厅、公寓楼下垃圾桶旁边、道路旁边、绿化林等）捡拾垃圾并将其分类到四色垃圾袋内，在捡拾垃圾过程中遇到乱扔垃圾行为及时进行劝阻。负责人根据垃圾分类准确度进行评分。<br>4. 将收集的可回收垃圾回收利用，进行工艺品制作、发明创造等，每组完成一个工艺品即可，负责人依据作品制作情况进行评分。<br>5. 将未进行工艺品制作的可回收垃圾（废料制品、包装瓶、废纸屑等）出售给废品回收站，并将钱捐给公益组织。<br>6. 由负责人召集小组成员进行分享讨论，谈收获话感受，形成共识，认识此次劳动教育活动的意义 |
| 安全保护 | 1. 捡拾垃圾时注意卫生安全，戴好口罩、一次性手套，使用规定的卫生工具。<br>2. 使用完卫生工具及时归还。<br>3. 对不认识不了解的实验垃圾、医疗垃圾不随意捡拾，由专业人员处理。<br>4. 整理完垃圾以后注意洗手消毒 |

续表

<table>
<tr><td>考核评价</td><td>考核采取负责人评分制，分数划分为 4 个等级：优秀（90~100 分）、良好（75~89 分）、合格（60~74 分）、不合格（60 分以下）。基础分为 60 分。<br>（一）加分项<br>1. 有强烈的社会责任感和敬业精神，在日常生活中坚持环保理念，践行环保行动。<br>2. 能准确进行垃圾分类并有良好的垃圾分类习惯。<br>3. 积极主动参加回收利用废品的制作、发明活动并取得良好成绩。<br>负责人根据以上几点情况进行加分。<br>（二）减分项<br>1. 未正确进行垃圾分类，且未将分类好的垃圾放到指定位置，扣 10 分。<br>2. 破坏卫生工具材料，扣 10 分。<br>3. 在实践过程中不听从负责人的安排，私自离开队伍，扣 20 分</td></tr>
</table>

# 实践主题六　公 共 服 务

## 实践活动一　坚守十字路口，体会劳动精神

| | |
|---|---|
| 教学目标 | 1. 在志愿服务中，了解交通知识，学会与他人沟通交流，提高自身交际能力。<br>2. 增强学生的正义感，懂得以合理的方式去提醒并制止他人的错误行为。<br>3. 深化职业无贵贱、尊重劳动者的意识，体会交警等一线劳动者的艰辛。<br>4. 维护城市交通顺畅，提升自我劳动成就感 |
| 基础知识 | 1. 遵守交通规则是每个人的义务，在志愿服务前需要了解专业的交通知识，在活动过程中与交警人员及时沟通交流。<br>2. 生命安全大于一切，只有遵守交通规则，才能避免安全隐患 |
| 工具使用 | 计算机、投影仪、工作服、指挥旗、哨子 |
| 参加人员 | 全体学生 |
| 活动设计 | **（一）准备阶段**<br>1. 负责人与辖区内交警分队取得联系，确认活动时间、地点和人数。<br>2. 在校内进行“坚守十字路口，体会劳动精神”宣讲课，讲解此次活动流程安排，宣传此次活动的意义，鼓励大家积极参与。<br>**（二）启动阶段**<br>1. 将报名学生合理进行分组，选出小组长进行统一管理。<br>2. 提前一天邀请交警队人员对志愿者进行培训，包括服装穿着、器材使用、职责等，并宣读安全事项。<br>**（三）实施阶段**<br>1. 早上统一集合，由小组长提前带至指定地点，与值班交警进行交接管理。<br>2. 按要求在各自指定地点进行交通辅助管理，对欲闯红灯的行人、非机动车司机、未按要求（如阻挡路口）等待的非机动车司机进行及时劝阻及批评教育，保证措施合理恰当。 |

续表

<table>
<tr><td>活动设计</td><td>3. 随时观察周围情况，对需要帮助的人及时进行救助。<br>（四）总结阶段<br>1. 小组成员进行组内交流，交流当天发生的事情，进行自我总结。<br>2. 由各小组组长进行汇报，包括对本组学生进行点评，当天活动期间的收获感悟等。<br>3. 各成员上交活动实践日记，应写出自己的体会和收获。<br>4. 选出5份最好的实践日记，由相关同学进行汇总，形成电子版，在微信公众号等平台进行宣传。<br>5. 召开相关主题大会，由各组派人进行实践风采展示，并以小组成员志愿服务期间的所见所闻为典型进行宣讲，宣传交通路口的相关法则及交警等一线劳动者的艰辛</td></tr>
<tr><td>安全保护</td><td>1. 此活动在路口开展，危险性较高，同学们需注意保护自己。<br>2. 活动期间要学会使用自己的指挥棒、反光衣物等提醒周围车辆。<br>3. 在对他人进行劝阻时，要动之以情，晓之以理，语气合适，对不理解的同志要多番解释，切勿与他人起争执，根据情境可迅速与值班交警联系</td></tr>
<tr><td>考核评价</td><td>1. 小组内进行合格评审，每个人都应由其他人举手表决是否合格地进行了活动，不合格者视为未完成活动，取消奖励。<br>2. 组内成员通过轮流发言对自己进行总结，最后由小组推选一名成员评为优秀志愿者。<br>3. 汇总各小组优秀志愿者事迹及报告并上交学校，由相关领导进行复审；每个小组还应上交小组实践报告，同样上交学校，由学校评出优秀小组。<br>4. 评选完成后，由相关同学进行汇总并以微信公众号等形式进行宣传，鼓励大家践行劳动精神</td></tr>
</table>

## 实践活动二　走进市图书馆，体验服务快乐

<table>
<tr><td>教学目标</td><td>1. 提高学生人文素养，加强服务公众的意识。<br>2. 通过走进市图书馆，进行文化传播、图书整理、图书导读等志愿服务活动，提高学生参与社会公共文化服务的能力</td></tr>
<tr><td>基础知识</td><td>1. 市图书馆是人民用来学习的神圣之地，需要保持干净整洁、安静温馨的读书环境。<br>2. 掌握图书馆的内部结构，以及每层的藏书类别、藏书的摆放形式、书籍的保护方式等。</td></tr>
</table>

续表

| | |
|---|---|
| 基础知识 | 3. 学生通过对市图书馆的图书整理、图书讲解等，使自身掌握一些图书的基本信息以及图书馆对藏书的管理方式，在服务过程中接受知识的熏陶，提高自己的文化素养 |
| 工具使用 | 工作服、指挥旗、哨子、抹布、剪刀、黑色签字笔等 |
| 参加人员 | 全体学生 |
| 活动设计 | **（一）前期准备**<br>1. 提前联系市图书馆负责人，说明此次活动的内容、方式及目的。<br>2. 宣传动员，让同学们了解此次活动的目的、内容及意义，更好地发挥青年学生的模范作用，增进对社会的了解，更好地服务社会。<br>3. 在活动前夕成立各个小组，如讲解组、卫生组、修复组等，确定各小组组长。各小组通过此次活动的目的及时讨论并研究出具体的行动方案，为各成员分配区域，做到行动明确、迅速，展现当代青年学生的精气神。<br>**（二）活动中期**<br>1. 早上统一集合，由小组长提前带至指定地点。<br>2. 联系市图书馆负责人，对整理图书的学生进行必要的培训，使其熟悉服务环境，掌握图书管理的方法、要求和图书的基本信息，方便为大众讲解。<br>3. 活动开展时，自行组织人员进行图书整理，注意时刻保持安静。<br>4. 准备一些必要的修书工具，如胶带、笔、剪刀等，发现破损的书籍及时进行修补。<br>5. 用干抹布对藏书、书架等进行简单的灰尘打扫。<br>**（三）活动后期**<br>1. 活动结束后，每个成员写一份活动总结，表达自己的收获感悟，发现不足与缺点，及时改进。<br>2. 活动负责人认真登记参加活动同学的表现并做出表彰。<br>3. 活动结束后，全体人员在图书馆门口留影纪念 |
| 安全保护 | **（一）乘车安全**<br>1. 去市图书馆的过程中要注意乘车安全。<br>2. 乘车过程中严禁将头、手等伸出窗外。<br>3. 提前准备好晕车药等，储备充足的饮用水，及时补充水分。<br>4. 乘正规公交车或出租车辆，以免发生事故。 |

续表

| | |
|---|---|
| 安全保护 | **（二）人身安全**<br>提前安排行程负责人，要求落实到位，做到行动一致，防止掉队或离队 |
| 考核评价 | 1. 小组内评审。组内所有成员举手表决是否合格地进行了活动，不合格者视为未完成活动，取消奖励；通过轮流发言对自己进行总结，最后由小组推选一名成员评为优秀志愿者。<br>2. 汇总各小组优秀志愿者事迹及报告，由全体成员进行评选，评出优秀小组。<br>3. 评选完成后，由相关同学进行汇总并以微信公众号等形式进行宣传，鼓励大家践行劳动精神 |

## 实践活动三　体会基层锻炼，感悟青春人生

| | |
|---|---|
| 教学目标 | 1. 通过社区基层锻炼，实现政治理论教育与工作实践相结合，使学生在全心全意为人民服务中增强社会责任感和历史使命感。<br>2. 通过多层次、多岗位的社区基层实践锻炼，使学生积累经验、拓宽视野，为将来走向社会做良好的铺垫。<br>3. 通过社区基层锻炼，明白自己肩负的使命，做到真正为各基层单位做力所能及的事情，解决实际问题，实现学生的人生价值 |
| 基础知识 | 1. 社区基层锻炼的主要工作内容为协助和配合社区领导开展日常工作，包括文书写作、档案管理、组织协调、网络维护、信息采编、信息上传下达等。<br>2. 社区基层锻炼能促进社区与高校的互动意识，增强在校学生的责任感和使命感，使学生真正与社会接触而积累社会经验 |
| 工具使用 | 工作服、计算机、本子、黑色签字笔等 |
| 参加人员 | 全体学生 |
| 活动设计 | **（一）前期准备**<br>1. 与学校附近一些街道社区居委会联系，由他们提供一些社区基层锻炼的岗位。<br>2. 线下宣传。在校内进行宣讲，讲解此次活动流程安排，宣传此次活动的意义，鼓励大家积极参与。<br>3. 线上宣传。利用微信公众号、线上通知等进行宣传，全面部署、广泛动员，充分调动在校学生的积极性。<br>4. 对每个岗位进行学生分组，选出每组的负责人。 |

续表

| | |
|---|---|
| 活动设计 | **（二）活动中期**<br>1. 早上统一集合，由负责人分别带至指定地点。<br>2. 每名参加活动的学生负责 1~2 个街道及其社区，协助社区进行组织建设和文化建设，开展志愿服务等。<br>3. 参加活动的学生要定期做相关社区调研，及时将调研结果反馈给学校。<br>4. 参加活动的学生每半个月定期召开交流会，听取各方面的工作汇报和工作意见。<br>**（三）活动后期**<br>1. 小组内成员进行交流，交流当天发生的事情，进行自我总结。<br>2. 由各小组组长进行汇报，包括对本组学生进行点评，以及当天实践期间的收获感悟等。<br>3. 各成员上交实践日记，应写出自己的体会和收获。<br>4. 在微信公众号等平台进行宣传，弘扬学生的责任意识。<br>5. 召开相关主题大会，由各组派人进行挂职风采展示，并以小组成员志愿服务期间的所见所闻为典型进行宣讲，呼吁学生积极参与挂职活动，真正为社会干实事、做贡献 |
| 安全保护 | 1. 乘车安全。各小组在前往目标地点时要注意人身安全，乘坐正规车辆，必要时准备好晕车药。<br>2. 人身安全。提前安排行程负责人，在整个社区基层锻炼过程中要求落实到位，做到行动一致，防止掉队或离队 |
| 考核评价 | 1. 小组内评审。组内所有成员举手表决是否合格地进行了活动，不合格者视为未完成活动，取消奖励；通过轮流发言对自己进行总结，最后由小组推选一名学生评为优秀志愿者。<br>2. 汇总各小组优秀志愿者事迹及报告，由全体成员进行评选，评出优秀小组。<br>3. 评选后，由相关同学进行汇总并以微信公众号等形式进行宣传，鼓励大家践行劳动精神 |

去，保质保量地完成任务。她组织技术人员自制毛坯料在机床上进行模拟模型试验，并对切削结果进行比较。对机床结构、参数设定、加工工艺、切削效果、性能、精度等环节反复修改技术方案11次。

盖立亚带着团队一直工作到临产前4天，产假没休完，就回到工作岗位上参加设备调试，将机床的精度提高到进给单脉冲0.5微米，相当于人头发丝直径的1/120。这家世界五百强企业的专家操着生硬的中国话对盖立亚说："盖，你都不知道你们的机床有多好！"后来，仅这一家企业就陆续从沈阳机床集团公司订购近百台机床。

"这个精度到目前为止还是领先于世界的，证明了我们中国人可以做出来高精度的机床。这是行业龙头企业职责所在，应该为国家担起这样的职责和责任。"盖立亚心里更多的不是自豪，而是使命感。

2014年，在研发岗位上工作了十几年的盖立亚主动要求到市场一线，用一年的时间走访了100多个客户，收集了7大类158项机床改进意见。

"无论是企业发展、国家需要，还是社会层面，都需要提升基础工业水平。我希望能够通过我们的努力，来提升我们的装备制造水平。"这是盖立亚的心声，也是她从过去到现在，甚至在未来一直坚持做的。

资料来源：央视网，2019年5月5日，有改动。

## 三、工匠精神是企业竞争发展的品牌资本

随着市场经济特别是知识经济的到来，现代经济越来越呈现为一种品牌经济。在现代市场经济视域下，作为知识资本形态的品牌形象也是一种可经营的企业资本，是一种潜在的、无形的、动态的、能够带来价值增值的价值，是传统的会计体系反映不了的无形资本。塑造良好的品牌形象，有效开发、经营品牌资本，是企业参与市场竞争、占领市场制高点的重要手段。事实上，工匠精神在企业品牌形象塑造和品牌资本创造过程中具有十分重要的作用。工匠精神是企业品牌内涵的重要体现，也是企业品牌知名度、美誉度及顾客忠诚度培育的有效途径，更是企业品牌资本价值增值的重要来源。例如，中华老字号"全聚德"烤鸭能够驰名中外，也是得益于其"食不厌精，脍不厌细"的工匠精神。

**话题讨论**

曾经，工匠是中国老百姓日常生活须臾不可离的职业。木匠、铜匠、铁匠、石匠、篾匠等，各类手工匠人用他们精湛的技艺为传统生活景图定下底色。随着农耕时代的结束，社会进入后工业时代，一些与现代生活不相适应的老手艺、老工匠逐渐淡出日常生活。

请结合现代社会的生产生活方式，讨论工匠及工匠精神的必要性。

## 四、工匠精神是员工个人成长的道德指引

尊重员工的价值，启迪员工的智慧，实现员工的发展，不仅是员工个人成长的强烈需求，还是现代企业的责任和使命。而工匠精神作为一种职业精神，是企业员工提升个人精神追求、完善个人职业素养、实现个人成长进步的重要道德指引。

美国旅馆业巨头康拉德·希尔顿年轻时有过在酒店打工的经历。最初，上司安排他打扫卫生，刷马桶是其中的必要环节。希尔顿对这份工作不满意，对待工作很懈怠。有一天，一位年龄稍长的女同事见他刷的马桶很不干净，就亲自为他做示范，并告诉他，她有信心从自己刷完的马桶里面舀水喝。这件事对年轻的希尔顿触动很大，从此他一改对工作的懈怠应付，逐渐树立起踏实认真、一丝不苟的职业精神。后来，希尔顿拥有了自己的酒店，并在行业内独树一帜。回顾他的成功之路不难发现，他年轻时所遭遇的“敢喝马桶水”的职业精神教育这一课是他成长、成才、成功的重要精神财富。

事实上，企业员工所具有的高尚职业操守和强烈的工匠精神与拥有较高专业知识技能一样，是其自身立足职场的重要条件和在未来职业生涯中脱颖而出的制胜法宝。

**案例链接** **自主创新让环卫工作“少些味道、多些尊严”**

李德，河北沧州人，自1982年进入环卫系统，30多年来，从以身作则、不眠不休工作的“拼命三郎”，到寻求技术突破，提高机械化作业率，解放双手的专家，用自主创新真正改善了这份曾被戏言“顶风臭八里地”的工作。

小型粪便机械化作业车、自动压缩式固液分离吸污车、多功能高压冲洗车……从2004年开始，李德的发明填补了我国特种设备及特种车4项空白。他靠着自主研发，让沧州运河区公厕管理的粪便清淘机械化作业率从18%提升到了98%。

“9项专利代表着环卫工作中需要攻克的9个难题。”李德说，作为环卫工人，他要让这份工作少些味道、多些尊严。

“我所理解的‘大国工匠’，不仅需要专业知识和技能的支撑，更需要吃得了苦、经得起磨难、耐得住寂寞。”李德说。

资料来源：新华网，2018年9月27日，有改动。

## 五、工匠精神是劳动者实现自我价值的重要途径

当今社会，机器化生产提高了产品生产率，很多工作由计算机、机器来完成，因此很多劳动者在工作中觉得单调、机械和乏味，甚至有的劳动者觉得在智能时代自我价值已经消失了，人的劳动正在被机器取代。

实则不然，对于一个具有工匠精神的劳动者而言，产品是向往自由美好愿望的充分表达。劳动者在创造工作过程中具有完全的主动权，根据自己的构思、意志来完成产品，使

自己的想法在作品中体现，创作出来的产品是自我对世界的理解、认识、客观化的体现。以工匠精神来做创造，工作就变成了一种忘我的投入、生命的外在表达。自我的价值存在于自己双手所能控制的作品中，不受其他因素的影响，使自己在工作过程中能够获得真正的满足与成就感。

# 第三节 践行工匠精神

工匠精神是指工匠在高超职业技能和良好人文修养结合下形成的一种精神理念。它既体现为工匠的气质，又体现为产品的品质。就其应具备的品质而言，包括工匠对职业的热爱与专注、一丝不苟的态度与精益求精的精神、品牌意识与创新精神及对“道技合一”境界的追求。

**话题讨论**

大国工匠，国之重器。工匠精神是对每位毕业生的要求，只有具有工匠精神，才能更好地服务社会，报答祖国，实现人生价值。

作为新时代的学生，我们应该如何践行“工匠精神”？

## 一、工匠精神之敬业

无论做何事，如果对自己所做的事情无法投入敬业情怀和梦想，没有热爱之情，那么即使看起来再有意思的事情，做久了也会让人感到枯燥和乏味。分析优秀工匠及其工作可以发现，在他们工作的过程中，除了精湛的技艺和专注的神情外，还有发自内心的快乐和享受。优秀工匠之所以能够在工作中保持一种一以贯之的积极状态，是因为他们能够将自己的情怀和梦想注入工作中。

一个人只有将工匠精神所蕴含的敬业情怀注入工作中，才能够享受工作过程中的快乐与愉悦；一个人也只有用梦想指引自己的职业道路，才能够始终走在正途，向着一名优秀工匠的目标坚定前行。

图文

新田“烹饪大师”40年培养千余名厨师

**案例链接**

### 木雕艺术是一生挚爱

在东阳木雕传承人、“中国工艺美术大师”陆光正的手中，一块普通的香樟木或者椴木充满着无限的可能。

陆光正从艺60载，在木雕艺术领域孜孜以求，有贯穿多种雕刻技法、涉及各种题材的艺术珍品500多件问世，曾多次参加全国、国际性大展并获大奖，赢得国内外赞誉。其不少佳作被中国工艺美术馆、中国历史博物馆及知名人士收藏，被工艺美术行家称为“国之瑰宝”。

陆光正出生在浙江东阳岭下村。村子四面环山，山上古木参天，有银杏树、樟树、枣树等主要树种，这些树是东阳木雕自古以来的主要雕材。陆光正的父亲是有名的裁缝，母亲虽不识字，但一笔花鸟画却极为传神。大概是受家庭环境熏陶，陆光正从小在艺术上就表现出超常的天赋。村里来了婺剧团，他站在板凳上为演员画脸谱；上小学时就为村里一年一度的灯会画龙头，还到乡里的墙壁上画宣传画。一时间，陆光正被乡及村里赞许为“艺术神童”。

13 岁那年，陆光正从 1 000 多名考生中脱颖而出，考入东阳木雕学校。两年后，他又被著名的木雕老艺人、“雕花状元”楼水明相中，破格收为“关门弟子”，之后又得到多位老艺人的倾囊相授。

千里马之所以能成为千里马，是因为伯乐慧眼识良驹，而陆光正之所以能从那么多学徒中脱颖而出，成为东阳木雕的擎旗人，也与他的师傅“雕花状元”楼水明密不可分。一开始，陆光正由于在雕刻方面没有什么基础，学起来困难重重，画的图、刻的作品得不到老师的认可，就有点丧失信心了。后来在恩师楼水明的耐心指点下，陆光正的技艺才有了突飞猛进。

一年后，陆光正初露才华，创作的木雕挂屏《热爱和平》被选入全国少年儿童美术作品展览，并作为礼物赠送给国际友人。陆光正曾说：“学木雕最大的快乐就是作品能得到老师的表扬和大家的认可，在我心里，我最感谢的是我的恩师楼水明，如果没有他的悉心教导，也就没有现在的我。”

陆光正凭借他炉火纯青的木雕技术开始不停地创作震惊海内外的作品，名气也越来越大。2014 年，亚太经合组织领导人非正式会议在北京召开，会场上的巨大木雕《锦绣中华》和雁栖湖国际会议中心会议厅 8 件壁挂《燕京八景》木雕作品就出自陆光正之手。该系列作品在经过打磨工艺后，没有使用油漆，取而代之的是食用级别的蜡。使用食用蜡，既没污染，还在打磨工艺的基础上保留了树木天然的纹理和色泽，增加了作品独特的韵味。

在一般人的心目中，艺术家似乎总是一副不修边幅、邋邋遢遢的样子，但陆光正是国家级的工艺美术大师，与一般的艺术工作者还是有差别的。初见陆光正，一股非凡的气魄就迎面而来——他头发微白，红光满面，显得格外精神。白色的休闲装、米黄色的长裤，这样的一身朴素衣着在他身上却是如此的不普通。

2016 年 1 月，陆光正非遗精品馆开馆，这是国内首个以“非遗”名义建立的艺术馆。开馆当日，陆光正携弟子在创作室内种了一棵千年罗汉松，他希望弟子们努力学艺，将木雕技艺发扬光大。如今，陆光正的弟子中有省级工艺大师 11 名，中国传统艺术大师、中国木雕艺术大师、高级工艺美术师多名，他们都在木雕领域延续着文脉和工艺。

人物山水，花鸟虫鱼，庙宇宗祠，飞檐翘角，看似信手拈来，实则心手相合，得大造化。“灵山梵宫壁画雕刻”的恢宏之气，“三英战吕布”的飒爽英姿，“年年有余台屏”的设计之巧……一支笔、一把刀，含阴抱阳，推奇致平，构建了陆光正精彩纷呈的木雕艺术世界。

资料来源：http://news.cctv.com/special/zgmsjz/201604/91/index.shtml，有改动。

尽可能地在工作中投入情感，这样才有可能让自己的工作感动他人、感动世界。有些人总是在工作中抱怨，将工作看成一种养家糊口的手段，这些人往往一辈子与成为一名工匠无缘。一个人只有将自己最真挚的情感投入工作中，才会像对待自己最好的朋友、亲人一样对待工作，在工作过程中用心与之沟通，这也是工匠情怀的一种体现。

一个人在一件事情上注入情怀时，也就往往能够在做事的过程中不知疲惫、不计得失；在追求自己的梦想时，任何挫折和困难都将不再是难以逾越的鸿沟。将情怀注入自己的工作中，用梦想引领自己前进的方向，最终将走出属于自己的工匠之路。

**案例链接**

### 从技工学校走出的“大国工匠”

贾瑞兴，天津市天锻压力机有限公司数控车间数控加工中心操作工，高级技师、国务院特殊津贴专家。他多年来工作在一线，成功解决一系列加工难题和设备故障，确保每年两个多亿产值近百台大重型产品关键件的加工。他革新改进工夹、刀具5种，改进工艺路线、工艺方法14项，解决急难关键攻关8项，累计为企业创造直接经济效益1.1亿元。他先后荣获天津市劳动模范、全国“五一”劳动奖章、全国劳动模范、全国机械工业职工技术创新能手和中华技能大奖。

天锻压力机有限公司是国内制造液压机设备的三大专业厂之一，近年来为航天、汽车等国家重点项目提供了一系列大型液压机设备。贾瑞兴所在的车间正是液压机关键部件的生产车间。毕业于天津市机床公司技校的贾瑞兴刚到公司时在小件车间做车工。“选择当技术工人确实是出于兴趣，小时候就好动手，喜欢自己做点小玩意儿。”贾瑞兴说，“当时技术工人待遇也高，又能掌握一技之长。”他虚心好学，不懂就问，对做的每件产品都用心、动脑，很快就掌握了车、钳、铣、磨、镗等工种的操作技术和各种刀具的使用、磨制方法，成为“多面手”。不断参加各种技术培训和练兵比赛的经历，使他练就了超细长轴精加工、深孔油缸加工、多头螺纹蜗杆强力切削、复杂组合件工艺安排及加工等绝技，并代表天津市参加了全国青工技能大赛，获得车工比赛第二名。被调入新组建的数控车间后，面对两台采用德国西门子840C系统、机床操作面板全部是外文的加工中心控制系统，他用“快译通”逐一了解各操作部位的功能，将面板“菜单”的内容全部背下来，然后一个动作一个动作地进行试验。“当时我和大学毕业的技术人员合作。”贾瑞兴说，“他们有理论知识，我提供经验、加工工艺，互相融合，取长补短。”很快，设备就开始正常运转并发挥强大的作用，使当时效益不佳的工厂重新焕发生机。

认真的态度和丰富的经验造就了贾瑞兴出众的观察力。厂里主打产品关键件的关键部位——定位槽的加工，一直耗时很长。贾瑞兴从铁屑颜色和形状判断，这种现象是进刀量不足造成的。这就需要平时认真观察、积累、总结。由于刀杆过长，为避免切削振动，因此不敢加大进刀量。于是，他通过缩短刀杆，增强刀具的刚性，把转数和进刀量调到合理状态，将加工时间由16小时缩短至2小时，既保证了精度，又提高了效率。

近年来，贾瑞兴先后带过几十个徒弟和学员，他们中的大多数人成了单位的骨干。在他的带领下，刀补等数控加工中心操作基本技巧在员工中得到推广应用，他所在的车间承担了企业90%以上大重型件的机加工任务，零件加工质量达到世界先进水平。“我就是想多培养些好苗子，技术工人的水平提高了，对厂里的贡献会很大。”贾瑞兴说，“荣誉就是动力，国家培养咱，咱就得好好干，踏踏实实干。”这位从技工学校走出的大国工匠将带领更多年轻人共同扬起现代制造业人的梦想之帆。

资料来源：《天津日报》，2016年6月30日，有改动。

## 二、工匠精神之协作

一人难挑千斤担，众人能移万座山。“墨子号量子科学实验卫星”的研发成功离不开潘建伟团队的团结协作，“北斗导航卫星”的成功发射离不开孙家栋团队的精诚团结。任何一个优秀的团队都需要协作共进，而不是各自为战。学生践行工匠精神要有团队意识，精细分工，互相配合，互补互助，才能取得更好的成绩。

案例链接

### 沙场亮剑 雕琢铸心

踏实、勤恳、敬业、钻研，一路竞赛打拼展露拳脚，短短7年时间里，从门外汉到全国技术能手、从机床前走上人民大会堂的领奖台、从学徒成长为年轻的师傅，年轻的他早已成为“90后”数控技能人才团队的领军人物，他就是“80后”航天巧匠、中国航天科工三院31所数控操作手孙长胜。作为飞航导弹动力装置承制单位的一线骨干，在建军90年气势磅礴的沙场阅兵背后，更有他和更年轻一代航天人为国铸剑砺心的坚强守候。

当年的高考失利让孙长胜深刻体会到人生没有捷径可走，痛定思痛，重新为自己定位，从影视编导专业转学数控加工技术。他暗下决心要在4年中学出个“门道”，学习期间拿到了全部一等奖学金。2008年10月29日，凭借出色的专业成绩，孙长胜来到中国航天科工三院31所数控车间，从此迈进航天的大门。

工作中，乐观热情的孙长胜带领他的“90后”年轻团队，在新机床调试和新产品加工领域一路披荆斩棘，屡次获奖的经历更赢得了同伴的赞许和尊敬。有一次，所里交给他们复杂产品的首次生产试制任务，任务量和节点要求都史无前例。为了保证任务进度，孙长胜带领大家从优化加工工艺和延长工作时间两方面入手。队员没有产品加工经验，孙长胜就逐个程序、逐个步骤讲解。为了争取时间，他在车间连续工作三天两夜，72小时没合眼，直到首件产品交检合格才回家休息。就这样，两台机床分工序实行流水线、24小时不间断工作，操作者两班倒，连续工作了整整30天，零差错地完成了这项任务。

作为中国航天科工三院31所“钱卫忠技能大师工作室”的成员，通过大师工作室的平台，孙长胜也承担起新职工的技能培养工作，将自己在工作中积累的技术和经验分享给大家。他先后培养出10余名生产一线骨干，带动了数控加工专业技术领域水平的整体提高。近年，面对新设备调试和新产品的多重压力，孙长胜带领他的团队从未止步，勤恳钻研，一次次突击在前，拼出了一条数控加工的创新之路。

资料来源 ;http://photo.china.com.cn/foto/2017-09/11/content_41564944.htm，有改动。

## 三、工匠精神之精益

对待工作要本着一丝不苟的态度，这是一种优秀的工作态度，更是一种工作方法和工作哲学。一个人从平凡到优秀，再到成为众人口中的成功者、优秀工匠，其实只有一个秘诀，那就是做事严谨、一丝不苟。

要想实现“制造强国”的梦想，就必须摈弃和消除“凑合”的观念，将精益纳入工作习惯中，让自己从普通的手艺人向优秀的工匠行列迈进。要消除“凑合”的工作态度，首先必须让自己对工作保持敬畏之心。从现实来说，可能并非每个人都能成为“大国工匠”，但是即便是做一名普通的劳动者，也应对自己的工作、自己的岗位责任保持敬畏之心，只有拥有了敬畏之心，一个人才能真正地在工作中拒绝“凑合”，尽力把每件工作都做到最好、做到极致，进而向成为一名真正工匠的目标进发。

此外，把工作当成自己一生最重要的事业，把坚守岗位责任当作自己必须肩负的使命，每个人在这个世界上都会有自己的使命。在革命时代，老一辈无产阶级革命家的使命是带领当时处于水深火热的中国人民走出囚笼，推翻压在身上的三座大山（帝国主义、封建主义和官僚资本主义），真正翻身做主人。在如今的和平时代，我们需要做的是为国家的繁荣富强而奋斗，为实现千年大计、中华民族伟大复兴中国梦而拼搏。大到为国家，小到为工作，我们都应有一份责任扛在肩头，时时刻刻叮嘱自己：这是我应该做的，而且应做到最好，需要为之而奋斗，为之而担当。

“大国工匠”中的每位优秀工匠都秉承着“责任重于泰山”的工匠精神，将自己几年、十几年、几十年甚至毕生的心血都倾注于自己的事业，同时也将把自己掌握的手艺传承下去视为自己的责任。他们不仅将工作做到了极致，更重要的是用自己的实际行动传承这份责任。

## 四、工匠精神之专注

专注就是集中精力、全神贯注、专心致志，把足够的时间、精力和智慧聚到所做的事情上，这是一切“大国工匠”必须具备的精神特质。事实证明，具有工匠精神的人埋头于所做的工作，不畏困难，不辞劳苦，最大限度地发挥积极性、主动性和创造性，努力实现既定目标。

从古至今，但凡在科学成就上有所突破的科学家，都需要数十年废寝忘食地研究、终身追求。例如，瓦特发明蒸汽机、居里夫人发现镭等，无不是经历了几十年的艰辛努力，才取得了划时代意义的技术革命。

专于其心，一心一意，一次只做一件事，这意味着集中精力，注重目标唯一，不轻易因其他诱惑而动摇。若经常改变目标或四面出击，则往往不会有好的结果。

**案例链接**

### 煤矿“机电大王”的传奇人生

在好莱坞电影中，人们总能见到一些险象环生、紧张得让人几乎窒息的场景。而在现实中，能亲身经历类似场景的人并不多。

杨杰是个例外。

在煤矿工作了30多年，杨杰经历过许多危急场面，有几次甚至到了鱼游沸鼎的地步。而在千钧一发的时刻，扮演“神秘大侠”的总是杨杰。

屡屡扮演“救星”角色的杨杰是淮北矿业集团朔里矿机电科的一名高级技师。他是党的十八大代表、全国劳动模范，享受国务院特殊津贴，是一名不折不扣的煤矿“机电大王”。

其实，刚上班那会儿，仅仅读完初中的杨杰甚至连“菜鸟”级的机电工也算不上。

1984年，17岁的杨杰来到朔里矿成为一名副井绞车司机。与同龄人不一样的是，杨杰酷爱学习。为了避免同伴们过来玩耍浪费时间，杨杰在自己的床头贴上一幅字：闲谈莫过3分钟。

有一年冬天，杨杰一边泡脚一边看书，结果忘记了时间，一只脚在水盆里，一只脚在水盆外，看了一夜的书。

在短时间内，杨杰依靠自学啃完了20多本矿井提升机方面的专业技术书籍，记下了数百个电子元件符号和电路图，积累了30多万字的读书笔记。

跟着书本学，跟着师傅学，遇到问题爱琢磨，问题不解决决不罢休，“菜鸟”机电工终于成长为远近闻名的“机电大王”。

工作30多年来，杨杰实施大小革新项目200多项，其中13项创新成果获国家专利，11项创新成果获国家专利申请受理通知书，1项创新成果达到了世界先进水平，2项创新成果刷新了全国纪录，2项创新成果填补了全国煤炭行业空白，2项创新成果获安徽省重大合理化建议和技术改进成果奖，创造经济效益8 650多万元。

2009年10月，杨杰在淮北矿业集团公司网上开设了“杨杰e族”网站。他把自己在工作中处理故障和技术改造的经验与心得总结成文字材料，制作成形象直观的程序图，放在“杨杰e族”网站上。职工只需按程序或操作说明进行操作，就能将杨杰的“绝活”进行复制。

2010年5月，国内首个以一线工人名字命名、培训现代工业自动化控制技术的PLC实训工作室——“杨杰讲堂”开班，填补了全国煤炭行业PLC现代工控设备实训的空白。杨杰劳模创新工作室也成为安徽省唯一一家首批晋级国家级的“技能大师工作室”。

出了名的杨杰经常受邀到各地传经送宝。在传授技术的同时，杨杰更喜欢传播自己的理念：一个人的成长就是在不断地“跌倒”与“爬起来”之间完成的，成功与失败的距离或许就相差一个“爬起来”。

资料来源：陈华.煤矿“机电大王”的传奇人生：记淮北矿业集团高级技师杨杰[N].工人日报，2015-04-22（1），有改动。

## 五、工匠精神之创新

工匠精神以创新为要。创新是战略之举，强国之路。只有不断增强创新驱动力，才能在高起点上实现更高质量、更可持续的发展。古代中国曾是世界上最大的原创之国、匠品出口国、匠人之国，中国的丝绸、瓷器、茶叶、漆器等深受世界各国王宫贵族及富裕阶层的喜爱。应当说，创新基因本就深深植根于工匠精神的丰富内涵中。弘扬工匠精神，就是要守正创新，既要继承优良传统，又要紧跟时代步伐，不断推陈出新。

我们弘扬工匠精神，就是要擦亮爱岗敬业、劳动光荣的价值原色，树立品质取胜、创新引领的市场风尚，让尊重劳动、尊重知识、尊重人才、尊重创造成为社会共识，加快建设制造强国，推动经济高质量发展，不断满足人民日益增长的美好生活需要。

在工作中，创造性是一个人应具有的基本素质，而在寻常中创造出不寻常，是优秀工匠应具有的品质。在追求成为优秀工匠的路上，我们要培养革新创造的精神，细心观察，努力创新。我们要懂得动脑筋，懂得在遇到问题的时候寻找解决问题的方法，尝试性地使用新方法去解决问题，而不是循规蹈矩、故步自封、止步不前。世间万物每时每刻都处在变化运动之中，如果只按照原先的规律和方法处理问题，无论谁，都难以逃脱失败的命运。

案例链接

## 辽宁舰上一种工具以他的名字命名

在辽宁舰上有一个高级士官群体，他们从接舰的那一天起，就工作和生活在中国首艘航空母舰上，从试验、试航到跨海区训练，从歼15首次着舰到多批次放飞"战鹰"，他们见证了中国航母工程建设取得的每项成就，也伴随着辽宁舰一同成长。

翟国成是辽宁舰首个获得国家专利的航母舰员。3本国家专利证书、10余项创新研究成果、4次荣立三等功、全军优秀士官人才奖一等奖……这是二级军士长翟国成在航母上收获的成绩单。更让这位航空保障部门支持设备区队区队长骄傲的是，有一种工具能以自己的名字命名——"翟国成扳手"。

航母甲板被称为"世界上最危险的机场"。甲板上进行的每个操作都可能影响飞机的起降安全，大到设备，小到工具，在操作上容不得半点误差。"翟国成扳手"正是在这样谨小慎微的环境中诞生的。

在一次飞行甲板作业过程中，一名舰员在使用工厂配发的航空供给盖扳手时，扳手从供给盖滑脱，手背瞬间被飞行甲板坚硬的涂层擦伤。看见身边年轻战友滴血的伤口，站在一旁的翟国成心疼不已。"为什么扳手会滑脱？是不是扳手设计上有缺陷？能不能有更合理的改进？"一连串疑问在翟国成脑海中冒出来。凭着多年的机务保障经验，在对供给盖结构原理进行反复思考后，他终于找到了症结。他立即着手研究改进，在战友的帮助下学会了工程制图，设计出了质量轻、费力小的立式扳手。

一次舰面勤务保障时，翟国成发现将液压管、油管等管线从供给盖中拉出，不仅费时费力，还磨损线缆，如果加入滑轮导引装置和管线升降装置，则能有效解决问题。为了把想法变成现实，翟国成拿起教材，带领攻关团队学习机械制造和电气控制方面的技能。

2017年4月，为做好飞行试验和专项任务准备，舰上组织更换飞行甲板防滑涂层。甲板防滑涂层的质量、状态对飞行安全起着十分重要的作用。"和飞行有关的一切都不能马虎！"经常把这句话挂在嘴边的翟国成主动请缨，协助负责该项工作。在厂家进行作业前，翟国成查阅了大量天气、水文资料后发现，如果按照预定日期更换，新铺设的涂层气膜将会在温度、返潮影响下大面积破裂，"战鹰"在这样的甲板面上起飞着舰可想而知会怎样。他找到厂家技术员，表明了自己的看法。厂家铺设了一小块甲板进行论证，翟国成的话很快就得到证实。

"安全是航母事业的生命！"细心的翟国成为飞行保障增添了一份安全，也为厂家避免了返工的经济损失。

翟国成精通所带区队的 10 多个专业，先后保障过 4 型战机。车辆应急启动装置、甲板专用警戒杆等 10 多项研究成果使翟国成成为战友们心中的士兵发明专家。其中，管线导引装置、立式开盖扳手、管线升降装置获国家实用新型专利证书。

在翟国成的引领下，辽宁舰掀起了装备革新的热潮，涌现出多名“装备革新之星”，为航母建设提出的装备改进建议多达数百条。

“是航母给了我平台，让我去创新。”关于发明创造的初心，翟国成说，“一切都为了打仗时能打胜仗，装备改进一点，航母的战斗力就提高一点”。

资料来源：http://news.cctv.com/2017/08/21/ARTIlzb3tz2tdVltslN0ExVE170821.shtml，有改动。

## 温故知新

**1. 工匠精神的基本内涵有哪些？**

**2. 为什么在当代社会工匠精神尤为重要？**

**3. 践行工匠精神需要具备哪些基本素质？**

## 励志影院

### 《匠心》

电影《匠心》主要讲述了青年设计师陆曦机缘巧合回到故乡木雕小镇，重拾祖孙情与匠心精神的故事。该片于 2019 年 4 月 22 日在人民大会堂举行全国首映发布会，于 2019 年 7 月 18 日在中国大陆上映。

在远离繁华大都市的木雕小镇上，传统的中华工艺依旧在代代传承。青年设计师陆曦和台商方寒冰为了一个建筑修复方案误打误撞回到自己的故乡——木雕小镇，在这里，他们找到了当下社会年轻人所缺失的匠心精神。

作为建国 70 周年的文艺献礼片，《匠心》成功地使“匠人精神”焕然一新。“匠”字不单意指有手艺的人，是职业，也是态度，更是精神。提到匠心，我们脑海中浮现的都是宏伟的建筑、精美的瓷器、精致的木雕。影片《匠心》虽聚焦在木雕这一行业，但是上映以来，社会各界的观众都在影片中看到了自己的影子，找到了自己的榜样。

## 推荐阅读

**1. 付守永 . 工匠精神：向价值型员工进化 [M]. 北京：中华工商联合出版社，2013.**

**2. 学习型员工·素质建设工程教研中心 . 传承工匠精神 争做优秀员工 [M]. 北京：企业管理出版社，2016.**

3. 江中原．工匠精神：迈向卓越员工的修炼手册 [M]．北京：经济管理出版社，2018.

4. 巩佳伟，于秀媛，张丽丽．匠心：追寻逝去的工匠精神 [M]．北京：人民邮电出版社，2016.

5. 朱则荣．工匠精神原理与六大原则 [M]．北京：中国质检出版社，中国标准出版社，2017.

# 模块四

# 创新精神

## 案例导入

### 案例一

**大学生创业团队扶贫革命老区，带来500亩芳青玫瑰**

2018年4月27日至5月1日，潍坊职业学院创业教育学院“芳成农业大学生创业团队”一行13人奔赴红色革命老区、国家级贫困县——陕西省榆林市绥德县开展农业技术帮扶。

创业团队抵达绥德县，就马不停蹄地走进赵家坬现代农业脱贫产业园进行实地考察，对地形地貌、土壤情况进行实地考察调研分析，并对前期扶贫帮种的500亩“芳青玫瑰”后期养护进行专业技术指导，详细询问花农在栽种和养护过程中遇到与期盼解决的问题，逐一做好详尽记录，对应制订精准帮扶计划和技术扶持方案。

2018年伊始，“芳青玫瑰”品种在国家级贫困县陕西绥德县荒漠化土地上试种成功，成活率达到96%以上，赢得了当地农民广泛好评。“芳青玫瑰”是潍坊职业学院与山东元舜现代农业科技有限公司合作研究，在野生玫瑰的基础上，经过特殊选育、改良而培育的一种抗性较强的玫瑰品种，具有耐盐碱、耐干旱、花期长、产量高、用途广泛等特点，适合盐碱、荒漠、山地等多样土壤环境种植。“芳青玫瑰既耐干旱又耐盐碱，不仅美化了环境改善了土壤结构，又实现了当地农民增收，感谢潍坊职业学院送技术到绥德，为乡村振兴插上了腾飞的翅膀。”绥德县二十四洼种养殖农民专业合作社丁汝泽深有感触地说。

通过实践帮扶教育，潍坊职业学院积极响应习近平总书记提出的“绿水青山就是金山银山”的号召，积极引导大学生创业团队对接陕西革命老区，找准精准扶贫正确方向，通过开展“全链帮扶”“科学致富”“奉献青春”等多途径帮扶活动，以创新创业成果支持红色革命老区经济社会发展，在帮扶行动中触及大学生灵魂，传承革命前辈不怕苦不怕累的红色经典精神，以实际行动奏响了助力“乡村振兴”奉献力量的青春之歌。

资料来源：https://cy.ncss.org.cn/redactivity/2c92f8ef631ef48c016329dd36c7001b，有改动。

## 案例二

### 清华大学无人直升机团队：坚信我们可以改变世界

2019 年 10 月，在初秋的杭州，李京阳站在浙江大学体育馆舞台上，为清华“交叉双旋翼复合推力尾桨无人直升机”项目做大赛最后的路演，随着大屏幕上不断增长的分数条，现场观众开始欢呼，分数最终定格在 1 250 分，清华大学锁定冠军。

4 年前，李京阳和 4 个伙伴提出并开始研制世界首架交叉双旋翼复合推力尾桨无人直升机。在当时，交叉双旋翼无人机技术还处于被美国垄断的状态。他说：“我在清华一直学习飞行器设计，我就想，能不能用自己的专业知识改变技术的瓶颈，打破这种垄断。”

此后，李京阳团队用了 4 年时间专注于技术突破。“交叉旋翼加推力尾桨是我们的无人直升机最大的亮点，交叉旋翼载重高，推力尾桨速度快。以前，只有美国的洛克希德·马丁公司有交叉旋翼（无人机），但现在我们不仅也有了（交叉旋翼无人机），还加了推力尾桨。”他和团队创造出的世界首架交叉双旋翼复合推力尾桨无人机，既有载重优势又有速度优势，并自主研发了与之匹配的飞控系统。

目前，李京阳团队的无人直升机已获陆军装备科研支持，并纳入全军武器系统采购目录，成为我军首个复合推进直升机装备研制项目。2015 年年底，他们创建北京清航紫荆装备科技有限公司，这是国家高新技术企业、金种子企业、中关村高新技术企业。3 年来，项目已完成 3 轮融资，共融资 1.2 亿元，技术成果转移实现经济价值 11 840 万元。

“我们的无人机主要用于两个方面：一是高层灭火，可以做到用工具打爆玻璃，再喷水进入室内进行灭火；二是运送应急救援物资，有人机成本很高，无人机运力高，可以带超两吨的物资。”李京阳介绍。从 2019 年 5 月开始，团队将目光拓展到民用市场，要以民养军、以民促军，这也是在比赛时评委给出的建议。此外，在赛场内外，与高手过招，对接资本，了解市场渠道，寻找创业合伙人，带动师弟师妹创新创业，听取前辈经验……这些附加机会使他对技术有了更好的完善方案，提升了项目质量。

科研、创新、创业……其中艰辛不言而喻。每年大概有一半时间，李京阳是在全国各地之间奔忙，一年飞行超过 100 次。陪伴家人的时间少之又少，他不得不为创业而做出牺牲。他的同学中有很多人从事金融或其他领域，年薪已达百万元。他打趣团队里 8 位清华博士每个月只有 800 元的工资，“便宜得很”。创业虽苦，但强军报国梦依然扎扎实实地在他心里没有动摇，“我们公司早晚有一天会上市，我的小伙伴们也都相信我们可以改变世界。”李京阳说，认准一件事，在没有做好之前绝不退出。

资料来源：http://www.moe.gov.cn/jyb_xwfb/xw_zt/moe_357/jyzt_2019n/2019_zt28/2019_zt28_mtbd/201910/t20191016_403799.html，有改动。

# 第一节　创新精神概述

创新精神是一个国家和民族发展的不竭动力，也是一个现代人应该具备的素质。对国家而言，创新是引领发展的第一动力。一个民族要想走在时代前列、成为时代的引领者，就需要时刻保持创新思维，时刻保持创新。在各领域进行创新，必须具备创新思维，打破思想禁锢，突破原有行为模式，以新的理念、新的方法和新的路径解决问题，打开新的局面。

## 一、创新精神的内涵

创新精神是指要具有能够综合运用已有的知识、信息、技能和方法，提出新方法、新观点的精神。北斗三号卫星首席总设计师谢军说过：怀揣北斗报国情，一代又一代北斗人接续拼搏20载，练就了一支技术精湛、作风过硬、开拓奋进的人才队伍，传承经验和文化，铸就了“自主创新、团结协作、攻坚克难、追求卓越”的北斗精神，携手塑造了“中国北斗”这个响当当的品牌。实践证明，自主创新事业的突破离不开创新的思路，更重要的是少不了创新精神。

创新精神是一种勇于抛弃旧思想旧事物、创立新思想新事物的精神。不满足已有认识（掌握的事实、建立的理论、总结的方法），不断追求新知；不满足现有的生活生产方式、方法、工具、材料或物品，根据实际需要或新的情况不断进行改革和革新；不墨守成规（规则、方法、理论、说法、习惯），敢于打破原有框框，探索新的规律、新的方法；不迷信书本、权威，敢于根据事实和自己的思考质疑书本与权威；不盲目效仿别人的想法、说法、做法，不人云亦云、唯书唯上，坚持独立思考，说自己的话，走自己的路；不喜欢一般化，追求新颖、独特、异想天开、与众不同；不僵化、呆板，灵活应用已有知识和能力解决问题……这些都是创新精神的具体表现。

创新精神是科学精神的一个方面，与其他方面的科学精神不是矛盾的，而是统一的。例如，创新精神以敢于摈弃旧事物旧思想、创立新事物新思想为特征，同时要以遵循客观规律为前提，只有当创新精神符合客观需要和客观规律时，才能顺利地转化为创新成果，成为促进自然和社会发展的动力。创新精神提倡新颖、独特，同时受到一定的道德观、价值观和审美观的制约。

创新精神提倡独立思考、不人云亦云，并不是不倾听别人的意见、孤芳自赏、固执己见、狂妄自大，而是要团结合作、相互交流，这是当代创新活动必不可少的方式；创新精神提倡胆大、不怕犯错误，并不是鼓励犯错误，因为出现错误认知是科学探究过程中不可避免的；创新精神提倡不迷信书本、权威，并不反对学习前人经验，任何创新都是在前人成就的基础上进行的；创新精神提倡大胆质疑，而质疑要有事实和思考的根据，并不是虚无主义地怀疑一切……总之，要用全面、辩证的观点看待创新精神。

## 二、新时代创新精神的特征

中国载人航天工程总设计师周建平院士曾说，没有特别的精神，就没有特别的业绩。在新时代，技术日新月异，创新也具有了新的时代特征。

### 1. 解放思想是创新精神的基本前提

解放思想最大的敌人是习惯势力和主观偏见。解放思想最大的问题是面对新情况仍用“老办法”。敢创新就是要敢于打破利益藩篱，更新思想观念，转变思维方式；要有敢为人先的锐气，打破惯性思维，以思想的新飞跃打开工作的新局面。解放思想本身就是一种创新，不敢、不会创新，就谈不上解放思想。

### 2. 对外开放是创新精神的必要条件

创新是引领发展的第一动力，是建设现代化经济体系的战略支撑。要主动参与和推动经济全球化进程，加强同世界各国的互容、互鉴、互通。习近平总书记指出，“自主创新不是闭门造车，不是单打独斗，不是排斥学习先进，不是把自己封闭于世界之外”。

### 3. 人民立场是创新精神的价值取向

习近平总书记在纪念马克思诞辰 200 周年大会上的重要讲话中指出：“我们要始终把人民立场作为根本立场，把为人民谋幸福作为根本使命，坚持全心全意为人民服务的根本宗旨，贯彻群众路线，尊重人民主体地位和首创精神，始终保持同人民群众的血肉联系，凝聚起众志成城的磅礴力量，团结带领人民共同创造历史伟业。”党的十九大报告指出：“中国特色社会主义进入新时代，我国社会主要矛盾已经转化为人民日益增长的美好生活需要和不平衡不充分的发展之间的矛盾。”

**案例链接** **学生返乡创业建合作社 带领村民种植中草药**

“虽然考上了大学，但想起家乡的落后与贫穷，总想着做点什么。”2013 年，家住曲靖市会泽县雨碌乡铁厂村的赵庆早考上了云大滇池学院。虽然来到了大城市，但一想起老家地处乌蒙贫困山区，村民们靠产能低下的农作物种植养家糊口，作为村子里出来的第三个大学生，他觉得有义务让父老乡亲们从靠天吃饭的情形中走出来。

经过连连碰壁与不懈努力，他与一帮有着创业梦想的大学生们一起注册成立了昆明痴香土农业科技有限公司，取得了“保水剂”专利使用权，返乡与农户建立合作社，带领当地农民走发展中药材种植的现代农业路子，让原先只能长出每斤几角钱的“土豆与玉米”的贫瘠土地长出珍贵的中草药材。现在的赵庆早正带领父老乡亲们走上脱贫致富的路子。

资料来源：https://cy.ncss.org.cn/redactivity/2c92f8ef62b896990162d173927a0025，有改动。

#### 4. 创新精神的可发展性更加突出

创新精神不是天生的，其虽然与生理遗传因素密切相关，特别是特殊领域的创新，如音乐、美术、运动等，但其实质性的发展则是后天的。所以，创新精神具有可发展性。创新精神是一个综合体，由多个要素构成，这些要素相辅相成、互相依存、缺一不可。

## 三、培养创新精神

创新精神主要由勇于探索的精神、艰苦奋斗的精神、乐于献身的精神和从实际出发的学风等部分构成。其中，勇于探索的精神是创新精神的核心，艰苦奋斗的精神是创新精神的保障，乐于献身的精神是创新精神的依托，从实际出发的学风是创新精神的实现途径。

### （一）培养勇于探索的精神

勇于探索的精神是创新精神的核心，它可以从三个方面来诠释。

#### 1. 强烈的好奇心

好奇心是对客体的选择性态度。具有好奇心，就会很自然地受到未知世界的吸引，乐于施展才智以寻求答案。具有创新精神的人往往有强烈的好奇心、旺盛的求知欲，酷爱探索和钻研。对客观世界有好奇心，才会产生观察事物、解决问题的兴趣，才能有志于探索和思考创新事物。

#### 2. 稳定的兴趣

兴趣是成功的内在起点。个体对客观世界的某些现象或问题产生浓厚的兴趣时，就会喜爱观察和思考它们，从而产生旺盛的求知欲望，很想进行深入了解，追究原因并做出解答。兴趣还能诱发和增强探究的勇气与决心，从而使个体千方百计地去克服困难，排除障碍。

#### 3. 旺盛的求知欲

求知欲是指追求某些现象发生的原因、探究客观事物变化的规律和寻求解决问题的办法的内心欲望。只有具备强烈的求知欲，才能有不畏困难、坚持探索、不达目的誓不罢休的雄心和勇气，并最终取得成功。求知欲是个体进行创新活动的开端，是影响个体创新能力的主要因素，也是创新型人才的基本特质。

### （二）保持艰苦奋斗的精神

艰苦奋斗是一种不怕艰辛苦难而勇敢地去战胜困难的精神。保持艰苦奋斗的精神要具有足够的自信心和顽强的意志力。

1. 足够的自信心

具备创新精神的人往往相信自己更有创造性。没有足够的自信是很难大胆创新的。信心是胜利的起点，是产生勇气和实现雄心壮志的保证。

2. 顽强的意志力

意志是人自觉地确定目标，并支配行动去克服困难以实现预定目标的心理过程。顽强的意志力是不可或缺的创新素质之一。

### （三）学习乐于献身的精神

创新探索的道路上充满了矛盾和斗争。新理论、新观点、新产品的出现常常会遭到质疑、反对。拥有创新精神的人往往坚持真理，甚至献出了自己的生命。从心理学的角度来看，为真理而献身是完善性格品质的最高表现。献身精神是智力因素与非智力因素的完美结合，反映了对科学的正确认识、对真理的追求、对科学无限的热爱、坚韧不拔的毅力、大无畏的勇敢精神和高度的牺牲精神。创新的过程如同战斗，总会有人"负伤"，甚至"牺牲"。只有勇敢地坚持真理，勇于献身，才能为科学创新做出重大贡献。

**案例链接**

#### 为寻青蒿险坠崖

屠呦呦首获诺贝尔生理学或医学奖，带"火"青蒿素的同时，也让青蒿行情"火"了起来。作为世界最大的青蒿素生产商，华立集团从青蒿素的生产、研发，再到推向国际抗疟市场，这背后又有哪些鲜为人知的故事呢？

重庆是我国重要的中药材产区，其湿润的气候、复杂的地形地貌形成了重庆复杂多样的生态环境，有利于多种生物共存，造就了重庆丰富的药用植物资源，而重庆酉阳也素有"中国青蒿药材产业之乡"的美称。为打造青蒿种植产业链，华立集团的员工不惜冒着生命危险几进几出酉阳。

从重庆到酉阳的公路是319国道的一部分，沿长江北岸经长寿到涪陵，再沿着乌江逆流而上到武隆，然后经彭水、黔江到酉阳。其中，从涪陵到武隆近100千米，公路开凿于乌江绝壁之上，极为险峻。曾有坐夜班客车的乘客尿急，要求司机靠边停车，结果乘客从车上一下车就坠入百米悬崖下的乌江中。酉阳到吉首要经过著名的矮寨天险，道路险峻，也是事故频发地段。

从涪陵到武隆路上有很多转弯，路边有很多棵树。在其中的一个弯道上树立着一棵树，这棵树被华立员工称为"救命树"。

"那应该是在2002年的时候，公司几个领导同车从酉阳回重庆，雨天路滑，加上其他原因，车子在那个弯道失去了控制，向绝壁滑去，绝壁下面就是水深流急的乌江。幸亏司机王师傅经验丰富，正好路边又有一棵较粗壮的树，车被树拦住了。那棵树在我们那一批人心目中被称为‘救命树’。”时任重庆华立董事长秘书的熊波讲述着当年员工的艰辛故事，“也有不是那么幸运的时候。在这条线路上，公司员工老唐前后经历过3次车祸，最严重的一次是和胡春果一起在酉阳去吉首的路上，车翻到沟里，全身多处骨折，而胡春果至今体内仍然有植入的钢架。”

现在从重庆到酉阳和吉首已经有渝湘高速与渝怀铁路连接，5小时到酉阳、8小时到吉首已不再是梦想。从堵车到畅通，象征着华立青蒿素产业已经走过了最困难的时期，即将迎来爆发式的增长。

资料来源：https://www.sohu.com/a/46501474_115402，有改动。

### （四）建设从实际出发的学风

端正学风是进行创新的必由之路。学风不正，唯书、唯上而不唯实，把理论当作固定的、一成不变的教条，就窒息了理论的生命力，扼杀了创新、创造的灵魂。从实际出发的学风，就是坚持一切从实际出发，解放思想，实事求是，与时俱进，理论联系实际。在学习和工作的过程中，既要保持自己的理论水平，又要增强创新意识，提高创新素质，理论联系实际，在实践中不断发展理论，知行合一。

# 第二节 创新意识

在现实生活中，创新往往带有偶然性，给人一种可遇而不可求的感觉。其实创新并不是偶然的，尽管它在很大程度上存在机遇问题，但是为什么有些人能够抓住机遇，而有些人只能看着机遇从眼前白白溜走？其中最重要的因素就是是否具有创新意识。

## 一、创新意识的内涵

创新意识是创新活动的起点和前提，离开了创新意识，一切创新活动都将无从谈起。所谓创新意识，是指人们对创新与创新的价值性、重要性的一种认识水平、认识程度及由此形成的对待创新的态度，并以这种态度来规范和调整自己的活动方向的一种稳定的精神态势。创新意识总是代表一定社会主体奋斗的明确目标和价值指向性，成为一定社会主体产生稳定、持久的创新需要、价值追求和思维定式及理性自觉的推动力量，成为唤醒、激励和发挥人所蕴含的潜在本质力量的重要精神力量。

创新意识是人类意识活动的一种积极的、富有成果性的表现形式，是人们进行创造活动的出发点和内在动力，是创造性思维和创造力的前提。

## 二、创新意识的作用

创新意识推动社会生产力的发展。科学的本质就是创新，科学技术的每次进步都是通过创新实现的。科学技术的迅猛发展对人类社会各个方面都产生了深刻而广泛的影响。创新更新了人们的生产工具和生产技术，提高了劳动者的素质，开辟了更广阔的劳动对象，推动了社会生产力的发展。具体而言，创新意识具有以下三个方面的作用。

### 1. 创新意识是决定一个国家、民族创新能力最直接的精神力量

创新能力是一种综合素质，是善于选择、重组、应用信息，独立地解决问题的应变能力和创造能力。而创新意识对创新能力的激发和培养具有重要的作用。只有具备创新的意识，才能激励一个人、一个民族在现有生产力、生产关系、社会文化水平、科技实力等基础上持续做出改变甚至是变革。这些改变和变革是一个国家前进的动力之一。因此，创新意识，对一个国家、一个民族来讲，是创新能力最直接的精神力量。只有具备创新意识，才能持续涌现出新人、新事、新技术、新工艺、新制度等。

### 2. 创新意识促成社会多种因素的变化，推动社会的全面进步

创新意识根源于社会生产方式，它的形成和发展必然进一步推动社会生产方式的进步，从而带动经济的飞速发展，促成上层建筑的进步。创新意识进一步推动人的思想解放，有利于人们形成开拓意识、领先意识等先进观念。创新意识会促进社会政治向更加民主、宽容的方向发展，这是创新发展需要的基本社会条件。这些条件反过来又促进创新意识的扩展，更有利于创新活动的进行。

### 3. 创新意识促成人才素质结构的变化，提升人的本质力量

创新实质上确定了一种新的人才标准，代表人才素质变化的性质和方向，输出一种重要的信息：社会需要充满生机和活力的人、有开拓精神的人、有道德素质和现代科学文化素质的人。而创新意识能够促进人才素质结构的变化。因为创新意识使人有追求新异事物和真知灼见的强烈欲望，不满足于现状，敢于大胆质疑、标新立异。正是因为有了创新意识，才会有发现创新可能的慧眼，为创新做好充分的前期知识准备，并且实施创新活动。另外，创新意识是个体进行相关创新活动的内在指导力量，如创新过程中面临的路线选择、信息收集、价值判断等，而且由于在创新过程中会遇到很多困难和不良情绪等，创新意识会通过动机、情感和意志等对创新实践进行调控，让创新向着目标前进。因此，创新意识在客观上引导人们朝这个目标提高自己的素质，使人的本质力量在更高的层次上得以确证。它激发人的主体性、能动性和创造性进一步发挥，从而使人自身的内涵获得极大丰富和扩展。

## 三、创新意识的特征

创新意识有着自身的特征与基本构成因素，了解和掌握其特征有助于我们进一步培养

创新意识，熟悉其基本构成能够帮助我们深入理解创新意识。具体来讲，创新意识具有以下三个特征。

### 1. 新颖性

创新意识或是为了满足新的社会需求，或是用新的方式更好地满足原来的社会需求，创新意识是求新意识。

### 2. 社会历史性

创新意识是以提高物质生活水平和精神生活水平需要为出发点的，而这种需要在很大程度上受具体的社会历史条件制约，在阶级社会里，创新意识受阶级性和道德观的影响与制约。人们的创新意识激起的创造活动和产生的创造成果，应为人类进步和社会发展服务；创新意识必须考虑社会效果。

### 3. 个体差异性

人们的创新意识与他们的社会地位、文化素质、兴趣爱好、情感志趣等相对应，它们对创新起重大推进作用。而这些方面，每个人都有所不同，因此对于创新意识既要考察社会背景，又要考察其文化素养和志趣动机。

## 四、创新意识的养成

创新意识主要由创新兴趣、创新动机、创新情感和创新意志四个方面构成。要培养创新意识，就要从上述四个方面出发。

### 1. 培养创新兴趣

兴趣是人们力求探究某种事物和从事某项活动的意识倾向。创新兴趣则是对挑战陈规、创造新事物、提出新方法等感兴趣，热衷于从事创新活动。创新兴趣往往与好奇心、求知欲联系在一起，这是人的天性，有的人将这种天性抑制和闲置，而有的人将这种天性保持和发扬。

创新兴趣引导创新目标的确立、创新能力的开发，人们总是优先根据自己的兴趣来选择合适的创新内容和方向。创新兴趣是进行创新活动最重要的心理条件之一。

### 2. 抓住创新动机

良好的动机是激发和维持个体的活动，并使这种活动朝着一定目标努力的内部心理倾向。创新动机是指引起和维持个体进行创新行动的内在驱动力，是创新行为的动力基础。

创新动机在创新活动中主要有以下三个方面的功能：

（1）激活功能。创新动机激发、推动个体产生创新行为。

（2）指向功能。创新动机总是使创新活动指向一定的目标或对象。

（3）维持与调节功能。创新动机一旦引起创新实践，会使人表现出极大的积极性，维持创新过程。

3. 体验创新情感

情感是人对事物的态度的体验，如果对创新的态度是认可的，那么相应产生热爱、崇尚的情感体验。创新情感是指创新主体对创新的主观情感体验，包括对创新及创新过程涉及的各方面内容。它是创新主体进行创新活动的情感力量，对创新活动的维持和调节起着很大的作用。

（1）智力和创新情感相互作用。在任何一种活动中，认知活动与情感活动都是相互交织的，健康积极的情感对认知活动起促进作用，反之则带来消极影响。同样，人的创新过程不仅是激烈的智力活动过程，而且是强烈的情感活动过程，在智力和创新情感双重因素的积极作用下，人们的创新才可能有持续的力量和思想火花。

（2）创新情感作用于创新活动的全过程。从创新动机的产生到创新过程的持续，再到创新结果的验证，各个环节无不蕴含着创新者的情感因素。创新过程需要以创新情感为动力，如求实精神、坚强的信念及道德感等因素。

4. 锻炼创新意志

创新是一种意志行为，创新的特征就是克服困难，做前人和别人没有做的事，可以说意志就是力量，意志是创新的支柱。创新意志是有意识、有目的、有计划地调节和支配创新活动的心理现象。创新意志是在创新情感的基础上产生的，没有情感就不可能产生任何意志。创新意志又使创新情感具有了目的性，使创新情感能够按照人的价值需要进行发展。

# 第三节　创新能力

提高创新能力，意味着保持对一切既有成果的怀疑，意味着对落后观念的否定，意味着对迷信的打破和对陈规的超越，进而提出新思想、新理论和新论断。

## 一、创新能力的概念

创新是指人为了一定的目的，遵循事物发展的规律，对事物的整体或其中的某些部分进行变革，从而使其得以更新与发展的活动。创新是一种变革，包括从产生新思想到产生新事物再到将新事物推向社会受益的系列变革活动。这些新思想、新事物可以是对某些发明产生商业化应用的新思想及其新事物，也可以是根据社会实践产生的发明创造设想及其发明创造，以及进一步施行的商业化运作的活动。

## 二、创新能力的特征

具体来说，创新能力具有以下三个特征：

（1）综合性。创新能力是在创新过程、创新活动中所体现出来的各种创新能力的合成。创新思维是创新能力的核心。创新思维需要一个人具备自我创新、预测角色、应变、处理信息、组织协调和语言沟通表达能力。创新能力是这些能力的综合，每个人在这些能力的发展上存在差异，也正因为如此，才有了各行各业的创造性人才。

（2）可塑性。创新并不是与生俱来的，也不是固定不变的，它是可以通过教育、训练、实践被不断激发培养的。创新能力不是天才的专利，人人是创新之人，天天是创新之时，处处是创新之地。环境是人的创新能力形成和提高的重要条件，环境优劣影响个体创新能力发展的速度和水平。

（3）倍增性。大量实践证明，开发和提升人的创新能力可以创造出比传统经济时代高出多倍的效益。

## 三、创新能力的基本构成

创新能力通常包括六种基本能力，即发现问题的能力、流畅的思维能力、变通的能力、独立创新的能力、制订方案的能力和评价的能力。

### 1. 发现问题的能力

发现问题的能力是一种发现那些让人难以觉察的、隐藏在习以为常现象背后问题的能力，表现为意识到存在于周围环境中的矛盾、冲突、需求，意识到某种现象的隐蔽未解之处，意识到寻常现象中的不寻常之处。例如，对于两块大小相差悬殊的石头从同一高度落下，却同时落地这一现象，没有人对亚里士多德关于物质下落的速度和它的质量成正比的结论提出疑问，只有伽利略意识并发现这一问题的存在。这一意识促使他进行了比萨斜塔试验，实践证明了铁球的下落速度同它们的质量无关，从而纠正了影响人们两千多年的错误理论。

发现问题能力的前提是好奇心和怀疑。好奇心会提高人们对外界信息的敏感性，发现问题并追根溯源，提出一连串问题；怀疑是对权威的理论、既有的学说和传统的观念等，不是简单地接受与信奉，而是持怀疑和批判的态度。

发现问题在创新活动中通常是由认知风格和工作风格来体现的。认知风格是指个人所具有的在打破心理定式和理解复杂问题过程中表现出来的气度、能力与心理特点。工作风格是指能长时间集中努力和聚焦问题的工作态度与工作能力。

### 2. 流畅的思维能力

流畅的思维能力是指就某一问题情境能顺利产生多种不同的反应，给出多种解决办法和方案的能力，常用“文思如泉涌”“下笔如行云流水”“口若悬河，滔滔不绝”等来形容思维流畅的人。思维流畅对创新有重要的意义。因为形成大量设想，所以有更多机会产生有创新意义的想法。提出的设想不一定每个都正确，有创建性的设想也不是一下子就能在大脑中形成的。但是，提出的设想越多，出现有创建性想法的机会也就越多。

思维流畅是以丰富的知识和较强的记忆力为基础的，并能够根据当前情况所得到的印象和所观察到的事物激活知识，调出大脑中储存的信息，并进行创造性思维，从而提出大量新观点。

### 3. 变通的能力

变通的能力是指思维迅速、能轻易地从一类对象转变到另一类对象的能力。它能够从某种思想转换到另一种思想，或者从多角度思考问题，能用不同分类或不同方式研究问题。具有变通能力的人一般都能根据客观情况的变化机智地解决问题，在思维中灵活应变，不囿于条条框框，敢于提出新观点，思想活跃。而缺乏变通能力的人往往机械呆板、墨守成规，没有创新精神，思想陈旧、观点保守。

创新实践证明，凡是在创新上大有作为的人，大都思路开阔，妙思泉涌。因为创新需要找到不同的应用范畴或许多新的观念，越能带来重大突破的创新，越需要借助其他领域的知识吸取外来的思想。

创新需要多向思维，仅有流畅的思维能力是不够的，还需要变通的能力。因为流畅性强调产生设想的数量，如果只在同一类型上做出众多反应，那么就会形成思维定式。

### 4. 独立创新的能力

独立创新的能力（简称“独创能力”）是一种寻求不同寻常的思想和新奇的、独特的解决问题的能力。具有独立创新能力的人能想出别人想不出来的观念，看出别人看不到的问题。它是一种求新求异的能力。具有独创能力的人往往与他人不同，独具卓识，能提出新的创见，做出新的发现，实现新的突破，具有开拓性。而缺乏独创能力的人只会一味地模仿和盲从，只知道遵从传统习惯，他们每天都进行一些重复性的活动，说一些千篇一律的话。如果只是依靠吸收、模仿、学习等重复的方法而不进行变革、突破，就不可能创新。

独创能力是创新能力最本质、最重要的核心要素，反映了一个人创新能力水平的高低。同时，独创能力是人们在创新活动的各个阶段或各个领域都需要具备的最基本的能力要素，无论是在技术产品开发上，还是在生产、管理和市场开拓上，甚至在日常学习和生活中，都需要运用独创能力。

### 5. 制订方案的能力

创新的设想能否实现取决于方案的制订和实施。所谓制订方案的能力，是指把一个创新的想法变成一个具体的实施方案的能力。方案是为了解决特定问题、达到预期目标而采用的方法和手段。制订方案时，首先，要明确创新目标，方案是围绕实现创新目标而制订的；其次，分析实现这个创新设想存在的问题和困难，了解其有利因素和不利因素；再次，针对需要解决的问题选择采用的主要方法和途径，并确定需要解决的重点和方向，主要是运用创新方法，包括类比、想象、直觉、灵感等多种形式；最后，制订方案的实施步骤。

从设想、构思、证明到具体的设计、修改、完善，需要做大量的创造性工作。创新是一项探索性工作，没有现成方法和模式可以照搬，它不是对人类已有认识和实践的重复，而是在此基础上进行新的创造。因此，创新过程不可能是一帆风顺的，其中必然会遇到许多挫折和失败。为此，需要拟订多套方案以备选择。

6. 评价的能力

评价的能力是指通过评审从许多方案中选择出一种方案的能力。在创新活动中，需要冲破任何约束，解放思想，从而提出大量的设想、构思和方案。在多种方案中，除了个别方案可能是“闪光”的设想之外，还不可避免地伴随着大量的、在技术经济上暂不可行的设想。因此，需要通过评价选出在技术经济上可行的、有希望获得成功的方案；如果不进行评价，往往会造成人力、物力和财力的浪费。

评价还可以促进创新过程中方案的优化。没有正确的评价，没有正确的筛选，就无法保证得到最优或较优的创新方案。不仅在创新初期要进行方案选择的评价，以寻求最佳方案，还要在创新完成时对创新结果进行评价，以确定创新的价值和水平。而且，在创新过程中也要多次对活动进行评价，这样可以帮助人们寻找最佳创新方法和指明创新前进的方向。

创新能力是由上述基本能力组成的一个有机整体，只有在这六个基本能力协调一致时，创新能力才能得到充分发挥。具有创新能力的人不仅要具备这些能力，而且要懂得思考在什么时候、以何种方式来有效地使用这些能力。创新就是这些能力达到均衡和运用的过程。

## 四、创新能力的形成原理

创新能力的形成有一定的原理，掌握了这些原理可以更好地培养自己的创新能力，但是与此同时，也应十分清楚影响创新能力形成的因素，以便采取相应的措施。

1. 遗传素质

遗传素质是形成人类创新能力的生理基础和必要的物质前提，也是创新能力形成的第一原理，是决定个体创新能力未来发展的类型、速度和水平的潜在因素。

遗传素质又称天赋、禀赋或者天资，是指个体先天继承的、与生俱来的生理解剖特点，主要包括脑和神经系统的结构、机能特性，感觉器官和运动器官的机能，身体的结构和机能，等等。其中，大脑是人的创新能力形成的物质基础，是人的创新能力发展的物质载体。离开了这个物质基础，人的创新能力的形成和发展就成了无源之水、无本之木。

遗传素质是人类创新能力的物质基础，因此人类创新能力的形成首先要遵循遗传规律。但同时，事实也证明，一些天才人物的遗传因素和一般人无显著区别，所以不能将遗传素质当作人类创新能力形成的唯一因素，而应该采取“承认天赋，不唯天赋”的态度。

2. 外部环境

除了先天因素之外，外部环境也是人的创新能力形成和提高的重要条件，是创新能力形成的第二原理，环境的优劣影响个体创新能力发展的速度和水平。

人是社会的人，人的创新实践不可能在“真空”中进行，必然受到环境的影响。马克思所说的“人创造环境，同样环境也创造人”就是这个道理。环境包括自然环境和社会环境，其中社会环境包括家庭、学校和社会等。

3. 实践

实践是人的创新能力形成的唯一途径，也是检验创新能力水平和创新活动成果的标准，是创新能力形成的第三原理。创新能力只有在创新实践中才能得到施展与发挥，实践是创新能力变成现实的唯一平台。

人类改造实践的活动就是创新活动。人类只有通过社会实践，才能把创新意识变成现实，而创新能力必须通过实践才能形成，因此实践是创新能力形成的唯一途径。同时，实践还是检验人类的创新成果的唯一标准。

4. 创新思维

创新思维是人的创新能力形成的核心与关键。创新思维的一般规律是：先发散而后集中，最后解决问题。创新能力与创新思维关系密切。创新思维是人的创新活动的灵魂和核心，没有创新思维就没有创新活动。

## 第四节　创新思维

重视创新思维是马克思主义的优良传统，马克思、恩格斯特别重视创新，他们曾经指出，“全部问题都在于使现存世界革命化，实际地反对并改变现存的事物”。也就是说，马克思主义者要依据实践的变化分析问题、解决问题，进而推动人们的思维“按照人如何学会改变自然界而发展”，最终实现思维创新。

### 一、创新思维的内涵

创新思维是人类思维的高级过程，在人类社会生活的一切领域都发挥着非常重要的作用。

1. 创新思维是一种顿悟

人类早期的创新思维研究是与发明、发现、革新、设计、写作、绘画、雕塑、作曲等创造性实践活动联系在一起的，因此，这一时期的大部分研究成果是通过对艺术家、科学家和技术革新者的工作进行分析而获得的。分析结果表明，创新思维的过程就是人顿悟的过程。

顿悟又称“灵感”式的洞见，是指人们在认识某一事物或思考某一问题，百思而不得其解的时候，由于某种偶然因素的启发，创新的答案突然在大脑中产生，这个思维过程便是顿悟。例如，阿基米德在躺进浴盆的瞬间，看见水溢出浴盆而顿悟出浮力原理等。

然而，创新没有捷径，创新思维不是一瞬间的顿悟，而是一辈子的坚持。要时刻保持创新意识，激发创新的思维方式，才能在众多思考中豁然开朗，得到创新的顿悟和答案。也只有长期坚持创新意识，不断思考，才能在一次次顿悟中培养出创新的思维。

### 2. 创新思维是发散思维

1950 年，美国心理学家乔伊·保罗·吉尔福特（Joy Paul Guilford）在美国心理学年会上发表了题为“创造性”的著名演讲，此后，这一领域的研究开始繁荣起来。1967 年，吉尔福特在详尽阐述创造力影响因素的基础上提出了“智力三维结构”模型。他认为，人类智力是由三个维度的多种因素组成的。第一维度是智力的内容，包括图形、符号、语义和行为四种因素；第二维度是智力的操作，包括认知、记忆、发散思维、聚合思维和评价五种；第三维度是智力的产物，包括单元、类别、关系、系统、转化和蕴含六种。这样，由四种内容、五种操作和六种产物共同组合出 120 种独立的智力因素。后来，吉尔福特又分别于 1971 年和 1988 年对该模型做了两次修改补充，最后成为具有 180 个因素的三维结构。

吉尔福特认为，创新思维的核心是上述三维结构中处于第二维度的发散思维。他认为，发散思维有以下四个主要特征：

（1）流畅性，即在短时间内能连续地表达出观念和设想的数量。

（2）灵活性，即能从不同角度、不同方向灵活地思考问题。

（3）独创性，即具有与众不同的想法和别出心裁的解决问题的思路。

（4）精致性，即能想象与描述事物或事件的具体细节。

### 3. 创新思维是低买高卖

斯滕伯格在其著作《不同凡响的创造力》中用“买低和卖高”的形象比喻揭示了创新思维的本质。在斯滕伯格看来，创新并不是科学家和艺术家的专利，用有新意的方式解决日常生活中的问题，在普通的工作岗位上创造性地工作，都应该属于创新，因为就思维过程和思维方式而言，它们与发明创造和艺术创作基本上是相通的，而且从本质上看，它们都是一个“买低和卖高”的过程。斯滕伯格通过研究还发现，创新并不是一项简单的智力活动，还需要情感和意志等许多非智力因素的参与。

## 二、创新思维的特征

具体来讲，创新思维具有以下几个特征。

1. 创新思维的普遍性

创新思维并不是个别天才人物所独有的神秘之物，而是每个正常人都具备的能力。不管是日常学习、工作、生产、经商、经营家庭，还是政府决策，都在使用创新思维解决问题。

2. 创新思维的灵活性

创新思维不是按照常规思维的思路来看问题，而是打破常规，质疑、批判已有的理论和做法，不拘泥于某种思维方式，灵活运用、转换各种思维方式，既有抽象思维又有形象思维，既有发散思维又有聚合思维，既有逻辑思维又依靠直觉和灵感等非逻辑思维，另辟蹊径，多角度看问题，运用独特的方法解决问题。

3. 创新思维的实践性

创新思维需要人们付出艰苦的脑力劳动，往往不是漫无边际、轻轻松松就能即兴提出一个好的创意，也不是偶尔运用几次创新思维就能造就创新思维的利刃。创新思维建立在大量的实践上。一项创新思维成果往往要经过长期的探索甚至多次的挫折才能取得，而培养创新思维能力也要经过长期的知识积累、实践磨砺，充分发挥主观能动性。创新思维需要跳出事物内部，大量、广泛地吸收外界各种信息，如观察、收集资料、思想的交流碰撞等，在与外界各种信息交换和反馈中汲取养分，甚至直接获得解决问题关键点的灵感。因此，要开放思维空间，多角度、宽领域地吸取各种信息，创造出新的成果。

4. 创新思维的价值性

创新思维成果是独创的、新颖的，能转化为知识、信息、技术、产品等，创造巨大的价值和社会意义，甚至对生产力产生推动和变革。但是，通过创新思维创造价值不是一劳永逸的，新成果不断推陈出新，如果不继续创新价值就会贬值，甚至被更有价值的创新成果替代。

5. 创新思维的导向性

习近平总书记指出："问题是创新的起点，也是创新的动力源。"也就是说，创新思维要以问题为导向，彰显出强烈的"问题意识"。推动创新必须坚持问题导向，通过发现问题、筛选问题、研究问题、解决问题不断地推动社会发展进步。

## 三、创新思维的基本形态

创新思维使人能够突破思维定式来思考问题，按新的思路去寻找解决问题的方法。常见的创新思维基本形态有逆向思维、侧向思维、求异思维、类比思维、综合思维、发散思维等。

### 1. 逆向思维

逆向思维是指对似乎已成定论、司空见惯的事物或观点，再从反面提出问题、分析问题、解决问题的一种思维方式。逆向思维往往能够突破常规的束缚，产生出奇制胜的效果。需要注意的是，逆向思维并不是主张人们在思考时违背常规，不受限制地胡思乱想，而是一种小概率思维模式，即在思维活动中关注小概率可能性的思维。

### 2. 侧向思维

侧向思维是指既不与一般思维方向相同，也不正好相反，而从旁侧开拓出思路的一种思维方式。侧向思维与逆向思维一样，都是相对常规思维活动而言的。它们的区别在于：逆向思维在许多场合表现为与他人的思维方向相反，但轨迹一致，而侧向思维在方向和轨迹上有所不同，偏重于另辟蹊径。

侧向思维的关键是能否摆脱他人常规的思维方式或习惯性思维（思维定式）的束缚，换一种用新的观察角度去思维的途径，主动寻求“柳暗花明又一村”，这种新角度应是不引人注目的侧路。

### 3. 求异思维

所谓求异思维，是指思维主体对某一问题进行求解时，不受已有信息或以往思路的限制，从不同方向、不同角度去寻求解决问题的不同答案的一种思维方式。求异思维通常包括发散求异和转换求异等独具特效的思维方式。

### 4. 类比思维

类比思维包括两方面的含义：一是联想，即由新信息引起的对已有知识的回忆；二是类比，在新、旧信息间找相似和相异的地方，即异中求同或同中求异。通过类比思维，在类比中联想，从而升华思维，既有模仿又有创新。

### 5. 综合思维

综合思维是把某一事物的某些要素分离出来，组接到另一事物或事物的某些要素上的创造性、创新性思维的过程。综合思维是多种思维方法在思维活动中的全息式整合，是人脑综合运用多种思维方法的思维过程和思维方式。综合思维又称集中思维，它具有以下四个特征：

（1）综合思维方式的对象是外在客观事物，综合思维把外在客观事物看作多种要素相互联系、相互作用的有机整体。

（2）综合思维是多角度、多途径的想象组合。

（3）综合思维是超越时空、大范围、大跨度的想象组合，是思维想象的飞升。

（4）综合思维渗透着非逻辑因素，可以是基本逻辑框架内超常规的甚至非逻辑的要素组合。

6. 发散思维

发散思维又称辐射思维、放射思维或扩散思维，是指大脑在思维时呈现的一种扩散状态的思维模式，它表现为思维视野广阔，思维呈现出多维发散状。例如，采用“一题多解”“一事多写”“一物多用”等方式培养发散思维能力。不少心理学家认为，发散思维是创新思维最主要的特点，是测定创造力的主要标志之一。

具体来说，发散思维的特点有以下五个：

（1）流畅性。流畅性是指观点的自由发挥。它要求在尽可能短的时间内生成并表达出尽可能多的思维观念，以及较快地适应、消化新的思维观念。流畅性反映的是发散思维的速度和数量特征。流畅性也是指智力活动灵活迅速、畅通无阻，所以，机智与流畅性密切相关。

（2）变通性。变通性就是人克服头脑中某种自身形成的僵化的思维框架，按照某一新的方向来思索问题的过程。变通性需要借助横向类比、跨域转化、触类旁通使发散思维沿着不同的方面扩散，表现出极其丰富的多样性和多面性。变通的过程就是克服人们头脑中某种自己设置的僵化的思维框架和陈旧观念，按照某一新的方向来思考问题的过程。

（3）广泛性。广泛性是发散思维的根本特征。它是指发散思维是广泛的，具有普遍性。

（4）独特性。独特性是指人们在发散思维中做出不同寻常的、异于他人的新奇反应的能力，独特性是发散思维的最高目标，是在流畅性和变通性基础上形成的发散性思维的高级层次。没有发散性思维的变通性和流畅性，就没有它的独特性。实际上，要达到思维的变通和流畅，需要广博的知识和多方面的生活经验。知识和经验为发散性思维的独特性创立了条件。实践证明，凡在历史上做出独特贡献的人，他们的思维都具有变通性和流畅性的特点。

（5）多感官性。发散性思维不仅运用听觉思维和视觉思维，而且充分利用其他感官接收信息并进行加工。发散思维还与情感有密切关系。如果思维者能够想办法激发兴趣，产生激情，把信息感性化，赋予信息以感情色彩，就会提高发散思维的效果和速度。

## 四、排除创新思维障碍

培养创新思维最基本的方法就是尽量地扩大自己的思维边界，排除创新思维障碍。

1. 勇于打破传统观念

传统观念是思维创新的重要障碍，它顽强地维护着它赖以存在的实践和社会基础，反对思维对现存事物进行超越。受传统观念的影响，人们会因循守旧、墨守成规，用老眼光、老套路、老办法面对新问题。传统观念使人的思维受原有思维空间的限制，跳不出原有的框框，因而就无法实现对原有认识和现存世界的超越。因此，传统观念是阻碍创新思维的重要因素，是创新思维的大敌。

**2. 敢于质疑固定观念**

固定观念指的是人们在特定的实践领域和学科领域内形成的观念。在该实践领域、该学科范围内，某种观念是适用的，但是超出这个范围就可能变得不适用了。但是，由于观念在思维中的惯性作用，人们总是习惯用现有的观念去认识、评价面对的问题，而不管这个问题是否超出了现有实践和经验的范围，于是产生了所谓的固定观念。固定观念与传统观念的区别在于：传统观念侧重于从时间角度、从历史性方面加以界定，而固定观念则侧重于从空间角度、从共时性方面加以说明。与传统观念一样，固定观念也是创新思维的大敌。因为在经验范围内解决那些常规性问题是不需要思维有创新的。一旦思维超出了原有的实践和学科的范围而进入一个新的领域，那么只适用于原领域的固定观念只能起排斥新思想、扼杀新观念的作用。

**3. 善于打破思维定式**

所谓思维定式，是指心理活动的一种准备状态，它影响人们思考、解决问题的倾向性。人们思考问题时，或多或少会在头脑中留下一种思维惯性，这种思维惯性使人们在新问题面前仍然习惯性地依据原有的思路进行思考。

思维定式与上面说的传统观念或固定观念不同。虽然观念也会形成定式，但这里所说的定式则更多的是来自以往思维过程中形成的习惯。观念是对认识的内容的积淀，而定式则是对认识的形式、方法的积淀。思维定式本质上就是思维习惯。

思维定式和思维习惯对于解决经验范围内的常规性问题是有用的，它可以使人们的思维驾轻就熟，简捷、快速地对问题做出反应。但是，它们对于创造性地解决问题，则只能成为一种障碍。它使人们局限于某种固定的反应倾向，跳不出框框，打不开思路，从而限制了人们的创新思维。

在思维习惯和思维定式中，特别值得重视的是那种“唯上唯书”的习惯。这种习惯使人们不管遇到什么问题，首先去想：书上是怎么说的？上级是怎么说的？企图在书上、在上级指示里找到解决问题的现成答案。由于“书”与“上”是一种学术上的或政治上的权威，因此，“唯上唯书”的习惯也是一种盲目信从权威的习惯，是一种权威定式。

**4. 乐于发掘兴趣**

兴趣是求知欲的外在表现，是促进人思考、探索、创新、发展思维、激发主动学习的原动力。而兴趣总是在创造欲望得到充分满足时才能进入最佳状态。所以，要排除创新思维障碍，就要不断发掘行业乐趣、职业乐趣，在所做的事情中得到满足，找到兴趣。

## 温故知新

1. 新时代创新精神有哪些内涵与特征？
2. 创新意识的构成要素有哪些？
3. 试述创新能力与外部环境、遗传因素的关系。
4. 创新思维的内涵是什么？
5. 如何排除创新思维障碍？

## 励志影院

### 《当我们海阔天空》

2018 年 3 月 29 日，围绕中国“互联网 +”大学生创新创业大赛主题，反映新时代青年扎根中国大地了解国情民情，为实现“中国梦”奉献青春与智慧，唱响新时代奋斗精神主旋律的电影《当我们海阔天空》在厦门大学盛大启幕。

影片展现了新时代高等教育改革和创新创业教育浪潮中，一群敢闯会创的大学生在教师的帮助下，运用知识与科技，整合多种社会核心资源，打通繁华都市与贫困山区的产业价值链，不仅成就自己梦想，而且帮助数以万计的农户脱贫致富的热血奋斗故事！

影片通过讲述青年大学生的创业故事，折射改革开放 40 周年来中国人民的伟大奋斗历程，谨以此片向改革开放 40 周年致敬、献礼。影片充分展示新时代大学生家国情怀和敢闯敢创、一往无前的奋斗精神，谨以此片向新时代献礼。

## 推荐阅读

1. 卡普兰．人工智能时代 [M]．李盼，译．杭州：浙江人民出版社，2016.
2. 克里斯坦森．创新者的窘境：全新修订版 [M]．胡建桥，译．北京：中信出版社，2014.
3. 霍夫曼．让大象飞 [M]．周海云，陈耿宣，译．北京：中信出版社，2017.

# 模块五
# 职业道德

**案例导入**

**案例一**

### “焦裕禄接班人”阿布列林：为人民群众做事了不起

1968年春天，阿布列林和几名同学去上海，在返回哈密途中专程去了兰考。一趟兰考行竟然影响了他的一生。

在焦裕禄后代的带领下，他们来到焦裕禄的家。焦裕禄的家只有一间房子，中间用木板隔成两间，再糊上厚厚的报纸当墙，屋里冷得像冰窖。阿布列林简直不敢相信，这就是一个县委书记的家。当焦裕禄年迈的母亲身穿黑衣，迈着小碎步来迎接他们的时候，阿布列林眼含热泪，上前一把搀住了老人家。焦裕禄的母亲听说阿布列林一行是从新疆来的，流着眼泪拉住他的手说：“你们好辛苦啊，从老远的新疆来给我儿子上坟，谢谢你们，谢谢你们。”临走前，阿布列林请来一个小照相馆的师傅，花了8角钱，大家留下了一张珍贵的合影。

从兰考回到新疆后，阿布列林把那张照片装在镜框里，摆放在家里。这些年来，他搬了8次家，但这个镜框一直都放在家里最显眼的地方。对于阿布列林来说，这张照片的珍贵在于它象征着焦裕禄精神，正是焦裕禄精神一路指引着阿布列林的人生，成为他的精神坐标和一辈子的精神守望。

阿布列林在哈密市检察院、法院工作了31年，办理了近千件案件，他在检察院批捕起诉的案件件件是铁案。为了把每个案件办成铁案，阿布列林不仅不收案件当事人一分钱，即使一个小小的核桃也不占。

“‘同意批捕’4个字足以改变一个人的命运。作为检察官，我一定要严格执法，秉公执法。”有了“焦裕禄的求实作风”为信念准绳，阿布列林就有了把每个案子都办成铁案的底气。他认真对待每个案件，始终把党和人民赋予的执法权力看得比生命还重。阿布列林努力地学习国家的有关法律，在办案过程中认真调查案件，认真阅卷，不冤枉一个好人，也不放过一个坏人。他说：“焦裕禄精神扎根在我的心坎上，不管在什么地方，不管做什么工作，我当一个螺丝钉，我把本职工作做好，不做对不起党和人民的事。”

资料来源：http://news.cctv.com/2017/01/19/ARTIW5f1i82ozP27bkU5wP5d170119.shtml，有改动。

**案例二**

### 库尔班·尼亚孜

库尔班·尼亚孜，男，维吾尔族，1964年5月生，中共党员，新疆维吾尔自治区阿克苏地区乌什县依麻木镇国家通用语言小学校长。

2003年5月，库尔班·尼亚孜利用创业挣来的60万元创办乌什县依麻木镇国家通用语言小学，该小学成为新疆第一所民办的国家通用语言小学。在一个维吾尔族占99.5%的南疆农村，绝大多数成年人不会说国家通用语言，环境封闭保守，创办国家通用语言学校的困难可想而知，但他的信念坚如磐石。

16年来，他聘请汉族教师授课，让师生始终学习、生活在一起。开设国学堂，让学生向古圣先贤学习。从三年级起，每晚准时组织学生收看中央电视台的《新闻联播》节目，学习拉二胡、唱戏曲、扭秧歌等传统文化，组织师生一起过春节吃饺子、过端午节吃粽子、过中秋节吃月饼。要求学生全天候使用国家通用语言，养成良好的学习习惯。功夫不负有心人，到2018年，共有九届557名学生参加考试，454名学生考取内初班，录取率达到81.5%。2016年，第一届毕业生穆萨·图尔贡以701分成为乌什县第一个清华学子。

16年来，他坚持用服饰文化、饮食文化、礼仪文化、节日文化、古典文化、建筑装饰文化进行全方位引领，成立“库尔班中华文化推广中心”。2018年，他从安塞聘请专业教师，利用一个暑假教680余名孩子学会了打安塞腰鼓，那铿锵有力的阵势使每位参观者油然而生中国人的自豪。他还出资聘请安塞教师，培训1 000名农民学会集体打安塞腰鼓，将中华文化如同烙印一般烙刻在人们心中。

库尔班·尼亚孜荣获“改革先锋”、全国道德模范提名奖等称号，被授予全国五一劳动奖章。

资料来源：http://www.wenming.cn/specials/2019zthd/7thmd/sddmf/md/cssx_43261/201909/t20190905_5244588.shtml，有改动。

# 第一节 职业道德概述

一个社会是否和谐、一个国家能否实现长治久安，在很大程度上取决于全体社会成员的思想道德素质。没有共同的理想信念、没有良好的道德规范是无法实现社会和谐的。具体到学生群体，由于他们是未来社会发展的中坚力量，关系到社会和经济的发展，因此，学生职业道德水平的高低直接影响社会进步与否。良好的职业道德要建立在科学的世界观、正确的政治方向和立场之上，要求从业人员有爱心，有集体荣誉感，有谦虚谨慎的态度，有良好的修养和宽大的胸怀。

## 一、职业道德的概念

图文

《新时代公民道德建设实施纲要》金句

职业道德是同人们的职业活动紧密联系的，符合职业特点要求的道德准则、道德情操和道德品质的总和。它既是对本职人员在职业活动中行为的要求，又是职业对社会所负的道德责任与义务。

职业道德作为一种社会意识，是社会的、阶级的道德在职业生活中的具体体现，反映着行为道德调解的特殊方向，又带有具体职业或行业活动的特点，是一般道德原则和道德规范的重要补充。社会生活整体的有序运行要求不同的产业、行业和职业有效合作，社会分工的日趋深入和复杂要求更高水平的协调，这就使职业道德成为必要的道德。职业道德是与人们的职业角色和职业行为相联系的一种社会化的角色道德。职业道德协调着社会生活中人与人的关系，不仅能维持良好的社会风气，而且有助于提高政府的威信。

加强职业道德建设是社会主义物质文明建设和精神文明建设的重要内容，是提高职工整体素质，建设有理想、有道德、有文化、有纪律职工队伍的内在要求，是纠正社会不正之风的重要措施之一。

**话题讨论**

李素丽是公交“李素丽服务热线”的负责人，曾任北京市公交总公司公汽一公司第一运营分公司21路公共汽车售票员。她自1981年参加工作后，在平凡的岗位上把“全心全意为人民服务”作为自己的座右铭，真诚、热情地为乘客服务，被誉为“老人的拐杖，盲人的眼睛，外地人的向导，患者的护士，群众的贴心人”。

她认真学习英语、哑语，并努力钻研心理学、语言学，利用业余时间走访、熟悉不同地理环境，潜心研究各种乘客心理和要求，有针对性地为不同乘客提供满意周到的服务。她曾获“全国三八红旗手”等荣誉称号。2019年9月25日，李素丽获“最美奋斗者”个人称号。

有人问她，现在是市场经济，这样做亏不亏？李素丽回答："我觉得人这一生没有不吃亏、不受委屈的，关键是你怎么看，当你感到这个岗位挺光荣，能从中得到乐趣时，挣钱多少就无所谓了。"

从李素丽的话语中我们能体会到热爱本职工作、兢兢业业做好本职工作，就能在平凡的岗位上做出不平凡的业绩。请结合上述故事，发表自己的看法。

## 二、加强职业道德的意义

职业道德既是社会规范在个人身上的体现，也是个体接受外部经验、内化外部经验指导自己行为的重要形式。所以，职业道德教育对个人、学校教育乃至整个社会都具有非常重要的意义。

### 1. 职业道德是推动中国特色社会主义事业发展的必然要求

在"劳动最光荣、劳动最崇高、劳动最伟大、劳动最美丽"的新时代，职业道德的重要性不言而喻。明确职业道德内涵，倡导践行职业道德，不仅是新时代公民道德建设的重要内容，还是培育和践行社会主义核心价值观、弘扬民族精神和时代精神的内在要求，对于推进中国特色社会主义事业、建设社会主义现代化国家具有重要意义。

案例链接

**为火箭"焊心"40年**

1978年，16岁的高凤林以高分考入隶属于首都航天机械有限公司的技校，他所在的班是焊接工艺与制造班。

发动机是火箭的动力源泉。尽管车间里有激光跟踪、视觉追踪等智能设备，可以模仿人的眼睛抓取信号。但在一个焊点宽度仅有0.16毫米的微小空间里进行处理，且需将时间误差控制在0.1秒以内，难度极大——这一切仍旧无法以机器替代人工精准完成。

师傅陈继凤曾告诉他，做好焊接要靠"三性"：稳定性、协调性和悟性。技能的纯熟可以通过反复练习来提升，高凤林就在休息时举着铁块磨炼耐力，吃饭时用筷子练习送焊丝的动作，甚至冒着高温观察铁水的流动规律。

在过去几十年中，高凤林先后攻克航天焊接200多项难关，包括为16个国家参与的国际项目攻坚，被美国宇航局委以特派专家身份督导实施，并著有论文30多篇。2014年年底，他携3项成果参加德国纽伦堡国际发明展，项目全部摘得金奖。

自1980年进厂至今，高凤林一直坚守在车间一线，这一待就是40年，从"小高"变成了"老高"。

车间角落的会议室里，金色的奖杯奖牌、红绒锦旗占满了靠窗的那面墙。这些年总共获得了多少奖项，高凤林没有细算过，但"100多项肯定是有的"。长三甲系列运载火箭、长征五号运载火箭的氢氧发动机喷管都出自他手。

资料来源：《新京报》，2018 年 11 月 23 日，有改动。

2. 职业道德是学生发展阶段中素质教育的必然要求

教育的目的在于学生的成长和发展，让他们掌握更多的知识技能，能认识自己、认识自己与外部世界的关系，形成正确的自我意识、人生观和价值观。因此，学生时期是人的自我意识发展和自我统一性确立的时期。人生观和价值观的形成，逐步克服一些由学校走向社会过程中的不适应和障碍是这一时期的主要心理课题。职业道德教育有利于这些课题的实现，达到提高学生整体素质的目的。

3. 职业道德是学生就业的客观要求

随着教育逐渐与市场接轨，能否适应市场需要为经济建设服务已经成为评价教育成功与否的重要指标。在经济大潮中，用人单位已向教育系统培养的人才提出了新的、更严格的要求。开展职业道德教育，可以适应人才市场对青年学生提出的要求，适应人才市场向教育提出的挑战。

学生是社会主义建设的栋梁，要把我国建设成为富强民主文明和谐美丽的社会主义现代化强国，就必须自觉、认真加强思想品德修养，按照有理想、有道德、有文化、有纪律的标准严格要求自己，必须爱祖国、爱人民、爱劳动、爱科学、爱社会主义，遵守社会公德，还应以共产主义思想品德来激励自己。只有这样，才能赶上时代的步伐，适应形势发展的需要。

## 三、职业道德的作用

职业道德是社会道德体系的重要组成部分，一方面具有社会道德的一般作用，另一方面具有自身的特殊作用。

1. 有利于调节从业人员间及从业人员与服务对象间的关系

职业道德的基本职能是调节职能。一方面，职业道德可以调节从业人员之间的关系，即运用职业道德规范约束职业内部人员的行为，促进职业内部人员的团结与合作。例如，职业道德规范要求各行各业的从业人员团结、互助、爱岗、敬业、齐心协力地为发展本行业、本职业服务。另一方面，职业道德可以调节从业人员与服务对象之间的关系。例如，职业道德规定了制造产品的工人如何对用户负责、营销人员如何对顾客负责、医生如何对患者负责、教师如何对学生负责等。

2. 有助于维护和提高本行业的信誉

一个行业、一个企业的信誉就是它们的形象、信用和声誉。企业的信誉是指企业及其产品与服务在社会公众中的信任程度。提高企业的信誉主要靠产品质量和服务质量，而从业人员的职业道德水平是产品质量和服务质量的有效保证。若从业人员的职业道德水平不高，则很难生产出优质的产品和提供优质的服务。

3. 有利于促进本行业的发展

行业、企业的发展有赖于较高的经济效益，而较高的经济效益源于较高的员工素质。员工素质主要包含知识、能力和责任心三个方面，其中责任心是最重要的。而职业道德水平高的从业人员其责任心是极强的，因此，职业道德能促进本行业的发展。

4. 有助于提高全社会的道德水平

职业道德是整个社会道德的主要内容。一方面，职业道德涉及每个从业者如何对待职业、如何对待工作，是从业人员的生活态度、价值观的表现，是一个人的道德意识、道德行为发展的成熟阶段，具有较强的稳定性和连续性。另一方面，职业道德是一个职业集体，甚至一个行业全体人员的行为表现。如果每个行业、每个职业集体都具备优良的道德，那么其对整个社会道德水平的提高肯定会发挥重要的作用。

## 四、职业道德的原则

社会主义职业道德的三个原则分别是为人民服务的原则、集体主义原则和主人翁的劳动态度原则。

1. 为人民服务的原则

为人民服务既符合历史唯物主义的基本观点，也符合社会主义生产的目的。历史唯物主义告诉我们，人民群众是历史的创造者，是物质财富和精神财富的创造者，因此，人民群众理应成为享有财富的主人，也应接受优质服务。社会各行各业生产的财富就是为了满足人民群众日益增长的物质文化需求。为人民服务作为职业道德建设的核心，是社会主义职业道德区别和优越于其他社会形态职业道德的显著标志。

为人民服务体现了社会主义“我为人人，人人为我”的人际关系的本质。在我国，每个公民不论社会分工如何，不论能力大小，都能够在本职岗位上通过不同形式做到为人民服务。这是每个从业人员职业行为的出发点。与此同时，每个从业人员都在相互服务的情况下生活着，人人都是服务对象，人人又都在为他人服务。

为人民服务贯穿于职业道德的各条基本规范中。《中共中央关于加强社会主义精神文明建设若干重要问题的决议》中指出：“大力倡导爱岗敬业、诚实守信、办事公道、服务群众、奉献社会的职业道德。”其中无不体现着为人民服务的要求，是为人民服务的道德要求在职业生活中的具体化，是把为人民服务的精神贯穿于职业生活中。

**案例链接** **在轮椅上用行动、专业守护武汉**

2020 年年初，面对突如其来的新型冠状病毒感染的肺炎疫情，全国道德模范、武汉软件工程职业学院教师董明和“董明爱心志愿者团队”的100多名小伙伴们一直在争分夺秒地忙碌着。

虽然行动不便，但作为国家心理咨询师的董明想在不给大家添负担的情况下，用自己的行动、专业知识去守护武汉。从大年初一开始，她便投身在抗击疫情心理辅导工作中。她放弃调休，每天坚持16小时，为奋战一线的抗疫工作人员、确诊患者、疑似患者、隔离人员及心理焦虑的普通群众提供义务心理咨询服务。

她前期发动各方资源，为最早来武汉的援助医疗队提供免费食物、水果、蔬菜等，接着为武汉市4所方舱医院联系物资，送去30台消毒机器人、18吨84消毒液。

面对繁重的社区任务，董明主动请战，到两个社区成立服务居民党支部。她和爱心志愿者团队探索“云服务”新模式，用最短时间收集居民生活个性化所需，针对不会使用计算机和手机的人群开展志愿者上门服务。

为了给居民购买平价爱心菜，董明和爱心志愿者团队的每个人都绞尽脑汁，各显神通。迄今为止，他们已经为小区开展了百余次爱心团购，从蔬菜、肉到大米、面粉，从洗护用品到生活用品，各种物资无所不包。

董明说：“武汉是我生活了30多年的城市，我得用行动、用专业去守护它。即使坐在轮椅上，我也要践行一名共产党员的初心与使命！”

资料来源：《全国道德模范董明：在轮椅上用行动、专业守护武汉》，湖北文明网，2020年3月14日，有改动。

### 2. 集体主义原则

集体主义是一种先公后私、公私兼顾的思想，是坚持集体利益高于个人利益、兼顾集体利益与个人利益的价值观念和行为准则。

职业道德的基本原则是国家利益、集体利益和个人利益相结合的集体主义。坚持这样的原则，最重要的是摆正国家利益、集体利益和个人利益的关系。

（1）坚持集体利益高于个人利益、全局利益高于局部利益。

（2）兼顾集体利益和个人利益，使之共同发展。

（3）坚持集体主义，反对极端个人主义，抵制行业不正之风。

**案例链接**

#### 苦战82天，把胆留在武汉

2020年4月16日，中国工程院院士、天津中医药大学校长张伯礼离开他苦战82天的武汉，乘高铁G294回到天津。

1月26日，大年初二晚，正在天津忙于指导疫情防控的张伯礼接到中央疫情防控指导组飞赴武汉的通知。从1月27日开始，张伯礼院士深入定点医院、方舱医院、社区，给患者会诊，调查疫情，制订中医治疗方案，研究中药治疗新冠肺炎的处方。

说到来武汉时的情形，张伯礼曾一度哽咽。

张伯礼：知道当时武汉的疫情很重，也有思想准备要来，甚至自己想申请来，但是来的瞬间……（哽咽）这触到泪点上了。

记者：为什么在说到这个时间的时候，您的反应会这么大？

张伯礼：因为当时已经知道武汉情况是很严重的，并且对冠状病毒的了解远远不像现在这么多。我这个岁数本身在这摆着，说明疫情很重才让我来负责，否则不会让我这个老头来。

记者：您可以说不来吗？

张伯礼：绝对不能说，没想到不来，一点都没想过。（疫情）不紧张不会叫你来，这是一个。第二个，领导叫你来就是一份信任，这份信任是无价的，绝对不能推。

2 月 12 日，张伯礼率领中医国家队进驻江夏中医方舱医院。江夏中医方舱医院副院长熊侃介绍，张院士作为总顾问，他穿上防护服，走进隔离区查房，为患者拿脉、查看舌苔，了解病情。一个上午，防护服早已被汗湿透。

晚上，张伯礼院士又召集 5 省市几名知名中医专家会诊，在张伯礼院士的指导下，制定了江夏中医方舱医院一号方、二号方。后期，江夏中医方舱医院基本做到了“一人一方”。

从 2 月 14 日开舱至 3 月 10 日休舱，江夏中医方舱医院运行 26 天，总计收治患者 564 人，治愈出院 392 人，其他患者在休舱后转到江夏区人民医院和雷神山医院治疗观察。截至休舱，江夏中医方舱医院实现了“3 个零”：患者零转重、零复阳，医护人员零感染。

由于过度劳累，张伯礼院士胆囊炎发作，腹痛难忍，中央指导组的领导令他住院治疗。2 月 19 日凌晨，张伯礼在武汉接受了微创胆囊摘除手术。手术后第三天又投入工作，他说：“肝胆相照，我把胆留在这儿了。”

他的儿子也是天津医疗队成员，到武汉后听说父亲病了，要去看他，张院士说：“你不要来看我，你看好你的患者就行。”

术后，张伯礼的双腿又出现血栓，必须卧床，医生说要至少休息两个星期。张伯礼急了，他说自己尽量听话，多给点药，最后住了一个星期就返回了江夏中医方舱医院。

江夏中医方舱医院休舱后，张院士没有忘记还在江夏普安山康复驿站的康复患者。3 月 18 日，他来到康复驿站为康复患者看门诊，帮助他们康复。他和团队成员专门为康复患者研究制定了“康复一号”“康复二号”“黄连茯苓汤”等处方，供“康友”们服用。他与许多“康友”都结下了深厚的友谊。

资料来源：https://www.thepaper.cn/newsDetail_forward_7004197，有改动。

### 3. 主人翁的劳动态度原则

主人翁心态是认同感强，为自己做事，对结果负责，责任感强，把该做的事情当作自己家的事情，全力以赴调动一切资源完成任务，分享自己努力的成果，做事投入，主动积极。在社会主义社会里，所有劳动者都是国家的主人，劳动者的主人翁地位是由社会主义制度所决定的。充分认识劳动者的主人翁地位有利于激发劳动者的积极性。

## 五、职业道德的特征

职业道德作为从业人员道德生活的特定领域，具有以下几个方面的特征。

### 1. 职业道德的核心是端正新的劳动态度

在社会主义社会里，劳动是每个有劳动能力的公民应尽的义务和光荣的职责，决定每个公民社会地位的不再是私人占据财产的状况、传统门第、民族、出身、性别、职业，而是个人的能力、劳动及对社会所做出的贡献；劳动成了社会生活中重要的道德标准。此外，职业生活在社会主义社会里已经成为最基本的实践形式，职业道德所倡导的热爱本职工作和忠于职守的核心恰恰就是劳动态度。因此，树立新的劳动态度就从根本上解决了社会主义职业道德问题。

### 2. 职业道德具有相对独立的规范体系

社会主义职业道德是社会主义道德在职业生活中的特殊表现，反映行为道德调节的特殊方向。各种不同的职业对劳动者有特殊的道德要求，这种特殊的道德要求显然不能由社会道德代替，必须在社会主义道德的基本原则和规范的指导下，建立一些具体的职业道德规范和范畴，保护与发展某些特殊职业所流传的健康的风俗和习惯，并将其作为社会主义道德的具体化和补充。这里体现着社会主义时期社会主义道德的多样性和层次性。没有这种多样性和层次性，社会主义道德就不能在社会生活和职业生活中得到生动体现与有效地发挥作用。正因如此，职业道德具有相对独立的规范体系。

### 3. 职业道德兼有强烈的纪律性

纪律也是一种行为规范，但它是介于法律和道德之间的一种特殊的规范。它既要求人们能自觉遵守，又带有一定的强制性。遵守纪律，既是一种美德，也带有强制性，具有法令的要求。例如，工人必须执行操作规程和安全规定，军人要有严明的纪律，等等。因此，职业道德有时又以制度、章程、条例的形式表达，让从业人员认识到职业道德具有纪律的规范性。

### 4. 职业道德的内容具有人民性

在我国，职业道德是建立在社会主义制度基础上的，各种职业都是整个社会主义事业的一个有机组成部分。社会主义社会消除了人与人之间的剥削与被剥削的关系，在根本上使职业利益同整个社会的利益一致起来。因此，各行各业可以形成共同的道德要求，其根本要求就是为人民服务。在社会主义社会里，对于从事各种职业的人来说，不论是热爱本职工作还是忠于职守，都应该把为人民服务作为工作的出发点，并以努力满足人民的需要作为自己工作的目的。例如，社会主义商业道德强调商业工作人员要诚信、童叟无欺，要对顾客主动、热情、耐心、周到，要急顾客之所急，等等。简而言之，社会主义职业道德把从事各种职业的人的利益同广大人民群众的利益有机地统一起来，使职业道德服从于人民的利益，构成了区别于以往各种职业道德的本质特征，也使其能在调整人与人之间的关系上发挥历史上前所未有的重要作用。

### 5. 职业道德是社会主义道德体系的组成部分

社会的道德要求是一个复杂的、多层次的、交叉的规范结构。从纵的方向看，它包括社会主义集体主义道德原则，包括以爱祖国、爱人民、爱劳动、爱科学、爱社会主义和社会主义人道主义为基本内容的道德规范，包括具有全人类性的社会公共生活规则，包括义务、良心、荣誉、幸福、正义、价值、善恶等道德范畴。这里，社会主义的道德原则、道德规范和道德范畴是三个不同的层次。其中，道德原则是一切道德规范和道德范畴的统帅，而一切道德规范和道德范畴都是它的具体化与补充。它决定着整个社会主义社会道德要求的性质和方向，从根本上指导人们如何处理个人之间、个人与社会之间的关系。从横的方向看，在社会主义制度下，人们的社会生活可以分为家庭生活、职业生活和公共生活三大领域。与此相对应，用以指导和调整个人与社会之间关系的社会主义道德规范也分成婚姻家庭道德、职业道德和公共生活规则三大部分。在这个意义上，我们所说的社会主义职业道德就是职业范围内社会主义道德的特殊道德要求，是社会主义道德在职业生活中的具体体现。

### 6. 职业道德的形成和发展具有灌输性

职业道德是在以公有制经济为主体的社会主义经济基础上建立的职业道德；是在马克思主义的教育下，通过社会主义社会中有觉悟的成员的努力建立起来的。社会主义职业道德是社会主义道德体系的有机组成部分，它必然是在马克思主义理论的教育下，特别是在伦理学的理论教育下成长起来的。要使人们具有社会主义职业道德的意识，只能“从外面灌输进去”。因此，加强对广大群众的马克思主义和党的路线方针的教育，使他们认清社会主义职业的性质和特点、了解本职业在社会主义社会中的地位和职责是十分重要的。

### 7. 职业道德的延续具有继承性

职业道德是在长期实践过程中形成的，会被作为经验和传统继承下来。即使在不同的社会经济发展阶段，同样一种职业因服务对象、服务手段、职业利益、职业责任和义务相对稳定，职业行为的道德要求的核心内容将被继承和发扬，从而形成被不同社会发展阶段普遍认同的职业道德规范。例如，从古希腊名医希波克拉底到我国唐代名医孙思邈，再到现代世界医生联合会制定的《日内瓦誓约》，都主张医德是对患者一视同仁、救死扶伤等。

虽然各时代医德的具体内容有所不同，但有一些基本内容是继承发展的，有连续性，也是相对稳定的。

8. 职业道德因行业不同而具有多样性

不同的行业和不同的职业有不同的职业道德标准。每种职业都担负着一种特定的职业责任和职业义务。由于各种职业的职业责任和职业义务不同，从而形成各自特定的职业道德的具体规范。例如，教师职业道德主要是教书育人，为人师表；商业职业道德则是服务周到，买卖公平。

## 六、从业人员应具备的职业道德

职业道德是所有从业人员在活动中应该遵循的基本行为准则，建设良好的职业道德，可以反作用于经济基础，对于提高服务质量、建立人与人之间的和谐关系、落实为人民服务的宗旨、纠正行业的不正之风都具有其他手段不可替代的作用。在现实社会中，无论从事何种行业，都无高低贵贱之分，都是社会中的从业人员，是作为社会中的一分子进行活动的，都具有社会意义，同样具有社会责任感、使命感和光荣感。

**话题讨论**

小张和小赵是从小一起长大的好朋友，毕业于同一所学校，又在同一家工厂上班，做同样的工作，但他们的职业道德与训练并不相同。

小张在学校时就严格按照校规校纪的要求去做，工作后，严格遵守工厂的各项规章制度，身体力行岗位道德规范，工作扎实，业务日益熟练，业绩连年创优，很快就成为业务骨干，两年后被提升为车间副主任。

小赵在学校时不重视职业道德的训练，认为规矩太多，会扼杀了自己的个性，约束了自身的自由。参加工作后，他总是马马虎虎，大大咧咧，经常出现一些小差错，有一次还差点酿成事故。同事们对他意见很大，工厂领导经多次批评无效后只好将他辞退。

请讨论：

（1）两位同学的职业发展为什么有不同的结果？

（2）你认为应该如何养成良好的职业道德行为？

1. 商贸工作者的职业道德

随着社会主义市场经济的发展，商贸工作者必须遵守的职业道德规范变得更加明确和重要。

（1）平等待客，一视同仁，对所有的顾客都要做到热情、主动、耐心和周到。

（2）讲究商贸信誉、公平、诚实无欺，做到货真价实，不以次充好，不欺骗顾客，实事求是地宣传商品，信守合同，严格履行协议。

（3）廉洁奉公，热情服务。商贸工作者应严格执行国家的价格政策和有关规定，不滥用职权，不损公肥私，满足顾客需求，热情地为所有顾客服务。

### 2. 管理工作者的职业道德

管理工作者执行着一种检查督导的职责，因而管理工作者的职业道德对社会的影响是非常大的。管理工作者要做到以下三点：

（1）一心为公。管理工作者要把国家利益和集体利益放在第一位，这样才能在管理工作中全心全意为人民服务，以不断取得成绩为目标。

（2）掌握科学的管理方法。要做一名合格的管理工作者，必须具有相关专业的管理知识，掌握一定的管理方法。没有相应的管理知识，做一名合格的管理工作者是不可能的。

（3）处理好人际关系。管理工作者直接与人打交道，必须具备谦逊的态度、耐心的作风、公而忘私的品格，才能使别人自愿、愉快地接受管理。

### 3. 医护工作者的职业道德

衡量社会道德发展水平的高低，医护工作是比较具有代表性的。医护工作者的职业道德被称为医德，医德是人类道德水平的集中体现，是人性的表露和张扬，主要表现在以下两个方面：

（1）救死扶伤是社会主义医德的第一要求。

（2）不分亲疏远近、职业高低，视患者为亲人，这是社会主义医德的首要标准。

**案例链接**

#### 使命感让我战胜恐惧

面对一种突发的、未知的、全新的病毒，普通人大多会惊慌失措、避之唯恐不及，而有一群科学家却会在第一时间找到病毒并与之“交战”。第十六届中国青年女科学家奖获得者朱华晨便是其中之一。这次新冠肺炎疫情暴发，朱华晨也站在了病毒研究的第一线。朱华晨身兼数职，既是香港大学公共卫生学院副教授、汕头大学教授，也是汕头大学·香港大学联合病毒学研究所/粤港新发传染病联合实验室副所长，与 H1N1、H7N9、MERS 等恶性病毒性疾病是“老相识”了。

长期且密切地与病毒打交道，不怕吗？“责任感和使命感会远远超过那一点点恐惧和顾虑。”朱华晨说。

她记得每次通过分析病毒序列找到病毒来龙去脉时的心情，那些时刻要比拿奖和发论文还要让她喜悦。“那种欢喜是更加发自灵魂的欢乐，因为你会觉得自己原来是这个世界上第一个知道自然秘密的人。就好像忽然打通了自己跟自然界的一个对话通道，虽然它很小，但透过它你能幸运地窥视到自然里面的某个秘密。”

在朱华晨心中，最完美的人应该是脚踏实地、对社会有所承担、时刻保持拼搏精神的人。

朱华晨出生在20世纪70年代，她所接受的家庭和学校教育十分看重集体主义。在她小时候，父亲常对她说一句话：不要问你的国家为你做了什么，要问你能为国家做什么。在朱华晨看来，个人的很多东西，包括休息时间，甚至家庭，是可以为社会做出必要的牺牲的。

“适可而止”从来不存在于朱华晨的字典里。她认为人一辈子都必须保持一种向上的精神，才不会泯然众人，才不会让自己荒废掉。“每个人身上都会有自己擅长，或者发光的东西。如果你能够不断去学习，充实自己，保持这种向上的状态，即使你一开始可能只是土里的一粒种子，总有一天你会成长，会冲上去的。所以，没有谁生来就是女神，生活可能会把你压在泥土最底层里，如果你自己一直保持这种拼搏向上的精神，总有一天你会出头的。”

资料来源：http://news.cctv.com/2020/03/11/ARTIN2XJZ0V1JnKMNEIu71RR200311.shtml，有改动。

### 4. 教师的职业道德

教师的职业道德被称为师德，教师的职业道德水平对学生有着不可估量的影响。教师的职业道德主要表现在以下几个方面：

（1）教师要追求道德的完善，做一名社会文化思想的优秀传播者。教师应自觉树立“园丁”精神，热爱自己的职业，热爱自己的学生，忠诚于人民的教育事业，为祖国培养合格的社会主义建设人才。

（2）教师要有极端负责的职业道德，这样才会对学生产生强烈的责任感，诲人不倦；才能克服一切困难，献身于祖国的教育事业。

（3）教师要把培养德、智、体、美、劳全面发展的优秀青年作为自己职业道德的核心。因此，教师要有强烈的历史使命感和自豪感，把国家的兴旺发达看作已任，把祖国的前途和自己的工作密切联系起来。

**案例链接**

**最美教师米玛潘多**

在拉萨北京实验中学有一位被称为“潘妈妈”的教师，从“潘姐姐”到“潘妈妈”一叫就是14年。

米玛潘多把全部精力放在学生身上，把每个学生送上大学是米玛潘多最大的愿望！她的教育理念是爱生必须用真情，情真方能育良才！米玛潘多让我们看到了教师与学生之间的心连心。她说她更感谢这些学生，是他们让她看到了生活的希望，让她从14年的痛苦中走出来，让她继续实现自己的教育梦想。

从教14年，米玛潘多早出晚归，把学校当作家，把学生当作自己的孩子。在她的生命里，最重要的事情就是教好这些孩子，帮助他们拥有更灿烂的未来。她从来没有想过自己也需要休息，她把青春奉献给了一代又一代的孩子，她送走了一批又一批祖国的未来。她是学生们的好妈妈，她传授给孩子们的不只是知识，还有美好的品德和善良的人性。

工作以来，米玛潘多多次被学校评为优秀教师、优秀管理工作者和优秀教育工作者。他于2012年8月被评为拉萨市创全国文明城市先进个人，2016年9月被评为西藏自治区先进德育工作者，2017年7月被评为拉萨市优秀共产党员，2017年被拉萨市人民政府授予“李氏教育个人奖”，2017年带领的高三年级团队被拉萨市人民政府授予“李氏教育奖优秀教师团队”等荣誉。

米玛潘多用自己人性的闪光点点亮了孩子们的未来。她凭着对教育事业执着的追求和强烈的责任感，在“三尺讲台”上书写自己的完美人生。

资料来源：http://tv.cctv.com/2019/08/29/ARTIEY6fhPnYS7Qfvq6ikN6d190829.shtml，有改动。

### 5. 会计职业道德

会计职业道德是会计人员在其工作中正确处理个人与个人之间、个人与社会之间关系的行为规范和准则。它体现了社会主义经济利益对会计工作的要求，是会计人员在长期实践中形成的。加强会计职业道德建设，提高会计人员的道德素质，对于正确贯彻国家有关政策法令、加强企业管理、提高经济效益具有十分重要的意义。

（1）坚持原则，遵纪守法。会计人员肩负双重任务，一方面他同单位其他人员一样，按照法律的规定维护所在单位合法的经济利益；另一方面，他直接担负着国家赋予的严格执行财经纪律的职责，坚持原则，遵纪守法。坚持原则要求会计人员熟悉财经法律、法规和国家统一的会计制度，在处理经济业务过程中不为主观或他人意志左右，始终坚持按照会计法律、法规和国家统一的会计制度的要求进行会计核算，实施会计监督，确保所提供的会计信息真实、完整，维护国家利益、社会公众利益和正常的经济秩序。

（2）忠于职守，廉洁奉公，诚实守信。这要求会计人员谨慎，信誉至上，不为利益所诱惑，不伪造账目，不弄虚作假，如实反映单位经济业务事项。同时，还应当保守本单位的商业秘密，除法律规定和单位领导者同意外，不得私自向外界提供或者泄露本单位的会计信息。

（3）实事求是。会计人员在任何条件下，对会计预测和核算的内容都要如实反映，当老实人，办老实事，说老实话，绝不弄虚作假，保证会计数字和信息的真实性。

（4）廉洁自律。廉洁自律要求会计人员必须树立正确的人生观和价值观，严格划分公私界限，做到不贪不占，遵纪守法，清正廉洁；正确处理会计职业权利与职业义务的关系，增强抵制行业不正之风的能力。

# 第二节 职业道德规范要求

职业道德规范是从业人员处理职业活动中的各种关系、矛盾的行为准则，是从业人员在职业活动中必须遵守的道德规范。从“最美奋斗者”到“共和国勋章”获得者，无不在各自岗位上取得了非凡成就，在共和国发展征程上立下了不朽功勋。他们身上散发出来的职业之光充分诠释出以爱岗敬业、诚实守信、办事公道、服务群众、奉献社会为主要内容的职业道德。

## 一、爱岗敬业

“如果你是一滴水，你是否滋润了一寸土地？如果你是一线阳光，你是否照亮了一分黑暗？如果你是一颗最小的螺丝钉，你是否永远守在你生活的岗位上？”这是雷锋日记里的一段话，它告诉我们，无论在什么样的岗位上都要发挥最大的潜能，做出最大的贡献。

### （一）爱岗敬业的含义

爱岗敬业就是认真对待自己的岗位，对自己的岗位职责负责到底，无论在任何时候，都尊重自己的岗位职责，对自己的岗位勤奋有加，即用一种恭敬严肃的态度对待自己的工作，认真负责、任劳任怨、精益求精。爱岗敬业作为最基本的职业道德规范，是对人们工作态度的一种普遍要求。爱岗和敬业总是联系在一起的，爱岗是敬业的前提，敬业是爱岗感情的进一步升华。

弘扬职业道德，真正做到干一行爱一行钻一行，就要在脚踏实地的同时仰望星空，从刻苦工作中领略到高尚情操，体现出价值意义。工作即是事业，事业即是爱好，爱好滋润品德，品德回馈工作。职业价值和职业品德正是我们参与工作、参与劳动的意义所在。

### （二）爱岗敬业的意义

爱岗敬业是人类社会最普遍的奉献精神，它看似平凡，实则伟大。

#### 1. 爱岗敬业是服务社会、奉献社会的重要途径

奉献精神是我国劳动人民的一个优良传统，从业人员无论在什么工作岗位上都需要必要的敬业奉献精神。一个从业人员如果没有敬业奉献精神，就不可能被社会所容纳，更不可能有自己选择职业岗位的机会。所以，立足本职、爱岗敬业、挑战自我、奉献社会是每个从业人员都必须做到的。

#### 2. 爱岗敬业是各行各业从业人员的生存根本

工作本身无贵贱之分，但是对工作的态度却有高低之别。要看一个人能否做好事情，只要看他对待工作的态度即可。而一个人的工作态度与他的性情、才能有着密切的关系。一个人所做的工作是他人生态度的表现。如果一个人轻视自己的工作，把它当成低贱的事

情，那么他绝不会尊重自己；一个人因为看不起自己的工作，所以备感工作艰辛、烦恼，自然就不会把工作做好。当今社会，有少部分人不尊重自己的工作，不把工作看成创造一番事业的必由之路。那些看不起自己工作的人往往是一些被动适应生活的人。

一般来说，条件好、工作轻松、收入高的行业容易使其从业人员做到爱岗敬业。相反，如果一个人的工作地点偏僻、生活条件艰苦、态度比较浮躁、缺乏对自我的正确评价，那么其在思想上难免会有波动，就不会爱自己的岗位，更谈不上敬业了。所以，明确爱岗敬业的现实意义、加强个人职业道德修养尤为重要。

#### 3. 爱岗敬业能促进良好社会风气的形成

爱岗敬业能帮助人们正确处理同事间的关系，化解各种矛盾。一个具有爱岗敬业精神的人就会有一个博大的胸怀，就不会“私”字当头，就不会斤斤计较个人得失。一个具有爱岗敬业精神的团队，大家的注意力就会集中到工作上，而不是人际关系上，人际关系就会和谐。同时，一个人的爱岗敬业精神可以感染同事，使他们与自己同心同德，齐心协力做好工作。每个人都应该在工作中进行“苦其心志、劳其筋骨”的磨炼，耐得住寂寞、坐得住板凳，大处着眼、小处着手，让爱岗敬业成为自己自觉的职业道德行为。

### （三）爱岗敬业的基本要求

爱岗敬业作为公民道德和职业道德的基本规范，说起来容易，做起来难，要一生一世坚持做到爱岗敬业，更是一件不容易的事情。因此，要做到爱岗敬业，必须做到乐业、勤业与精业。

#### 1. 乐业

乐业就是发自内心地热爱自己所从事的职业和岗位，把做好工作当成最快乐的事。乐业体现在职业情感和职业行为两个方面。

职业情感是人们对所从事的职业的好恶、倾慕和鄙夷的情绪与态度。热爱一项工作就意味着对它有一种崇高的职业尊严感和荣誉感、明确的事业心和成就感、强烈的自信心和自尊心，始终深信自己的工作是有益于国家、有益于民族、有益于他人的。从事一项工作，就应对它抱有浓厚的兴趣，倾注满腔的热情，把它看作一种乐趣，看作生活中不可缺少的内容，并在刻苦奋斗后取得成就时感到无比兴奋和快乐。

图文

“感动中国”2019年度人物——樊锦诗

此外，内心的职业情感必然表现在具体的职业行为中。职业行为是人们在职业活动中的所作所为。对所从事的职业和岗位的热爱必然体现在日常的工作态度与工作作风上，把乐业的思想通过职业行为表现出来。

**案例链接**

### “敦煌的女儿”樊锦诗

80 多岁高龄仍在为“敦煌”二字劳心劳力，未有一刻停歇，她就是“敦煌的女儿”樊锦诗。

1963 年 7 月，樊锦诗从北京大学毕业，带着强烈的事业心和高度的责任感来到敦煌。50 余年间，樊锦诗视敦煌石窟的安危如生命，扎根大漠，潜心石窟考古研究，完成了敦煌莫高窟北朝、隋、唐代前期和中期洞窟的分期断代。改革开放以来，她坚持改革创新，带领团队致力于世界文化遗产的保护传承，积极开展文物国际交流合作，引进先进保护理念和保护技术，构建"数字敦煌"，开创了敦煌莫高窟开放管理新模式，有效地缓解文物保护与旅游开发的矛盾；在全国率先开展文物保护专项法规和保护规划建设，探索形成石窟科学保护的理论与方法，为世界文化遗产敦煌莫高窟文物和大遗址保护传承与利用做出突出贡献，被誉为"敦煌的女儿"。

"敦煌叫人着迷，我的心一直在敦煌，要去守护好敦煌，这就是我的命。"樊锦诗说，她用 57 年的执着和坚守、甘愿用生命守护敦煌的坚定信念，谱写了一个文物工作者的平凡与伟大。

资料来源：https://baijiahao.baidu.com/s?id=1667080477329342767&wfr=spider&for=pc，有改动。

就业并不难，难的是敬业。一个恪尽职守、忠诚敬业的人必然能成就事业的辉煌；相反，一个人如果好高骛远、眼高手低、挑肥拣瘦、无所用心，把事业当成混饭吃的职业，最终将一事无成、平庸一生。

每个人对自己的职业都有不同的心理体验，如果一个人只是敬畏自己的职业，将自己的职业仅看作"干活挣钱"的行业，很害怕失去它，那么他对自己的工作虽然尽职尽责，但心理上没有快乐而言，会缺少激情和创造力。而爱业者能自立自强，把职业感情升华，成为乐业者，并能做到无怨无悔。由爱业到乐业是一个人将自己的工作从视为职业到视为事业的飞跃，这样就不会把工作看成苦差事，甚至在条件艰苦时也能以苦为乐，在工作中就会保持良好的工作态度，不畏困难和复杂的工作，勇于进取，甘于奉献。

可见，乐业能让人进入一种忘我的境界，与自己所从事的工作融为一体，情感、智慧、才华喷涌而出。你因工作而快乐，社会大众因你而快乐。

### 2. 勤业

勤业就是忠于职守、认真负责、刻苦勤奋、不懈努力。古人云："业精于勤，荒于嬉；行成于思，毁于随。"从业人员要始终保持一种张弛有序的工作状态，保持一种昂扬向上的精神，做到"三勤"——腿勤、手勤和脑勤。

### 3. 精业

精业就是从业人员对本职工作要业务纯熟、精益求精，力求使自己的技能不断提高，并且要在工作中有所发明、有所创造。要做到精业，必须好学上进，不断追求高质量，不断开拓创新。

## 二、诚实守信

诚实守信是为人处世的基本准则，是中华民族的传统美德之一，是从业人员对社会、对人民所承担的义务和职责，是人们在职业活动中处理人与人之间的关系的道德准则。

### （一）诚实守信的含义

诚实就是表里如一，说老实话，办老实事，做老实人。守信就是信守诺言，讲信誉，重信用，忠实履行自己承担的义务。诚实守信是各行各业的行为准则，也是做人做事的基本准则，是社会主义最基本的道德规范之一。

### （二）诚实守信的意义

诚实守信是中华民族的传统美德之一，无论是过去还是现在，对于建设人类社会文明都是极为重要的。

（1）对个人而言，诚实守信是为人之本，从业之要。做人是否诚实守信，是一个人品德修养状况和人格高尚的表现。做人是否诚实守信，是能否赢得别人尊重和友善的重要前提条件之一。

（2）诚实守信是各行各业的生存之道。各行各业之间的竞争归根到底是信誉和质量的竞争。企业有了诚信的经营理念，才能赢得消费者的青睐。但遗憾的是，在如今的社会中，我们仍然可以看到一些为了追求眼前利益而置诚信于不顾的行为，这些行为严重影响了市场的良性运作，甚至让社会诚实守信的体系受到前所未有的冲击。

（3）诚实守信是维系良好的市场经济秩序必不可少的道德准则。诚实是市场经济的基础，守信是市场经济最直接的道德基础。没有信用，就没有秩序，市场经济就不能健康发展。

### （三）诚实守信的基本要求

1. 诚信无欺

在生产者和消费者、商品的经营者和购买者的关系中，在市场交易中，要货真价实、明码标价、合理定价，提供真实的商品信息，反对和杜绝欺骗服务对象的各种职业行为。

2. 讲究质量

把质量放在第一位，以质量求生存，以质量求发展；不以次充好，不生产、销售假冒伪劣产品。

3. 信守合同

在签订合同时，要诚心诚意，认真负责；履行合同时，要一丝不苟，不折不扣。如果遇到困难或意想不到的情况，应想办法克服。一旦出现不能履行合同的情况，应承担责任。

不以欺诈等不公平的方式签订合同，不中途违约、毁约。

## 三、办事公道

办事公道就是根据事情的是非曲直去判断，按照职业规范去办事，不因人情羁绊而改变。例如，春秋时期，晋平公问祁黄羊，南阳没有郡令，谁合适？祁黄羊推荐解狐。晋平公愣了：“他不是你的仇人吗？”“您问的是谁适合，没问是不是我的仇人。”后来掌管军事的官职缺人，晋平公又问祁黄羊，祁黄羊推荐的是祁午。“这不是你儿子吗？”“您问的是谁合适，没问是不是我儿子。”这便是著名的“内举不避亲，外举不避仇”，反映到职业道德上，这就是办事公道，不因人情羁绊而破了规范。

### （一）办事公道的含义

公道是几千年来为人所称道的职业道德。人是有尊严的，人们都希望自己受到与别人一样的对待，企盼在法律面前人人平等。因此，人们一直歌颂那些秉公办事、不徇私情的清官明主，如宋朝的包拯等。当前，我们正处于市场经济的大潮中，市场经济中的平等互利原则体现了买卖双方的平等地位，因此在经济领域中要处事公平、办事公道。

办事公道是指在办事情、处理问题时，要站在公正的立场上，对当事双方公平合理、不偏不倚，不论对谁都按照一个标准办事。职业人员要做到办事公道，就要在大是大非面前立场坚定，在政治风浪面前头脑清醒，自觉抵制腐朽思想文化，当个人利益和集体利益出现冲突时自觉服从大局，确立高尚的人生追求和健康向上的生活情趣，做到不仁之事不为、不义之财不取、不正之风不染、不法之行不做，自觉过好名位关、权力关、金钱关、色情关和人情关，做到照章办事、按原则办事，做到行所当行、止所当止。

### （二）办事公道的意义

#### 1. 办事公道有助于社会文明程度的提高

在职业生活中公事公办，不刮“人情风”，社会风气就会良好，工作、学习和生活环境就会和谐。办事不一视同仁，“走后门”“看人情”，都是不公道的表现。

#### 2. 办事公道是市场经济的内在要求

办事公道是市场经济良性运行的有效保证。市场经济是一种充满自由竞争的经济。竞争是公开的、激烈的、无情的，它反对无序，反对不择手段，反对不公平竞争。市场经济还是一种十分注重信誉的经济，它反对欺诈和言而无信。

#### 3. 办事公道是企业能够正常运行的基本保证

办事公道是企业赢得市场、生存和发展的重要条件，是抵制行业不正之风的重要内容。企业管理者办事公道，才能创造和谐的组织气氛。如果亲疏有别，重情薄义，处事不公，定会群情不平，怨声载道，人心涣散，人才流失，一切组织目标将难以执行。

总之，坚持办事公道的职业道德规范要求，在各职业领域更好地为人民服务，是推动社会主义事业前行的关键。

话题讨论

包拯断案公正，不论是黎民黔首，还是皇亲国戚，他都一视同仁，从不徇私枉法。不畏权贵，为民请命，使包拯赢得了“包青天”的美誉。

结合上述事例，说明为人处世为什么要讲究公道。

### （三）办事公道的基本要求

1. 客观公正

在办理事情、解决问题时，要客观判断事实，重视证据，公正对待所有当事人，不偏袒某一方，更不能作为某一方的代表去介入。

2. 照章办事

照章办事就是严格按照规章、制度办事，不打折扣、不徇私情。它要求人们待人公平、以人为本，理解人、尊重人，不以好恶待人，不以貌取人，不以年龄看人。

3. 公私分明

公私分明是指不能凭借自己手中的职权谋取个人私利，损害社会集体利益和他人利益。在职业实践中要正确认识公与私的关系，增强整体意识，培养集体精神，要富有奉献精神。要从细微处严格要求自己，要在劳动创造中满足和发展个人的需要。

4. 光明磊落

光明磊落是指做人做事没有私心，胸怀坦荡，行为正派。从业人员要注意培养和锻炼光明磊落的良好风尚，把社会利益、集体利益放在首位，说老实话，办老实事，做老实人，坚持原则，无私无畏，敢于负责，敢担风险。

5. 提高认知能力

如果一个人认识能力很差，就会搞不清分辨是非的标准，分不清原则与非原则，就很难做到办事公道。所以，要做到办事公道，还必须加强学习，不断提高认识能力，明确是非标准，分辨善恶美丑，并有敏锐的洞察力。

## 四、服务群众

### （一）服务群众的含义

服务群众就是全心全意地为人民群众服务，一切以人民的利益为出发点和归宿。它是社会全体从业者通过互相服务促进社会发展、实现共同幸福的直接体现。服务群众是一种现实的生活方式，也是职业道德要求的一个基本内容。

### （二）服务群众的意义

在市场经济条件下，做好服务具有重要的意义和作用。首先，服务质量已经成为产品质量的一个重要组成部分；其次，服务质量是企业生存和发展的内在要求，是社会主义市场经济健康发展的要求。

**案例链接**

#### 光谷“AI 无人警局”服务群众零距离

为了让辖区群众只需一次申请，就可实现光谷公安政务服务高频事项“不见面”办理，武汉市公安局东湖新技术开发区分局依托线上“光谷公安”微信公众号、线下“无人警局”优势，大力推行无接触式服务。

这是武汉东湖新技术开发区公安分局助力社区疫情防控推行的重点举措，他们坚持把抓好疫情防控和保障群众办事、企业复工有效结合，不断加大宣传力度，全力推行线上服务，广泛宣传引导群众网上咨询、网上申报、网上办理业务。

自武汉“解封”以来，AI 无人警局线下共发放居民身份证 49 个，办理各类证明 21 件，受到社区群众的热烈好评。

资料来源：https://www.thepaper.cn/newsDetail_forward_6978166，有改动。

### （三）服务群众的基本要求

服务群众的基本要求就是热情周到、满足需要。首先，从业人员以主动、热情、耐心的态度对待群众，把群众当作亲人，服务细致周到，勤勤恳恳；其次，从业人员努力为群众提供方便，想群众之所想，急群众之所急，关心他人疾苦，主动为他人排忧解难。

## 五、奉献社会

奉献社会就是要求从业人员在自己的工作岗位上，树立奉献社会的职业精神，并通过兢兢业业地工作自觉地为社会和他人做贡献。奉献社会的道德要求体现了社会主义职业道德的目标指向。所有的社会主义职业道德规范，即爱岗敬业、诚实守信、办事公道、服务群众等，都要体现奉献社会的职业精神。

图文

“感动中国”2019年度人物——四川森林消防员

### （一）奉献社会的含义

奉献社会就是积极自觉地为社会做贡献。这是社会主义职业道德的本质特征。奉献社会自始至终体现在爱岗敬业、诚实守信、办事公道和服务群众的各种要求之中。奉献社会并不意味着不要个人的正当利益，不要个人的幸福；恰恰相反，一个自觉奉献社会的人才真正找到了个人幸福的支撑点。奉献和个人利益是辩证统一的。

### （二）奉献社会的意义

奉献社会是一种高标准的职业道德规范要求，对于现代化转型过程中的职业及其从业人员的发展具有以下重要意义：

（1）有助于克服极端个人利己主义的蔓延，确保职业发展的社会主义性质。

（2）有利于倡导奉献，提升职业道德水平，促进职业健康发展。

（3）有利于形成良好的职业风尚，促进和谐社会的发展。

（4）有利于实现人生价值。人是作为具有价值性的事物存在的，而人的这种价值性主要表现为人的社会价值性，其主要是通过职业工作的社会贡献性来得以衡量与体现的。

案例链接

**最美教师周贤怡**

贵州省惠水县第四幼儿园教师周贤怡，是一名身患癌症的年轻幼儿教师、一个普通的共产党员。

2011年年底，她的脖子右侧长了一个花生米大的包块，但由于工作太忙就没有在意，没有到医院检查，仍一天到晚忙碌在保教工作第一线。经园领导、家人、朋友再三劝说，她才放下工作到贵州省人民医院检查，初步诊断为“双侧甲状腺肿瘤”。2012年1月初手术后，经病理检验，她被确诊患有“甲状腺癌”。

当时获知检验结果的周贤怡万念俱灰，沉默无语，思绪万千。难道自己走到了生命的尽头？难道就要从此倒下，离开幼儿园里那群天真可爱的孩子？离开自己无限忠诚和热爱的幼教事业？她有万千的留念和不舍。一次学期教研工作总结交谈使她重新找回了工作的自信。她坚信：“只要还活着，就可以继续工作，为党和人民的幼教事业继续奋斗至生命最后一刻。”

出院后，她没有顾及休养身体，向组织多次态度坚决地要求上班，亲人默认了，领导尊重了她的决定，于是她满怀着对生命价值的新认识，仅仅在手术一个月后重新回到了工作岗位上，回到了姐妹们和孩子们身边。

2015年3月，周贤怡主动承担起对惠水县好花红幼儿园、大坝幼儿园、鸭绒幼儿园和甲戎幼儿园的专项指导工作。2015年4月，周贤怡被中共贵州省委、省人民政府授予“贵州省先进工作者”称号。8月，惠水县第四幼教管理集团组建，她又主动承担起了第四幼教管理集团的帮扶工作。

在同病魔苦苦抗争的同时，工作中的她从未放弃实现自我价值的人生信念。多年来，她认真钻研教学，不断探索教育教学规律，勇于创新和实践，形成了自己独特的教学风格。2016年和2017年，贵州省教育厅相继成立“贵州省周贤怡劳模创新工作室”和“贵州省周贤怡乡村名师工作室”。两个省级工作室的成立，是引领全县幼儿教师成长为“学习型、辐射型、合作型、研究型”教师的教研活动基地，成为全县乃至全州推进“学前教育创新、管理创新和服务创新”方面的示范带头人。

惠水县经济开发区明田易地扶贫搬迁安置点是贵州省2016年首批建设的安置点。为解决好易地移民搬迁贫困户“搬出来的子女怎么看护”和解除移民幼儿看护后顾之忧，县委、县政府推动的“惠水县移民子女欢乐之家”顺势而建。不忘初心，牢记使命，周贤怡用她的实际行动践行着一名共产党员的使命和担当，她又一次主动请缨担任“惠水县移民子女欢乐之家”的筹建、帮扶工作。她暗下决心：“我会尽我最大的努力，将教育延伸到农村去。”

2018年7月，周贤怡再一次利用休息时间来到惠水县易地扶贫搬迁龙泉安置点，参与惠水县第四幼教管理集团成员单位——龙泉幼儿园的筹建工作。2019年9月，看着移民们乐滋滋地带着孩子走进幼儿园，周贤怡的心里无限舒畅。

周贤怡让我们看到了新时代教师对事业的热爱和忠诚，甚至是信仰。她不仅用爱心去工作，用责任去工作，更用生命去工作。人生的意义在于奉献，人生的最大快乐在于实现自我价值。生命不息，奋斗不止。周贤怡将她的青春、热血与生命奉献给她热爱的幼儿教育事业，谱写着一曲激昂的生命赞歌。

资料来源：央视网，2019年9月10日，有改动。

### （三）奉献社会的基本要求

#### 1. 立足本职，尽职尽责

奉献社会不仅要有明确的信念，而且要有崇高的行动。奉献是一种精神，但是只有把这种精神落实到行动上，躬行实践，才能做出有益于社会和他人的奉献。随着我国改革开放的深入发展和市场经济体制的建立，每个从业者都要正确看待职业待遇和职业声望，正确处理自主择业与爱岗敬业的关系，做到只要在位一日，就在现职岗位上兢兢业业地做好本职工作。

#### 2. 树立正确的义利观

义利观是一种经济伦理思想。义者，“事之所宜也”，是某种特定的伦理规范、道德原则。利者，“人之用曰利”，后世多指物质利益。如何看待两者的关系，便形成义利观。

首先，肯定物质利益的作用。其次，反对见利忘义，唯利是图。最后，把国家利益、集体利益放在首位。总之，新的科学的义利观把“义”放在首位，既反对见利忘义、重利轻义的思想和行为，又反对离利谈义、重义轻利的道德说教，它要求把道义的价值和功利的价值统一起来，也就是“以义导利、义利统一”的道德价值观。

#### 3. 正确处理奉献与获得的关系

奉献是指个人劳动对社会利益的增益，索取是指个人向社会提出的补偿性或回报性要求。大多数人与社会的关系包含了奉献与索取两个方面，差别仅在于两者的比值有大有小。我们要坚持索取来自奉献，奉献是索取的前提。正如徐虎所说“你不奉献，我不奉献，谁来奉献？你也索取，我也索取，向谁索取？”

**4. 关心社会公益事业，为社会公益事业贡献一份力量**

无论所做的事是大是小，只要有益于国家、有益于党的事业、有益于人民，就是一种奉献。奉献也是人生价值的具体体现。当别人有困难的时候，应能伸出援助之手，有钱的出钱，有力的出力，帮助困难者渡过难关；当祖国和人民需要的时候，应能挺身而出，甘愿为祖国、为人民献身。

图文

“感动中国”
2019年度人物
——朱丽华

对于学生而言，奉献社会要求每个人都能够在家帮助父母做力所能及的事情；在学校积极参与班级建设，乐于助人，爱惜集体荣誉；在社会生活中热爱公共设施，积极参加公益活动。

**案例链接**

**若有战，召必回**

对苏州经贸职业技术学院学生李宁波来说，上一个寒假意义非凡。

作为一名退伍军人大学生，他看到老家江苏邳州市退役军人事务局的通知，号召退役军人参加疫情防控志愿服务先锋队时，第一时间主动报名。他在邳州和睢宁县交界处站岗执勤，在执勤期间主动向组织递交了入党申请书。

李宁波说，作为学校国防教育社骨干成员，“若有战，召必回”的精神得到了学校团委的关注。引导学生主动担当作为，有序参与到基层疫情防控工作中，这是该校近年来探索基层活力团支部建设的成效之一。

资料来源：https://baijiahao.baidu.com/s?id=1663948702902479655&wfr=spider&for=pc，有改动。

# 第三节　职业道德培养的方法

职业道德虽然是一个老生常谈的话题，但一直没有引起青年学生的足够重视。如今许多用人单位在招聘时把道德品质放在人才标准的首位。因此，青年学生应重视培养自己的职业道德。

## 一、自觉、自主地加强自我修养

在职业道德修养上，自觉是非常重要的，人一旦有了自觉性，就能在道德活动中处处留心，时时提醒自己，严格要求自己，完善自己的职业道德品格。德国大哲学家康德活了 80 岁，一生奉献于哲学。他每天走出朴实无华的书房，徒步到大学忙于他的哲学研究，生活规律不曾稍改，真正做到了“数十年如一日”。他对时间的控制就像科学家一样，分秒不差。他每天必在早晨5时起床，晚上大约在10时就寝，这个严格的生活习惯，他始终严守不渝。康德严于控制时间的习惯，关键在于他有很强的自我控制能力和强烈的自律意识。良好的习惯一旦形成就是终身受用的资本；反之，不良的习惯则会成为一生的羁绊，阻碍自己的发展。一个整天喜欢蒙头大睡的人不可能在梦中成就他的事业。

学生处在人生的十字路口，自我管理和约束的能力相对较差，但具有很强的可塑性，若能从自己内心培植职业道德的土壤，建立长效自我约束机制，就会在工作中爱岗敬业、谦逊礼让、严于律己、宽以待人；在感情上，以为社会多做贡献为荣，以自己的劳动成果能为社会和他人带来幸福为乐，从而更好地在自我教育中提高职业道德水平。

**话题讨论**

长相通常指人的外表，如面容、头发、身材、皮肤等，延伸开来还包括表情、服装、打扮……而在“长相”之前加上“精神”二字，指的则是人的内在素质，如自信、善良、正直、诚实等，延伸开来还包括宽容、风趣、幽默……

外表基本上是父母给的，而且容颜易老。随着年岁渐长，个子会变矮，皱纹会爬上脸庞。“精神长相”也会变，但造成这种变化的因素与年龄关系不大，取决于社会环境的熏染和个人的修炼。所以，人活在世，无论是为自己考虑，还是替社会着想，在注重外表的同时，还要以更多的投入关注自己的“精神长相”。

结合以上文章，请思考“长相”和“精神长相”分别包含哪些内容？它们的相同之处和不同之处有哪些？如何改进“精神长相”？

## 二、将职业道德理论与社会实践活动相结合

学习职业道德理论与参加社会实践活动相结合是提高职业道德修养的根本方法。学习理论，首先要学习马列主义、毛泽东思想、邓小平理论、“三个代表”重要思想、科学发展观和习近平新时代中国特色社会主义思想，只有学习和掌握了科学理论，才能坚持职业道德修养的正确方向。

其次，要学习职业道德基本理论和原则规范，明确职业道德的目的、方向和原则，才能提高职业道德修养的主动性和自觉性，培养相应的职业道德的情感、意志和信念，形成良好的职业道德行为习惯。实践证明，青年学生在学校学习越好，体验就越深刻，在工作岗位上的表现就越优秀，越符合职业道德规范，并能很好地指导社会实践。参加社会实践是提高职业道德修养的根本途径。人的道德品质不是与生俱来的，而是在长期的社会实践中逐步形成和发展的。实践是人们养成道德品质的源泉，也是进行职业道德修养的目的和

归宿。青年学生在学习职业道德理论的基础上，只有不断融入社会，才能更深刻地认识自身的价值，正确对待自己的不足，并在社会实践中锻炼自己、陶冶自己、完善自己，最终提高职业道德品质。

## 三、自觉地进行内省，做到慎独

内省就是内心省察检讨，去除私心杂念，使自己的言行符合道德标准的要求，树立正确的道德观念。没有内心省察检讨的过程，就不可能达到自律的目的，自我调适、自我激励就失去了目标。从业者如果不对自己的职业思想和行为及时地进行反躬自省，不认真检查自己的言行，那就会小错不识，积成大错。一个人只有在内心严于解剖自己，行为上善于反省自己，才能成为一个符合时代精神的有高尚职业道德的人。青年学生在提高自身道德修养的同时，应该经常内省，善于认识自己，勇于正视自己的缺点，敢于自我批评、自我检讨，并决心改正缺点，扬长避短，在实践中不断完善自己的职业道德品质。古人说的“吾日三省吾身”就是这个意思。《礼记·中庸》中有：“道也者，不可须臾离也；可离，非道也。是故君子戒慎乎其所不睹，恐惧乎其所不闻。莫见乎隐，莫显乎微，故君子慎其独也。”因此，独自一人时，同样要谨慎行事，防微杜渐，自知自爱，把握住自己。当代青年学生能否做到慎独，以及慎独所达到的程度，是衡量青年学生是否坚持自我修养及在修身中取得成绩大小的重要标尺。

## 四、积极投身实践

职业实践是职业道德的根本。只有在职业活动中，从业者才能获得真实的道德体验，才能提高职业道德认识，培养职业道德情操，磨炼职业道德意志，树立职业道德信念，养成良好的职业道德行为习惯。

职业道德不仅关系着个人的名誉和形象，还与公司、企业乃至整个行业的声望和礼仪密切相关，良好的职业道德会给企业带来额外的收益。青年学生培养良好的职业道德素质不是一朝一夕就能做好的，一定要坚持不懈，时刻保持对自己思想和行为上的严格要求，从日常生活中的小事做起。

**案例链接**

### 勇敢的邻家男孩

薛雨昂今年19岁，是安徽大学本科在读学生、入党积极分子。新冠肺炎疫情暴发后，他积极响应谯城区团委“返乡大学生请到社区（村）报到的倡议”，第一时间赶到幸福社区报到，请求担当抗击疫情的大学生志愿者。

社区干部被薛雨昂的热情感动，同意了他在幸福社区担当志愿者的请求。报到后，薛雨昂立即进入到工作中，每天早上七时到社区报道，然后去路上对过往车辆、人员进行排查，并跟随宣传车在社区巷口劝导居民群众不要出门，利用大喇叭宣传疫情情况并告知居民不信谣、不传谣，传播正能量。

勤奋的薛雨昂很快受到社区居民的认可，大家对他评价都很好，称他是“勇敢的邻家男孩”。面对大家的表扬，薛雨昂说：“作为一名大学生、一名入党积极分子，在人民群众生命健康安全受到威胁的时候，我只是做了我应该做的。”

资料来源：http://bz.anhuinews.com/system/2020/02/21/008351244.shtml，有改动。

## 五、从我做起，从小事做起，循序渐进，不断提升

青年学生正处在培养良好职业道德和练就技能本领的大好时期，只有在平凡的日常学习生活中从点滴小事做起，通过长期积累，才能逐步培养、形成优秀的道德品质。因此，在道德修养中，要从我做起，严格要求自己。不能因为他人没有做到而原谅自己或自己也不去做；也不能因为社会存在不正之风，还有许多不道德的现象而放纵自己，甚至放松对自己的要求。相反，更应该高标准、严要求，去追求高尚的职业道德境界，这样才能自觉形成一种道德习惯，形成良好的职业道德信念和品质。

目前，人们的思想道德观念发生很大变化。职业道德建设面临新的形势和许多新的问题。尽管如此，职业道德修养仍然是职业道德建设中的一个重要方面，对于个人道德品质的形成和发展都具有重要的作用。社会需要数以亿计的高素质劳动者，当代学生应奋勇向前，从我做起，从小事做起，不断提高自己的职业道德水平，向更高的职业道德水准迈进。

### 温故知新

**1. 职业道德的作用和原则是什么？**

**2. 简述我国的职业道德规范要求并举例说明。**

**3. 诚实守信的基本要求有哪些？**

**4. 职业道德培养的方法有哪些？**

### 励志影院

**《中国机长》**

该片根据2018年5月14日四川航空3U8633航班机组成功处置特情真实事件改编，讲述了“中国民航英雄机组”成员与119名乘客遭遇极端险情，在万米高空直面强风、低温、座舱释压的多重考验。该片于2019年9月30日在中国上映。

四川航空3U8633航班机组执行航班任务时，在万米高空突遇驾驶舱挡风玻璃爆裂脱落、座舱释压的极端罕见险情。机组成员凭借极少仍在工作状态的仪器，艰难地进行手动驾驶。座舱释压发生时，乘务组立即执行释压处置程序，指导旅客使用氧气

面罩，并训练有素地喊出："请大家相信我们，相信我们有信心、有能力带领大家安全落地。"在生死关头，英雄机组的正确处置确保了机上全体人员的生命安全，创造了世界民航史上的奇迹。

## 推荐阅读

1. 人民出版社 . 新时代公民道德建设实施纲要 [M]. 北京：人民出版社，2019.
2. 张治江 . 立德铸魂：新时代公民道德建设 [M]. 北京：东方出版社，2020.
3. 刘玉瑛 . 新时代公民道德建设读本 [M]. 北京：新华出版社，2020.
4. 戴艳军，房广顺，王立娟 . 雷锋精神与公民道德建设 [M]. 北京：中国财政经济出版社，2013.
5. 胡子君 . 职业精神：精华版 [M]. 北京：中华工商联合出版社，2016.

# 模块六
# 劳动安全

**案例导入**

**案例一**

### 安全疏忽酿事故

小李是一所城乡建设职业中专学校的学生。在校外实习期间，他应聘成为长乐一家豆业公司的实习施工员，负责放置预埋件的工作。双方未订立书面劳动合同。

小李在一次工作时，因急着从平台上下去处理预埋件，为图方便，就直接从二楼楼顶跳到楼下的沙堆，结果不幸受伤。经送医院治疗发现，他的腰椎体发生压缩性骨折，已构成七级伤残。

资料来源：http://blog.sina.com.cn/s/blog_5f17b9680102wgdu.html，有改动。

**案例二**

### 学生实习受伤害

李某系A工商学校模具专业学生。2016年7月8日，李某、工商学校、××公司三方签订《学生实习协议书》1份，约定：经李某与××公司双向选择，李某自愿到××公司实习，期限自2016年7月8日起至2017年6月25日止；实习期间，××公司支付李某的实习津贴按国家规定的每周不超过40小时计每月人民币（以下币种均为人民币）1 800~2 000元，超过规定时间的加班及因工作需要安排的中班、夜班和特殊岗位的待遇与××公司职工同等；××公司在安排实习生上岗前应对实习生进行企业文化、岗位要求、专业技能、操作规范、安全生产、劳动纪律等方面的培训教育，安排到相应的部门和岗位从事与国家劳动保护法规相符合的对人身无危害、对身心健康无影响的工作，并指派带教师傅对实习生进行指导评价；对易发生意外工伤的实习岗位，××公司在实习生上岗前除了加强安全生产教育外，还应提供应有的劳动保护措施，学校为实习生购买“学生实习责任保险”。协议另约定了其他内容。

11 月 2 日上午 11 时许，李某在 ×× 公司加班操作数控折边机，在更换模具时不慎踩到开关，致使机器截断其右手第 2~5 指。李某随即被送至医院急诊治疗，于次日住院行植指术，后来又行清创及环小指残修术。出院后，李某多次去门诊治疗。

最终，法院判令 ×× 公司对李某的人身损害后果承担 80% 的赔偿责任，剩余 20% 的赔偿责任应由李某所在学校承担。

资料来源：http://www.360doc.com/content/16/1111/08/1113159_605568199.shtml，有改动。

# 第一节　顶岗实习安全

加强安全管理工作是职业学校顶岗实习工作顺利进行、切实提高顶岗实习质量的重要保障。近年来，职业学校学生顶岗实习安全事故频频发生，职业学校学生顶岗实习期间缺乏必要的安全保障。职业学校必须有效防范和妥善化解学生实习的风险，保障实习学生的权益，消除学校、企业、家长的后顾之忧，促使顶岗实习安全有序地进行。在顶岗实习中一旦出现安全问题，不仅影响顶岗实习的正常秩序，还对学生本人及其家庭造成无法挽回的损失。

## 一、顶岗实习安全事故频发的原因

顶岗实习是职业学校教育教学的核心，是人才培养中的重要一环，而顶岗实习安全则事关人才培养的顺利实施和学校安全稳定大局，是学校教学管理的重中之重。加强职业学校顶岗实习学生安全教育工作是职业学校实习教学任务得以顺利完成的重要保证，因为“职业学校学生实习是实现职业教育培养目标，增强学生综合能力的基本环节，是教育教学核心部分”。顶岗实习安全事故频发，学校、企业和学生都负有不同程度的责任。

### 1. 学校对实习过程中的安全问题重视不足

一些职业学校对顶岗实习过程中安全问题的重要性和紧迫性认识不到位，未能将顶岗实习过程中的安全管理视为基础性工作，责任落实不到位，人员配备不足，安全监管效率低下。因此，教师在学生的安全监控、跟踪指导、实习安全宣传等方面未达到预期的效果。学校对事故控制处理强度相对较低。在顶岗实习过程中，由于师生、学生之间沟通交流的渠道和次数减少，实习过程中可能会出现信息获取不及时或不对称现象，影响对事故事态发展的控制与处理。一旦学生在顶岗实习过程中发生安全事故，学校职能部门、系部相关人员无法在第一时间赶到事故现场处理问题，往往出现滞后现象。因此，顶岗实习安全管理中的不确定因素往往成为日后处理事故纠纷的关键。

**话题讨论**

根据《职业学校学生实习管理规定》的规定，教育行政部门负责统筹指导职业学校学生实习工作，职业学校主管部门负责职业学校实习的监督管理。职业学校应当选择合法经营、管理规范、实习设备完备、符合安全生产法律法规要求的实习单位安排学生实习。在确定实习单位前，职业学校应进行实地考察评估并形成书面报告，考察内容应包括单位资质、诚信状况、管理水平、实习岗位性质和内容、工作时间、工作环境、生活环境以及健康保障、安全防护等方面。

根据上述规定，在顶岗实习过程中如果出现安全事故，是否应由学校承担主要责任？

### 2. 企业安全教育的缺失

安全重于泰山，加强对员工尤其是新进企业员工的安全教育，是对员工的生命权、健康权、生存权和发展权的尊重，是激发员工内动力的需要，是企业文化最本质的内容之一。顶岗实习是学生完成学校和教育行政部门规定的教育教学任务“最后一公里”，是对学生知识学习和技能综合考核的重要指标之一。

学生到企业参加顶岗实习，企业会认为对学生的安全教育已经在学校完成了，企业无须再花费时间进行教育培训。正是企业的这种认知、态度让顶岗实习的学生对安全问题不够重视，认为只要不出大事故即可。

企业是以追求利益最大化为终极目标的，顶岗实习的学生加班是一种常态。学生在顶岗实习期间经常加班，较高要求的劳动强度会使其身体、心理等方面疲劳，顶岗实习的安全隐患也逐渐增多。

### 3. 学生安全意识淡薄，安全技能欠缺

顶岗实习学生自我安全保护知识、安全保护的技能有限，学生在自己的权益受到损害、遇到人身伤害的时候求救方法单一、模糊，缺乏对社会的信任，对学校和教师的依赖性强等。大多数学生对安全事故的发生没有任何心理准备和自我保护意识，面对伤害往往不知所措。顶岗实习的学生从校园走进社会，缺乏社会经验，思想相对单纯。这些初入社会的学生对社会上的不良风气和一些坏人坏事不能做出理性的分析与认识，自我防范能力较弱，缺乏保管自身财物的经验，财物容易被盗；缺乏人际交往的经验，容易被骗；等等。

案例链接 **安全意识淡薄致伤害**

某职业学校顶岗实习学生 ×× 在大型工程机械制造企业从事装配钳工岗位的工作。一员工每天用航车运大型齿轮，从一个工位到另一个工位，该学生担心齿轮掉下来，于是用手去扶正齿轮，结果两个齿轮朝着学生手扶的方向滑动，当时就夹住了学生右手的中指和食指。由于是大型齿轮，他的两根手指被夹断。该学生被紧急送往医院，医生说要么接骨，但费用很高，要么截肢。事故发生后，企业马上通知学校教师和学生家长，三方商定采取接骨的治疗方案，费用除企业帮学生购买的重大事故责任险的赔付之外，其他部分均由企业承担。

资料来源：李爱国．高职机械类专业顶岗实习安全事故处理案例分析 [J]. 科教文汇（上旬刊），2014（12），有改动。

## 二、常见的岗位操作安全事故

岗位操作安全主要是指学生在顶岗实习中所从事的工作面临的安全问题，基本方针是安全第一、预防为主。岗位操作安全关系着顶岗实习学生的实践操作能否在符合安全要求的物质条件和工作秩序下进行，关系着顶岗实习学生能否有效避免伤亡事故、设备事故及各种灾害，关系着顶岗实习学生的安全健康和岗位操作过程能否正常进行。

因缺乏工作经验和实践经验，顶岗实习学生在工作时间可能会出现岗位操作的安全问题，如实习单位本身的设备问题引发的事故，生产过程中实习学生的违规操作造成的人身伤害事故，学生自身的过激行为引发的安全问题，等等。因此，造成事故的最直接原因主要是顶岗实习学生的不安全行为和设备的不安全状态。

### 1. 不安全行为

顶岗实习中的不安全行为是指实习人员违反安全生产制度和安全操作规程的行为。其主要表现为：在正常或非正常精神状态下判断错误而进行的错误操作，因知识和经验缺乏而进行的不安全作业，不使用或不按规定正确使用劳动保护用品，忽视确保安全的操作与警告，岗位操作中使用不安全的工具，岗位操作中在不安全的位置进行作业，等等。

《企业职工伤亡事故分类》（GB 6441—1986）中将人的不安全行为归纳为 13 大类，具体如下：

（1）操作错误，忽视安全，忽视警告。

（2）造成安全装置失效。

（3）使用不安全设备。

（4）手代替工具操作。

（5）物体（成品、半成品、材料、工具、切屑和生产用品等）存放不当。

（6）冒险进入危险场所。

（7）攀、坐不安全位置（如平台护栏、汽车挡板、吊车吊钩等）。

（8）在起吊物下作业、停留。

（9）机器运转时加油、修理、检查、调整、焊接、清扫等工作。

（10）有分散注意力行为。

（11）在必须使用个人防护用品用具的作业或场合中忽视其使用。

（12）不安全装束。

（13）对易燃、易爆等危险品处理错误。

视频 安全操作“十忌”歌

2. 不安全状态

顶岗实习中的不安全状态是指导致事故发生的物质条件，主要包括物体、作业环境等潜在的危险。不安全状态具体表现为防护、保险、信号灯装置缺乏或有缺陷，岗位设备、设施、工具等有缺陷，实习学生个人防护用品或用具有缺陷，岗位或生产环境差等。

## 三、岗位操作安全事故的预防与处理

数据统计显示，顶岗实习过程中发生的安全事故，大多源自违章操作及主观上的疏忽大意和侥幸心理。要预防发生安全事故，就要从思想上、技能上、操作规范上下功夫，稳扎稳打。

1. 岗位操作安全教育

安全重于泰山，安全是一切工作的第一前提。在顶岗实习中，学生无论从事什么工作，都会面临一定的安全问题，只是不同的岗位和工作性质面临的安全环境有所区别罢了。学生对企业的生产经营活动不是非常了解，没有从事相关工作的经验，比企业正式员工更容易出现安全问题。因此，学校和企业都应该重视学生的安全问题。

在顶岗实习前，学校要根据学生将要参与的顶岗实习企业及岗位做好安全教育工作，安排专题安全教育。学校应积极创新安全教育学习方式，在集中培训、专题讲座等常规模式的基础上，充分利用新媒体如微博、微信、QQ、手机新闻报、电子杂志等形式，或者组织一些安全法治宣传晚会等文娱活动，通过一些大家喜闻乐见且教育意义深刻的相声、小品等进行安全法治宣传，组织一些正、反面典型的宣讲活动进行示范、警示教育。

**案例链接** **危险化学品事故**

2020年2月11日19时50分左右，位于辽宁葫芦岛经济开发区的辽宁先达农业科学有限公司烯草酮车间在试生产过程中，原料氯代烯丙基氧胺储罐发生爆炸，共造成5人死亡、10人受伤。事故的直接原因是：作业人员操作错误，将丙三酮与氯代烯丙基氧胺同时加入氯代烯丙基氧胺储罐内，原料在储罐内发生反应，导致原料温度升高、分解爆炸。

资料来源：https://www.mem.gov.cn/fw/jsxx/202002/t20200228_344856.shtml，有改动。

学校应建立安全教育考核制度，对参加顶岗实习的学生进行培训考核，参加安全教育考核不及格的实习学生不得参加顶岗实习，直至安全教育考核成绩达标。安全教育考核制度是对学生、学校、企业三方负责，强化学生的安全意识，提高学生的劳动纪律观念，能够有效降低安全隐患。

在顶岗实习前，实习单位要对实习学生进行安全生产培训。针对学生的顶岗实习实际情况，重点培训安全实习的相关制度，如安全用电制度、安全生产制度、产品的安全包装制度等，要求学生提高劳动纪律观念，在操作过程中要步调一致，不得随便拆卸机械零件或点击不熟悉的按键；遵守安全操作规程，防止刀伤、碰伤、撞伤、砸伤、烫伤、踩空跌倒及身体被卷入转动设备等人身事故和设备事故的发生；要服从实习指导教师的工作安排，对重大问题应事先向实习指导教师反映，共同协商解决，学生不得擅自处理。学校和实习单位要保证顶岗实习学生具备必要的安全生产知识，掌握本岗位的安全操作技能。未经安全生产教育和培训的实习学生不得上岗作业。

在顶岗实习中不可避免地会发生安全事故，但只要采取有效的预防措施，就能够做到将事故发生率控制到最低，将各方的损失降到最低，保证顶岗实习顺利进行。在顶岗实习中，工作环节是最容易发生安全问题的。因此，安全教育不仅是实习前的动员教育，而且应该贯穿于顶岗实习的进行阶段和结束阶段，在任何时候都不能松懈。在顶岗实习进行阶段，实习指导教师要引导学生学会做安全分析，发现问题及时纠正，帮助学生养成每天进行安全小结、定期向实习指导教师汇报的习惯。实习指导教师要将安全教育贯穿于顶岗实习的整个过程中，促进学生形成良好的职业习惯，培养学生良好的职业道德。

安全事故具有突发性和偶然性。学校必须与实习单位、保险公司建立应急预案，设定专门的应急负责人，保持相互间的密切联系，保证信息沟通的顺畅。在遇到突发情况的时候，应急负责人应能够在第一时间获取信息，赶赴现场进行处理。

学校通过上述方式对学生进行生产安全、厂规厂纪教育，可以强化顶岗实习学生的安全意识，提高学生的自我保护意识和自我保护能力。此外，学校还应安排学生学习生产安全方面的法律法规，强化学生的法律意识。通过岗位操作安全教育，让学生学会应对简单的安全问题。同时，针对顶岗实习岗位让学生了解相应岗位可能存在的安全问题，以及如何规避风险，保障安全。

**2. 生产岗位安全操作规程**

在顶岗实习工作岗位上，实习学生应严格遵守以下生产岗位安全操作规程：

（1）明确生产实习任务，遵守安全操作规程，严格遵守劳动纪律。严格执行交接班制度、巡回检查制度，禁止脱岗，禁止做与生产无关的一切活动。

（2）实习学生应在短时间内与自己的实习指导教师建立起较好的师生关系，在工作中要积极主动，遵守纪律，认真执行岗位安全操作规程，防止发生人身伤害事故和设备事故。

（3）开机前，必须全面检查设备有无异常情况，对转动设备应确认无卡死现象、安全保护设施完好、无缺相漏电等，并确认无人在设备内作业，方能启动运转。启动后若发现异常情况，应立即停机检查原因并及时反映。

（4）严格遵守特种设备管理制度，禁止无证操作。正确使用特种设备，开机时必须注意检查，发现不安全因素应立即停止使用并挂上故障牌。

（5）按章作业，搞好岗位安全文明生产，发现隐患（特别是对泄漏易引起火灾的危险部位）应及时处理及上报。及时清理杂物、油污及物料，切实做到安全消防通道畅通无阻。

### 3. 岗位操作安全事故的处理

岗位操作安全事故大多是机械性伤害。若是轻伤事故，则应立即关闭运行中的机械设备，保护现场，对伤者进行消毒、止血、包扎、止痛等急救措施，尽快将伤者送往医院进行处理。若是重伤事故，则应立即关闭运行中的机械设备，保护现场，及时向有关部门汇报，立即对受伤部位进行临时处理，并立即拨打120急救电话求救。

在顶岗实习中一旦有学生发生安全事故，实习指导教师首先应马上赶赴现场，拨打急救中心电话，说明发生安全事故的准确地理位置，告知现场状况及人员的受伤程度，冷静回答救护人员的询问，随时向急救中心人员汇报情况；其次，通知学校应急预案领导小组，让他们派人过来处理相关事宜；再次，通知受伤学生的家属；最后，向保险公司报备，说明学生受伤的经过及伤势情况。实习指导教师按照顶岗实习保险的理赔处理流程与保险公司协调办理理赔等相关事宜。

# 第二节　勤工助学安全

勤工助学（或勤工俭学）活动是指学生在学校的组织下利用课余时间，通过劳动取得合法报酬，用于改善学习和生活条件的实践活动。勤工助学是用于改善学习和生活条件的实践活动，是学校学生资助工作的重要组成部分，也是提高学生综合素质和资助家庭经济困难学生的有效途径。

倡导和组织学生在课余时间通过参加勤工助学活动获取合法报酬，是贯彻教育与生产劳动相结合、推进素质教育全面实施、加强和改进学生思想政治教育的重要举措。作为社会实践活动的重要内容之一，勤工助学能帮助学生进一步了解国情，了解改革开放取得的伟大成就，增强社会责任感，加深对党的大政方针的理解，更加自觉地跟党走中国特色社会主义道路。同时，通过参与勤工助学，能够有效地帮助学生培养劳动观念和职业道德，锻炼品格毅力，提高综合素质，实现德智体美劳全面发展。

## 一、勤工助学的岗位

勤工助学是高等学校组织学生参加校内的助教、助研、助管、实验室的生产活动和各项公益劳动，从勤工助学基金中支付相应的报酬，使经济困难学生具有稳定、可靠经济来源的一种资助方式。勤工助学活动由学校统一组织和管理。

从岗位来源来看，勤工助学的岗位分为校内岗和校外岗。校外岗也纳入学校管理。

从勤工助学的时间来看，勤工助学的岗位分为固定岗位和临时岗位。固定岗位是指持续一个学期以上的长期性岗位和寒暑假期间的连续性岗位。临时岗位是指通过一次或几次勤工助学活动即完成任务的工作岗位。

从勤工助学的岗位工作内容来看，勤工助学的岗位主要有以下几种：

（1）教学辅助工作，如校教务信息员、学院教务助理等。

（2）科研辅助工作，如兼职实验员，参与教师科研工作，承接校内外研究项目等。

（3）院内管理工作，如党总支工作助理、学生工作助理、共青团工作助理、图书馆管理员、校园治安员等。

（4）校内生活服务、环境美化和卫生保洁，如帮厨、膳食助理，各类卫生保洁工作。

（5）临时搬运和卫生、绿化工作。

（6）家庭辅导教师。

（7）校外科技实践活动。

（8）其他适宜学生从事的工作。

## 二、勤工助学中的安全保护

《高等学校学生勤工助学管理办法》对学生在校期间勤工助学做了相关规定。同时，各大中专院校针对自己学校的情况也分别出台了相关的管理规定。学生在校期间如果要参加勤工助学，不仅要了解国家的政策，还要了解本学校的相关政策。

### 1. 勤工助学中的劳动保护

学校要加强对用人单位招聘和使用学生的过程进行监督，对有损学生合法权益的行为应予以纠正，甚至取消用人单位招聘学生勤工助学的资格。要保证学生参加勤工助学时依法享受劳动保护。

### 2. 勤工助学中的报酬保障

2018 年 9 月，教育部印发《高等学校学生勤工助学管理办法》修订稿。新规调整了大学生校内勤工助学临时岗位的薪酬，由原来的原则上不低于每小时 8 元调整为每小时 12 元；参加勤工助学的时间原则上每周不超过 8 小时，每月不超过 40 小时。

学生在勤工助学过程中要切实保障自己的合理报酬，防止被克扣和拖欠。

### 3. 勤工助学中的人身安全

高校安排勤工助学岗位，应优先考虑家庭经济困难的学生。对少数民族学生从事勤工助学活动，应尊重其风俗习惯；不得组织学生参加有毒、有害和危险的生产作业以及超过学生身体承受能力、有碍学生身心健康的劳动。禁止学生参加高空作业、污染严重、放射性强等易对人体造成伤害和威胁的工作以及其他不适合学生承担的工作。

### 三、勤工助学中的侵权应对

在勤工助学过程中，如果出现权益受到侵害的情况，学生要第一时间通知校方，而不要私自解决。在校内开展勤工助学活动的，学生及用人单位须遵守国家及学校勤工助学相关管理规定。学生在校外开展勤工助学活动的，勤工助学管理服务组织必须经学校授权，代表学校与用人单位和学生三方签订具有法律效力的协议书。签订协议书并办理相关聘用手续后，学生方可开展勤工助学活动。协议书必须明确学校、用人单位和学生等各方的权利和义务，以及开展勤工助学活动的学生发生意外伤害事故的处理办法及争议解决方法。

在勤工助学活动中，若出现协议纠纷或学生意外伤害事故，协议各方应按照签订的协议协商解决。若不能达成一致意见，按照有关法律法规规定的程序办理。

## 第三节　社会实践安全

社会实践是人才培养的重要环节，是提高学生实践能力、创造能力、就业能力和创业能力的重要途径与手段。近年来，在党和政府的高度重视与大力支持下，社会实践在育人环节中的作用更加突出。然而，学生在实践实训过程中往往需要离开学校，深入社会，走进企事业单位、社区、农村等，由于学生社会经验相对欠缺，安全防范意识和技能不强，导致安全问题时有发生且呈现上升趋势，有些安全事件对学生本人及其家庭和学校造成了无法弥补的损失。

### 一、社会实践中的交通安全

视频

求职择业安全歌

交通安全是实践实训出行中需要注意的第一安全，学生在前往实践地和返校过程中都需要使用交通工具。为确保人身安全，避免发生交通安全事故，在外出过程中应做到以下几点：

（1）遵守交通法规。加强交通法规的学习，严格遵守交通规则。

（2）关注外出天气。避免在危险天气，如台风、大雪、冰雹等天气外出调查。

（3）注意车辆安全。不乘坐“三无”（无车牌、无行驶证、无营运资格）的“黑车”“黑船”，应当尽量到正规的车站或轮渡口购买正式车票、船票，不乘坐状况不好的车、船，拒绝乘坐严重超载的车、船。

（4）关注交通状况。在乘车过程中，不要把头、手伸出窗外；下车时，应等车辆停稳，同时注意公路上的交通状况。

（5）妥善处理交通事故。若不幸发生交通事故，应当由当地交通安全管理部门依照交通安全法律、法规进行妥善处理。

## 二、社会实践中的饮食安全

俗话说："民以食为天。"饮食安全也是学生在参加实践实训活动中必须重视的一项内容。在实践过程中，学生应当时刻注意饮食卫生安全，预防食物中毒，防止病从口入。在实践过程中的饮食方面应做到以下几点：

（1）保持良好的卫生习惯。不良的个人卫生习惯会把致病菌从人体带到食物上。例如，用沾有致病菌的手拿食物，受污染的食物进入消化道就会引发细菌性食物中毒，从而导致腹泻。

（2）选择新鲜安全的食品。在购买食品时，要注意查看其外观、性状，检查其是否有腐败变质现象。尤其是对小食品，不要只看其花花绿绿的诱人外表，要仔细查看其生产日期、保质期、生产单位名称、生产单位地址、生产许可证号（SC 号）等标识。不买过期食品和没有生产单位名称、生产单位地址等标识的产品，否则出现质量问题无法追究。

（3）生吃食物要清洗干净。生吃瓜果要洗净。瓜果、蔬菜在生长过程中不仅会沾染病菌、寄生虫卵，还会残留农药、杀虫剂等，如果不清洗干净，不仅可能染上疾病，还可能造成食物中毒。需加热的食物要加热彻底，如菜豆、豆浆含有皂苷和胰蛋白酶抑制物等毒素，不彻底将其加热会引起食物中毒。

**话题讨论**

参与勤工助学、顶岗实习、社会实践后，很多学生的饮食发生了一些变化。比如：

（1）把副食当主食。每日三餐以面包、水果、肉、糖为主，很少吃主食与蔬菜。

（2）饮食"西洋化"。喜欢食用具有高糖、高热量、高脂肪、少纤维素特征的牛排、炸鸡、面包、碳酸饮料、巧克力、蛋糕等。

（3）迷恋街头餐饮。有的学生长期只吃一种饭菜，如好辣、嗜咸等。

（4）饮食无规律。饥一顿饱一顿，早晨不起床或不吃早餐。

根据以上现象，谈谈你在社会实践中如何安排饮食。

## 三、社会实践中的人身安全

人身安全至关重要，在实践实训过程中要格外注意人身安全。具体而言，应当做到以下几点：

（1）避免单独行动。尽量避免单独行动，个人单独进行实践实训活动时，应当随时与亲人、学校、调查访谈单位保持联系。

（2）尽量低调行事。参加实践实训时，应尽量低调行事，防止因财物外露或个人激烈行为而遭到不法分子侵害。

（3）遵守法律法规。外出时，自觉遵守各项法律法规，时刻注意安全，避免发生意外事故。

视频

人身安全歌

（4）注意防止性侵。学生在实践实训中更应该注意人身安全，穿着要得体大方，不穿暴露的衣服，避免在夜间单独外出活动，以防遭到性侵害。

（5）携带常用药物。学生参加实践实训活动时，可以自带一些常用的药物（如晕船晕车药、感冒药、防中暑及腹泻的藿香正气水等），在出现一般常见病时对症服药；病情严重的，应及时就医。

案例链接

**误入传销丧命**

2017 年 5 月 20 日，李文星被传销组织人员陈某以招聘为由骗至“蝶贝蕾”传销组织天津静海一处窝点，该组织的“大导”艾某某指使陈某某、张某等人采用锁门、跟随看管、控制手机限制其与外界通话等方式限制李文星人身自由。2017 年 6 月上旬，胡某接替艾某某成为新寝室长，继续安排人员对李文星进行看管、限制人身自由。李文星于 2017 年 6 月中旬被转移至该传销组织其他寝室。2017 年 7 月 14 日，李文星的尸体在静海镇新 104 国道 153 千米 700 米处的水坑内被发现。经检验，李文星系溺水死亡。天津市静海区检察院已于 2018 年 5 月 11 日对六名传销组织成员提起公诉。

资料来源：https://www.sohu.com/a/232874926_313745，有改动。

## 四、社会实践中的财产安全

学生在劳动教育，尤其是顶岗实习、勤工助学、社会实践的过程中，经常会遇到与安全有关的问题。这些问题复杂多样。概括起来，主要的安全问题分为盗窃、抢劫、诈骗等。而且，这些问题不仅存在于顶岗实习、勤工助学和社会实践中，在学生的日常生活和学习中均有涉及。

### 1. 防盗窃

无论是宿舍、图书馆、车间、办公室还是浴室及其他地方，若发现被盗，一定要保持头脑清醒，不要大呼小叫。例如，回宿舍、办公室时，如果发现门窗被打开，或者玻璃被打碎、纱窗被割破、室内物品被翻得比较乱等情况，要第一时间想到这是室内发生了盗窃。遇到这种情况，头脑要清醒，不要急于到室内查找自己的物品。

（1）及时报案。发现被盗，要立刻报告学校保卫部门或公安机关，请他们第一时间来到现场进行调查了解。

（2）保护现场。要保护好不法分子留下的现场，任何人不要进入室内，以便公安人员在现场提取不法分子留下的痕迹。

（3）随机应变。进入房间时，若恰逢盗贼作案，应该在保证自身安全的情况下，义正词严地大声呵斥，或高声呼喊同学、保安前来支援，共同将不法分子擒获。在孤身一人的情况下要与不法分子保持一定距离，谨防不法分子行凶伤人，可随手拿起身边的棍子、板凳、砖头等进行自卫。

视频
财产安全歌

（4）配合公安保卫工作。发生盗窃案件后，要配合公安保卫部门查破案件，如果发现存折或汇款单丢失，要马上到银行挂失。

### 2. 防诈骗

诈骗是指以非法占有为目的，用虚构事实或者隐瞒真相的方法骗取款额较大的公私财物的行为。学生群体因生活环境单一、社会阅历较浅而具有独立性差、好奇心强、识别力差的特点，也正因为如此，许多诈骗组织和个人将触角伸向学生，致使许多学生的财产受到损失，严重影响了社会的稳定与和谐。

一旦发现自己被骗，要果断抽身，采取以下措施降低损失：

（1）细致留心除疑虑。发现自己可能上当受骗，在与对方交往时，应细心观察其一言一行、一举一动，看对方神态表情是否自然镇定，举止动作是否慌张，言语之间是否前后一致，所持证件是否真实可靠，以此来消除自己的疑虑或为以后提供证据做准备。如果有必要，可以找同学、老师或相关人员商量，听取他人的意见，千万不能粗心大意、马马虎虎。

案例链接

**应聘兼职成义工**

某广告公司在招聘网站上发出招聘需求，招聘3名在校学生做兼职设计师。经过初试后，有10名学生进入复试。小新是其中一名进入复试的学生。复试的考核内容是一道设计题，要求应聘学生为某一产品设计一款平面广告。一周后，10名学生相继提交了自己的设计作品。该广告公司以人力资源部需要综合考评为由，让求职学生回学校等消息。之后，该广告公司便没了音信。后来，小新在地铁的广告牌上发现了自己设计的作品。小新打电话到该广告公司，该广告公司拒不承认该作品为小新原创，坚持说该作品为公司设计师的原创作品。小新觉得自己上当受骗了，但又不方便走法律程序，便不了了之。

资料来源：作者自编。

（2）巧妙周旋找破绽。如果在交往过程中认为对方存在可疑之处但又不敢肯定，不妨与其巧妙周旋，采取一定的谈话、交往策略旁敲侧击，以便从中发现对方的破绽，来验证自己的揣测。在进一步排查之前，千万不能泄露与自己财物有关的信息给对方。

（3）从容镇定巧脱身。如果在与对方周旋的过程中发现陷入骗局，千万不要惊慌失措，更不要与对方大吵大闹，以防止对方狗急跳墙，采取暴力措施。不妨镇定下来，找借口使对方放松警惕，待脱离对方的控制后，用其他方式挽回损失。

（4）理智冷静做善后。如果不法分子已经得手而逃，应该尽快从被骗的噩梦中清醒过来，及时向公安部门报案，而不是自怨自艾，贻误破案时机。在被骗之后报案的同时，要积极向学校保卫处和公安机关提供不法分子的相关线索，包括不法分子的体貌特征和遗留下来的电话信息、身份证件、文字资料等，这些都是保卫部门和公安机关抓获不法分子、挽回损失的重要线索。

### 3. 防抢劫

抢劫是行为人以暴力胁迫或其他方法强行抢走财物的行为。抢劫具有较大的危害性、骚扰性，往往转化为凶杀、伤害、强奸等恶性案件，严重侵犯学生的财产及人身权利，威胁学生的生命安全，造成学生生命健康及精神上的损害。学生只有提高自我保护能力和自我保护意识，才能避免自己成为受害对象，并在危急时刻保护自己的生命安全和财产安全。

（1）不带大量现金。现金是不法分子抢劫的最主要目标，要将现金及时存入银行，学费最好通过银行转账，平时只带少量的零花钱。若必须携带大量现金，一定要贴身放置，不要向他人炫耀。

（2）外出结伴而行。不法分子实施抢劫的对象多为独行者，因此外出时，应结伴而行，避免独行晚归。深夜尽量不要单独出行，特别是女生，外出时最好有同学同行，或者携带防卫工具。

（3）不走偏僻小道。很多校园树林茂密，给不法分子提供了作案条件，学生尽量不要到人烟稀少、环境阴暗、偏僻的地方，如后山、树林等地闲游、散步或谈情说爱。

（4）牢记校规校纪。深夜外出、晚归或通宵在外不归便给不法分子作案提供了机会。大学都有相应的纪律规定，如按时就寝、不得擅自在外租房、不得晚归等，要自觉遵守。

（5）穿戴朴素得体。学生在穿着打扮上张扬个性、过分时髦、刻意炫富，极易给自己埋下祸根。学生的穿着应以整洁、大方、朴素为主，外出穿戴应以方便为原则。

（6）遇事机灵大胆。在实习、实训或勤工助学的路上，如果发现有人尾随或窥视，不要紧张不安、露出胆怯神态。可回头多盯对方几眼或哼首歌曲，并镇定地改变原有路线，朝有人、有灯的地方走，或者拨打手机通知他人接护。如果发现对方带有凶器，可暗自报警。

**案例链接**　**不恋财产先脱身**

2017 年 6 月 6 日凌晨 1 时，学生唐某在结束学习后从实验室回宿舍途中，感觉后脑勺被硬物砸了一下，扭头发现一个陌生男子拿着水泥砖。男子让唐某把钱包给他，小唐赶紧照办，并在男子拿着钱包离开后赶紧跑回宿舍。回到宿舍，小唐向公安机关报了案。

资料来源；作者自编。

## 五、社会实践中的人际交往安全

学生应当学会正确的交往技巧，避免因为交往不慎而引发安全问题。具体而言，应当做到以下几点：

（1）注意礼貌。与人交流时应注意礼貌，态度要诚恳，语调要轻柔，问事、问路要用礼貌称谓，问话应客气。

（2）态度谦逊。在访谈对象时，应当注意倾听被调查者的陈述并认真做好记录，态度要谦逊。

（3）换位思考。遇到不顺心的事情或者受到不公正的待遇时要学会换位思考，及时调整心态，不要闹情绪、互相谩骂，更不能打架斗殴，制造纠纷。

# 第四节　实验室安全

实验室已成为学生学习、研究的重要场所之一，而实验室中的设备、仪器、药品在使用、保存时都有一定的危险，稍不留神就会发生割伤、触电、中毒、烫伤、着火和爆炸等意外事故，或危及个人、他人人身安全，或损害国家、学校财产。

案例链接

**实验室爆炸事故**

2018 年 12 月 26 日，北京某大学市政环境工程系学生在学校东校区 2 号楼环境工程实验室进行垃圾渗滤液污水处理科研实验期间，实验现场发生爆炸，事故造成 3 名参与实验的学生死亡。

资料来源：http://www.ntjoy.com/html/tuijian/2018/1226/94408.shtml，有改动。

## 一、发生实验室安全事故的原因

发生实验室安全事故的原因包括人为因素和环境因素两个方面。

1. 人为因素

实验中出现安全事故的人为因素主要包括学生自身存在的问题、实验室管理存在诸多漏洞和安全教育的缺失。

（1）学生自身存在的问题。学生安全意识淡薄，准备不充分，在实验和实习时存在很强的好奇心、焦虑情绪、消极情绪，或者不知安全的操作方法或不熟知实验室的安全规则，或者为图方便或心存侥幸而不顾安全规则，这些都是很大的安全隐患。

（2）实验室管理存在诸多漏洞。某些学校的实验室管理松懈，安全管理机构不够完善，安全制度没有得到很好的贯彻和落实。指导教师安全意识不强，不了解学情，在实验过程中没有逐步讲解可能出现的安全隐患，或者在学生做实验时不在场，对学生的安全和实践效果造成不良影响。

（3）安全教育的缺失。一些学校的安全教育流于形式，只停留于课堂教育，要求学生记住通用性的安全规章制度和安全防范的注意事项，并未对具体问题一一落实。在实验过程中，教师没有基于安全的考虑进行跟踪指导，管理不到位。

案例链接

**人为因素致火灾**

某年，某大学测绘校区4号学生宿舍突发大火，该宿舍3楼的30多间寝室均遭火劫，房顶几乎全部坍塌，过火面积达450平方米，直接经济损失约为10万元。火灾系使用电热毯不当所致。

资料来源：http://www.cuepa.cn/cate_13/detail_114505.html，有改动。

### 2. 环境因素

导致安全事故发生的因素除了人为因素以外，还有环境因素。

（1）实验环境恶劣，如照明、通风效果不佳，噪声污染严重。

（2）实验设备较差，如缺乏适当的安全防护装置，缺乏检修设备，工具老化、品质差，车床操作不灵，实验室不符合消防安全要求等。

## 二、预防实验室安全事故的措施

预防实验室发生安全事故，要从学校和学生两个方面入手，从安全意识、操作规范、安全制度等各方面多管齐下。

### 1. 树立实验室安全意识

在进入实验室之前，必须认真学习实验室规则，提高安全意识，并把这种意识付诸实践。例如，动手做实验前检查自己的实验步骤是否合理，实验过程中所用药剂是否会产生有害化学反应（是否会释放有害气体，是否会产生有害残渣、废水）；若实验产生危险则废物该如何处理；该使用的防护工具是否到位，手套是否佩戴；等等。做好这些细节往往会避免一些惨剧的发生。

### 2. 做好实验首尾工作

在进行实验前，首先应详细了解实验室的逃生通道，掌握不同灭火器、灭火毯和淋浴器的位置及使用方法；其次，应详细了解实验内容，理解实验原理及具体操作步骤，减少危险的发生，降低风险系数。实验结束后要洗净双手，关闭电源、水源、气源，处理实验“三废”（废水、废气、废渣），清扫易燃纸屑等杂物，消灭安全隐患。

### 3. 遵守安全制度

为明确实验室的安全管理和纪律，确保实验室开展的各项检测工作能在安全、健康的环境条件下运行，确保人身财产安全，各实验室均有《实验室安全管理制度》等相关的规定。首次进入实验室的实验人员应接受实验室安全教育。

所有实验必须按操作规程进行。凡有危险性的实验必须在实验室主任（或教师）的监护下进行，不得随意操作。实验中，实验人员不得擅自离开岗位。

实验室应配备相应种类和数量的消防器材与设施，由专人管理，使其保持良好的备用状态，发现短缺或失效应立即报告保卫部门，予以补充或更换。实验室工作人员应掌握基本的灭火方法，会使用所配备的消防器材和消防设施，能根据不同原因引发的火情采取相应的灭火措施。

学生应遵守实验室的一切规章制度，听从教师指导，保持实验室的整洁、安静。实验前必须认真预习，明确实验目的、原理和方法，熟悉仪器设备的性能及操作规程，做好实验前的各项准备工作。在实验过程中要严格遵守操作规程，仔细观察，详细记录，注意安全。实验结束后，应及时切断水源、电源、气源，检查仪器设备、工具及材料，做好实验室的整理、卫生工作。

## 三、实验操作的基本常识

实验操作的基本常识包括实验员穿戴常识，一般药剂使用常识，易燃易爆和具有腐蚀性、有毒药品使用常识。

（1）实验员穿戴常识。进入实验室必须穿白色工作服，以便及时发现是否溅有化学药品；做实验时要戴护目镜和防护手套；在进行危险实验时应戴防毒面具；做有辐射危险的实验时应穿防辐射服；长发者应将头发盘起，卷入帽内。

（2）一般药剂使用常识。试剂不能用手接触；试剂的量应按照实验资料中的规定使用；瓶塞应夹在手指中或倒置于桌上，用完试剂后，一定要把瓶塞盖严；不要把瓶塞和滴管乱放，以免在盖瓶塞和放回滴管时张冠李戴，玷污试剂；倒取溶液时，标签应朝上，以免标签被药剂侵蚀。

（3）易燃易爆和具有腐蚀性、有毒药品使用常识。不允许把各种化学药品任意混合，以免发生意外事故。可燃性溶剂均不能用直火加热，在使用和处理这些化学药品时必须在没有火源且通风的实验室中进行。

在实验过程中，学生应避免触电、着火、爆炸、中毒和辐射，在保护好自身安全的前提下探索科学知识。

## 四、发生实验事故时的应对方法

一旦不慎发生实验事故，要保持头脑冷静，做好防护，将实验事故的损失降至最低。

### 1. 注意防护

（1）呼吸防护。在确认发生毒气泄漏或危险化学品事故后，应马上用手帕、餐巾纸、衣物等随手可及的物品捂住口鼻。身旁若有水或饮料，把手帕、衣物等浸湿，最好能及时戴上防毒面具、防毒口罩。

（2）皮肤防护。尽可能戴上手套，穿上雨衣、雨鞋等，或用床单、衣物遮住裸露的皮肤。如果已备有防化服等防护装备，要及时穿戴。

（3）眼睛防护。尽可能戴上各种防毒眼镜、防护镜或游泳用的护目镜等。

（4）食品检测。污染区及周边地区的食品和水源不可随便动用，须经检测无害后方可食用。

### 2. 迅速撤离

判断毒源与风向，沿上风或侧上风路线朝着远离毒源的方向撤离现场。到达安全地点后，要及时脱去被污染的衣服，用流动的水冲洗身体，特别是曾经裸露的部分。

### 3. 尽快救治

发现有人员伤亡时，迅速拨打“120”急救电话，将受伤人员及早送医院救治。受伤人员在等待救援时应保持平静，避免剧烈运动，以免心肺负担加重而病情恶化。

**温故知新**

**1. 顶岗实习安全事故频发的原因有哪些？**

**2. 勤工助学的岗位分为哪几种？**

**3. 试述在社会实践过程中如何保障人身安全。**

**4. 实验室操作安全的基本常识有哪些？**

**励志影院**

**《事故的代价》**

《事故的代价》是美国的获奖安全教育影片，讲述的是主人公乔伊在高空作业时，没有严格遵循现场工作要求和安全规章制度，忘记了开工前主管交代的安全注意事项，未挂防坠落保险绳，并且违规打电话，将潜在的危险和规章制度抛之脑后而造成惯性违章行为，以致发生了严重的安全事故。

通过影片可以看到，乔伊的一次不安全行为给自己、家庭、公司、他人造成了无法挽回的严重后果。片中鲜活的案例、悲惨的场面及血的教训再一次警示人们：事故猛于虎，安全大于天；珍爱生命，从杜绝违章做起。

影片提示我们：一个不规范行为可能会毁掉个人和家庭的幸福，并殃及无辜。千万不能因为一个小小的不安全行为或隐情而置若罔闻，埋下隐患，造成事故的“连锁反应”，以至于“小洞不补，大洞受苦”。

## 推荐阅读


1.《安全生产与劳动保护相关法律法规文件汇编》编写组．安全生产与劳动保护相关法律法规文件汇编 [M]．北京：中国工人出版社，2015.

2. 和彦苓．实验室安全与管理 [M]．2 版．北京：人民卫生出版社，2015.

3. 常舒欣．内线：一个传奇线人的卧底日记 [M]．北京：北京联合出版公司，2017.

4. 崔政斌，刘炳安，周礼庆．安全生产十大定律与方法 [M]．北京：化学工业出版社，2017.

# 附　录

## 中共中央国务院
## 关于全面加强新时代大中小学劳动教育的意见

（2020年3月20日）

为构建德智体美劳全面培养的教育体系，现就加强新时代大中小学劳动教育提出如下意见。

**一、充分认识新时代培养社会主义建设者和接班人对加强劳动教育的新要求**

（一）重大意义。劳动教育是中国特色社会主义教育制度的重要内容，直接决定社会主义建设者和接班人的劳动精神面貌、劳动价值取向和劳动技能水平。长期以来，各地区和学校坚持教育与生产劳动相结合，在实践育人方面取得了一定成效。同时也要看到，近年来一些青少年中出现了不珍惜劳动成果、不想劳动、不会劳动的现象，劳动的独特育人价值在一定程度上被忽视，劳动教育正被淡化、弱化。对此，全党全社会必须高度重视，采取有效措施切实加强劳动教育。

（二）指导思想。以习近平新时代中国特色社会主义思想为指导，全面贯彻党的教育方针，落实全国教育大会精神，坚持立德树人，坚持培育和践行社会主义核心价值观，把劳动教育纳入人才培养全过程，贯通大中小学各学段，贯穿家庭、学校、社会各方面，与德育、智育、体育、美育相融合，紧密结合经济社会发展变化和学生生活实际，积极探索具有中国特色的劳动教育模式，创新体制机制，注重教育实效，实现知行合一，促进学生形成正确的世界观、人生观、价值观。

（三）基本原则

——把握育人导向。坚持党的领导，围绕培养担当民族复兴大任的时代新人，着力提升学生综合素质，促进学生全面发展、健康成长。把准劳动教育价值取向，引导学生树立正确的劳动观，崇尚劳动、尊重劳动，增强对劳动人民的感情，报效国家，奉献社会。

——遵循教育规律。符合学生年龄特点，以体力劳动为主，注意手脑并用、安全适度，强化实践体验，让学生亲历劳动过程，提升育人实效性。

——体现时代特征。适应科技发展和产业变革，针对劳动新形态，注重新兴技术支撑和社会服务新变化。深化产教融合，改进劳动教育方式。强化诚实合法劳动意识，培养科学精神，提高创造性劳动能力。

——强化综合实施。加强政府统筹，拓宽劳动教育途径，整合家庭、学校、社会各方面力量。家庭劳动教育要日常化，学校劳动教育要规范化，社会劳动教育要多样化，形成协同育人格局。

——坚持因地制宜。根据各地区和学校实际，结合当地在自然、经济、文化等方面条件，充分挖掘行业企业、职业院校等可利用资源，宜工则工、宜农则农，采取多种方式开展劳动教育，避免“一刀切”。

## 二、全面构建体现时代特征的劳动教育体系

（四）把握劳动教育基本内涵。劳动教育是国民教育体系的重要内容，是学生成长的必要途径，具有树德、增智、强体、育美的综合育人价值。实施劳动教育重点是在系统的文化知识学习之外，有目的、有计划地组织学生参加日常生活劳动、生产劳动和服务性劳动，让学生动手实践、出力流汗，接受锻炼、磨炼意志，培养学生正确劳动价值观和良好劳动品质。

（五）明确劳动教育总体目标。通过劳动教育，使学生能够理解和形成马克思主义劳动观，牢固树立劳动最光荣、劳动最崇高、劳动最伟大、劳动最美丽的观念；体会劳动创造美好生活，体认劳动不分贵贱，热爱劳动，尊重普通劳动者，培养勤俭、奋斗、创新、奉献的劳动精神；具备满足生存发展需要的基本劳动能力，形成良好劳动习惯。

（六）设置劳动教育课程。整体优化学校课程设置，将劳动教育纳入中小学国家课程方案和职业院校、普通高等学校人才培养方案，形成具有综合性、实践性、开放性、针对性的劳动教育课程体系。

根据各学段特点，在大中小学设立劳动教育必修课程，系统加强劳动教育。中小学劳动教育课每周不少于 1 课时，学校要对学生每天课外校外劳动时间作出规定。职业院校以实习实训课为主要载体开展劳动教育，其中劳动精神、劳模精神、工匠精神专题教育不少于 16 学时。普通高等学校要明确劳动教育主要依托课程，其中本科阶段不少于 32 学时。除劳动教育必修课程外，其他课程结合学科、专业特点，有机融入劳动教育内容。大中小学每学年设立劳动周，可在学年内或寒暑假自主安排，以集体劳动为主。高等学校也可安排劳动月，集中落实各学年劳动周要求。

根据需要编写劳动实践指导手册，明确教学目标、活动设计、工具使用、考核评价、安全保护等劳动教育要求。

（七）确定劳动教育内容要求。根据教育目标，针对不同学段、类型学生特点，以日常生活劳动、生产劳动和服务性劳动为主要内容开展劳动教育。结合产业新业态、劳动新形态，注重选择新型服务性劳动的内容。

小学低年级要注重围绕劳动意识的启蒙，让学生学习日常生活自理，感知劳动乐趣，

知道人人都要劳动。小学中高年级要注重围绕卫生、劳动习惯养成，让学生做好个人清洁卫生，主动分担家务，适当参加校内外公益劳动，学会与他人合作劳动，体会到劳动光荣。初中要注重围绕增加劳动知识、技能，加强家政学习，开展社区服务，适当参加生产劳动，使学生初步养成认真负责、吃苦耐劳的品质和职业意识。普通高中要注重围绕丰富职业体验，开展服务性劳动、参加生产劳动，使学生熟练掌握一定劳动技能，理解劳动创造价值，具有劳动自立意识和主动服务他人、服务社会的情怀。中等职业学校重点是结合专业人才培养，增强学生职业荣誉感，提高职业技能水平，培育学生精益求精的工匠精神和爱岗敬业的劳动态度。高等学校要注重围绕创新创业，结合学科和专业积极开展实习实训、专业服务、社会实践、勤工助学等，重视新知识、新技术、新工艺、新方法应用，创造性地解决实际问题，使学生增强诚实劳动意识，积累职业经验，提升就业创业能力，树立正确择业观，具有到艰苦地区和行业工作的奋斗精神，懂得空谈误国、实干兴邦的深刻道理；注重培育公共服务意识，使学生具有面对重大疫情、灾害等危机主动作为的奉献精神。

（八）健全劳动素养评价制度。将劳动素养纳入学生综合素质评价体系，制定评价标准，建立激励机制，组织开展劳动技能和劳动成果展示、劳动竞赛等活动，全面客观记录课内外劳动过程和结果，加强实际劳动技能和价值体认情况的考核。建立公示、审核制度，确保记录真实可靠。把劳动素养评价结果作为衡量学生全面发展情况的重要内容，作为评优评先的重要参考和毕业依据，作为高一级学校录取的重要参考或依据。

## 三、广泛开展劳动教育实践活动

（九）家庭要发挥在劳动教育中的基础作用。注重抓住衣食住行等日常生活中的劳动实践机会，鼓励孩子自觉参与、自己动手，随时随地、坚持不懈进行劳动，掌握洗衣做饭等必要的家务劳动技能，每年有针对性地学会 1 至 2 项生活技能。鼓励学校（家委会）和社区等组织开展学生生活技能展示活动。学生参加家务劳动和掌握生活技能的情况要按年度记入学生综合素质档案。鼓励孩子利用节假日参加各种社会劳动。家庭要树立崇尚劳动的良好家风，家长要通过日常生活的言传身教、潜移默化，让孩子养成从小爱劳动的好习惯。

（十）学校要发挥在劳动教育中的主导作用。学校要切实承担劳动教育主体责任，明确实施机构和人员，开齐开足劳动教育课程，不得挤占、挪用劳动实践时间。明确学校劳动教育要求，着重引导学生形成马克思主义劳动观，系统学习掌握必要的劳动技能。根据学生身体发育情况，科学设计课内外劳动项目，采取灵活多样形式，激发学生劳动的内在需求和动力。统筹安排课内外时间，可采用集中与分散相结合的方式。组织实施好劳动周，小学低中年级以校园劳动为主，小学高年级和中学可适当走向社会、参与集中劳动，高等学校要组织学生走向社会、以校外劳动锻炼为主。

（十一）社会要发挥在劳动教育中的支持作用。充分利用社会各方面资源，为劳动教育提供必要保障。各级政府部门要积极协调和引导企业公司、工厂农场等组织履行社会责任，开放实践场所，支持学校组织学生参加力所能及的生产劳动、参与新型服务性劳动，使学生与普通劳动者一起经历劳动过程。鼓励高新企业为学生体验现代科技条件下劳动实践新形态、新方式提供支持。工会、共青团、妇联等群团组织以及各类公益基金会、社会福利组织要组织动员相关力量、搭建活动平台，共同支持学生深入城乡社区、福利院和公共场所等参加志愿服务，开展公益劳动，参与社区治理。

## 四、着力提升劳动教育支撑保障能力

（十二）多渠道拓展实践场所。大力拓展实践场所，满足各级各类学校多样化劳动实践需求。充分利用现有综合实践基地、青少年校外活动场所、职业院校和普通高等学校劳动实践场所，建立健全开放共享机制。农村地区可安排相应土地、山林、草场等作为学农实践基地，城镇地区可确认一批企事业单位和社会机构，作为学生参加生产劳动、服务性劳动的实践场所。建立以县为主、政府统筹规划配置中小学（含中等职业学校）劳动教育资源的机制。进一步完善学校建设标准，学校逐步建好配齐劳动实践教室、实训基地。高等学校要充分发挥自身专业优势和服务社会功能，建立相对稳定的实习和劳动实践基地。

（十三）多举措加强人才队伍建设。采取多种措施，建立专兼职相结合的劳动教育师资队伍。根据学校劳动教育需要，为学校配备必要的专任教师。高等学校要加强劳动教育师资培养，有条件的师范院校开设劳动教育相关专业。设立劳模工作室、技能大师工作室、荣誉教师岗位等，聘请相关行业专业人士担任劳动实践指导教师。把劳动教育纳入教师培训内容，开展全员培训，强化每位教师的劳动意识、劳动观念，提升实施劳动教育的自觉性，对承担劳动教育课程的教师进行专项培训，提高劳动教育专业化水平。建立健全劳动教育教师工作考核体系，分类完善评价标准。

（十四）健全经费投入机制。各地区要统筹中央补助资金和自有财力，多种形式筹措资金，加快建设校内劳动教育场所和校外劳动教育实践基地，加强学校劳动教育设施标准化建设，建立学校劳动教育器材、耗材补充机制。学校可按照规定统筹安排公用经费等资金开展劳动教育。可采取政府购买服务方式，吸引社会力量提供劳动教育服务。

（十五）多方面强化安全保障。各地区要建立政府负责、社会协同、有关部门共同参与的安全管控机制。建立政府、学校、家庭、社会共同参与的劳动教育风险分散机制，鼓励购买劳动教育相关保险，保障劳动教育正常开展。各学校要加强对师生的劳动安全教育，强化劳动风险意识，建立健全安全教育与管理并重的劳动安全保障体系。科学评估劳动实践活动的安全风险，认真排查、清除学生劳动实践中的各种隐患特别是辐射、疾病传染等，在场所设施选择、材料选用、工具设备和防护用品使用、活动流程等方面制定安全、科学的操作规范，强化对劳动过程每个岗位的管理，明确各方责任，防患于未然。制定劳动实践活动风险防控预案，完善应急与事故处理机制。

## 五、切实加强劳动教育的组织实施

（十六）加强组织领导。在党委统一领导下，各级政府要把劳动教育摆上重要议事日程，出台相关政策措施，切实解决劳动教育实施过程中的重大问题，做好督促落实。省级政府要加强劳动教育工作的统筹协调，明确市地级、县级政府及有关部门加强劳动教育的职责，推动建立全面实施劳动教育的长效机制。

（十七）强化督导检查。把劳动教育纳入教育督导体系，完善督导办法。对地方各级政府和有关部门保障劳动教育情况以及学校组织实施劳动教育情况进行督导，督导结果向社会公开，同时作为衡量区域教育质量和水平的重要指标，作为对被督导部门和学校及其主要负责人考核奖惩的依据。开展劳动教育质量监测，强化反馈和指导。

（十八）加强宣传引导。引导家长树立正确劳动观念，支持配合学校开展劳动教育。加强劳动教育科学研究，宣传推广劳动教育典型经验。积极宣传企事业单位和社会机构提供劳动教育服务的先进事迹。注重挖掘在抗疫救灾等重大事件中涌现出来的典型人物和事迹，大力宣传不畏艰难、百折不挠、敢于担当的高尚品格。鼓励和支持创作更多以歌颂普通劳动者为主题的优秀作品，大力宣传辛勤劳动、诚实劳动、创造性劳动的典型人物和事迹，弘扬劳动光荣、创造伟大的主旋律，旗帜鲜明地反对一切不劳而获、贪图享乐、崇尚暴富的错误观念，营造全社会关心和支持劳动教育的良好氛围。

# 参考文献

[1] 吴顺 . 工匠精神：传承与创新 [M]. 北京：中共党史出版社，2018.

[2] 王芸 . 大学生创新思维训练教程 [M]. 上海：同济大学出版社，2018.

[3] 刘向兵 . 新时代高校劳动教育论纲 [M]. 北京：社会科学文献出版社，2019.

[4] 逯改，淦爱品 . 匠心筑梦：大学生眼中的劳模 [M]. 上海：上海交通大学出版社，2020.

[5] 周丽妲，董晓晨 . 大学生安全教育 [M]. 上海：同济大学出版社，2019.

[6] 何卫华，林峰 . 大学生劳动教育理论与实践教程 [M]. 厦门：厦门大学出版社，2019.